Spanisch A1/A2/B1+

Con dinámica

En autonomía
Arbeitsbuch

María Cecilia Ainciburu
Elisabeth Tayefeh
Graciela Vázquez

Novela
Lourdes Miquel

Ernst Klett Sprachen
Stuttgart

Con dinámica

En autonomía
Arbeitsbuch

von
María Cecilia Ainciburu
Elisabeth Tayefeh
Graciela Vázquez

Novela
Lourdes Miquel

1. Auflage   1 $^{5\ 4\ 3\ 2\ 1}$ | 2014 13 12 11 10

Redaktion Cristina Palaoro, Lucía Borrero, Eva Díaz Gutiérrez
Layout Andrea Schmid, Stuttgart
Illustrationen Marlene Pohle, Stuttgart
Satz Ulrike Wursthorn, Stuttgart
Reproduktion Meyle + Müller, Medien-Management, Pforzheim
Druck und Binden W. Kohlhammer Druckerei GmbH + Co KG, Stuttgart

ISBN 978-3-12-515031-7

9 783125 150317

Contenido

1 ¿Qué combinaciones son posibles?
Welche Kombinationen sind möglich?   ▶ G | 1.8

| música   persona   amigo   amiga   estudiantes   emigrante   universidad   ciudad |

| simpáticos   sociables   amable   optimista   serias   moderno   privadas   antigua   prestigioso   maravillosa   pública |

2 Welche stehen in der Einzahl und welche in der Mehrzahl? Verwende das Wörterverzeichnis
der ersten Lerneinheit und suche passende Substantive.   ▶ G | 1.1 | 1.2 | 1.8

| alegres \| clase \| simpático \| discoteca \| pública \| estudiante \| seria \| carreras \| argentino \| barrios \|
lenguas \| interesante \| música \| chico \| universitarios \| pequeño \| emigrantes \| deporte \| amigas \|
páginas \| amables \| prestigiosas \| importante \| grande \| privada \| modernos \| sociables |

Escríbelas aquí:
Schreibe die Wörter hier auf:

Femenino			
Sustantivos		**Adjetivos**	
clase	amigas	privada	prestigiosas
....	....	....	....
....	....	....	....
....	....	....	....
....	....	....	....
....	....	....	....

Masculino			
Sustantivos		**Adjetivos**	
barrios	*universitarios*	*simpático*	*modernos*
....	....	....	....
....	....	....	....
....	....	....	....
....	....	....	....
....	....	....	....

3 ¿Recuerdas el singular de los sustantivos terminados en consonante? ¿Sabes qué género tienen? ▶ G | 1.1
Erinnerst du dich an den Singular der Substantive, die auf Konsonant enden? Weißt du, welche Endung welches grammatische Geschlecht hat?

Sustantivos plural	Sustantivos singular	¿el? o ¿la?
redes	*red*	*la*
países	....	....
excursiones	....	....
universidades	....	....
informaciones	....	....
facultades	....	....

a ¿Y cuál es el singular de estos adjetivos? ▶ G | 1.8

ingleses ....
alemanes ....
amables ....
sociables ....
irregulares ....

b ¿Están todos los acentos? Hast du auch dort, wo es notwendig war, die Akzente gesetzt? ▶ G | 1.2 | 1.8

4 Resume las reglas aprendidas. ▶ G | 1.1 | 1.2
Fasse die bereits gelernten Regeln zusammen:

   a. Las palabras que terminan en **-a** son generalmente ....
   b. Las palabras que terminan en **-o** son generalmente ....
   c. Las palabras que terminan en **-s** están en ....
   d. Las palabras que terminan en **-e** pueden ser ....
   e. Los sustantivos que terminan en **-ad**, **-ción** son ....
   f. El plural de los adjetivos y los sustantivos que terminan en consonante es ....
   g. Las palabras que terminan en **-ante** o **-ista** pueden ser ....

5 Wie werden die bestimmten und unbestimmten Artikel verwendet? Schreibe Sätze wie diese. Vergleiche ▶ G | 1.3
danach die Ergebnisse mit deiner Dozentin oder deinem Dozenten.

David estudia en una universidad de Madrid. La universidad se llama "Carlos III" (tercero).
Laura estudia en un instituto privado. El instituto se llama Einstein.

....
....
....
....

6 ¿Artículo definido o indefinido? Completa las frases. ▶ G | 1.3
Bestimmter oder unbestimmter Artikel? Vervollständige die Sätze.

Esta es Paloma. Es una amiga de Iñaki. La amiga de Iñaki se llama Paloma.

a. La amiga de Iñaki, Paloma, da clases de español en .... universidad. Es .... Universidad Libre de Berlín.
b. Paloma es la mamá de Marlen. Marlen tiene .... amigo que se llama Sophian. Sophian y Marlen estudian en .... universidad.
c. Marlen habla muy bien español. No habla sólo con Paloma sino con .... familia cuando viaja a España.
d. .... familia de Marlen vive en Salamanca, que está a .... 200 km de Madrid. Tiene .... universidad muy importante. En .... universidad hay estudiantes de Alemania, Finlandia e Inglaterra. .... estudiantes están con .... programa que se llama Erasmus.

7 ¿A quién se refieren los pronombres? Relaciona. ▶ G | 1.4
Auf wen beziehen sich die Pronomen? Verbinde.

Yo (Laura) y mis amigas	yo
Usted y su profesora	tú
Tú y tus compañeros	ella
El Sr. Gutiérrez	él
La profesora de español	usted
Tú	ustedes
Laura y Sven	nosotras
Personas de la clase	nosotros
Estudiantes trabajadores	vosotros
Estudio en Colonia	vosotras
Vivís aquí	ellas
Nosotros y tú	ellos
Es simpática	ustedes

8 Lee las frases y tacha los pronombres que sobran. ▶ G | 1.4
Lies die Sätze und streiche die überflüssigen Pronomen durch.

Somos de Barcelona, pero ~~nosotros~~ estudiamos en Hamburgo.

a. Laura y Javier son estudiantes. Ella estudia Arquitectura y él, Literatura.
b. Esta soy yo. Es una foto de mi familia.
c. Mi profesora de español es uruguaya. Ella es de Montevideo.
d. Miguel es un amigo de Laura. Él estudia Literatura y ella, Biología.
e. Mis amigos alemanes estudian español en Córdoba. Ellos tienen un curso en la Facultad de Lenguas.

f. En Barcelona puedes tener clases en catalán. Tú también puedes tener clases en castellano.

g. Neus y Andreu no son de Galicia sino de Cataluña. Ella es profesora de Lenguas y él tiene un restaurante.

h. Nosotras somos vascas y vosotras, ¿de dónde sois?

i. Nosotros somos mexicanos y ustedes son chilenos, ¿no?

9 **Mit dieser Übung kannst du dir die Verbformen einprägen. Du musst einfach nur die Tabelle ausfüllen.** ▶ G | 1.4 | 1.7
Trage zunächst die regelmäßigen und unregelmäßigen Verben ein, die du kennst. Danach kannst du zum Üben einige von ihnen konjugieren.

Verbos que conozco: *estar,* ....
....
....

Verbos regulares	Verbos irregulares
....	....
....	....
....	....
....	....

¡A conjugar!

yo	tú	ella/él/usted	nosotras/nosotros	vosotras/vosotros	ellas/ellos/ustedes

10 **Practica las formas. Escribe los verbos en el lugar correspondiente.** ▶ G | 1.4 | 1.5 | 1.7
Übe die Formen. Schreibe die Verben an die passende Stelle.

sabemos | salís | tienen | se llama | estoy | podemos | vamos | estudian | viajamos | sale | hago | hacéis | somos | conozco | vivo | salen | entienden | son | hablo | sé | puedes | aprendes | eres | conocéis | se llaman | salgo | viven | hacen | habláis | sabes | aprenden | estudiáis

tú y tus compañeros	personas de la clase	yo
....	....	....
....	....	....
....	....	....
....	....	....
....	....	....

la profesora de español	tú	yo y tú
....	....	....
....	....	....
....	....	....
....	....	....
....	....	....

11 Erinnerst du dich an diese Texte? Vervollständige sie mit der passenden Präposition.

en | a | con | para | de

Hola, soy Lorena Robles Ramírez. Tengo 20 años. Soy .... Zacatecas pero vivo .... mi familia en Guadalajara. Estudio Ciencias Económicas. Mi carrera es muy interesante. Tengo una hermana y dos hermanos. En mi tiempo libre aprendo alemán. Me gusta mucho leer, navegar en la red y salir .... amigas. También toco la guitarra.

Esta es mi universidad. Es la Universidad Nacional .... Córdoba y está .... Argentina. Es la más antigua (1613) y la más grande después de la UBA, la Universidad .... Buenos Aires. Aquí puedes estudiar todas las carreras. Si buscas un curso .... aprender español puedes ir .... la Facultad de Lenguas que está .... la ciudad universitaria.

12 Une estas palabras con las siguientes conjunciones. ▶ G | 1.6
Verbinde die Wörter mit den folgenden Konjunktionen.

y – e	o – u
francesas .... inglesas	un día .... otro
atractiva .... inteligente	Carmen .... Óscar
Iñaki .... Paloma	Paco .... Montse
amable .... interesante	pública .... privada
"Stephan" se escribe con p .... h	Javi .... Úrsula

13 ¿"Pero" o "sino"? Une las frases como en los ejemplos. ▶ G | 1.6
„Pero" oder „sino"? Verbinde die Sätze wie in den Beispielen.

Marcin es polaco. Vive en Berlín.
Marcin es polaco pero vive en Berlín.

Fernando Botero no es venezolano. Es colombiano.
Fernando Botero no es venezolano sino colombiano.

a. Mascha es polaca. Estudia en Hamburgo. ....
b. Marion es alemana. Trabaja en Canarias. ....
c. Thomas es suizo. Vive en Kiel. ....
d. Maná es un grupo de música mexicano. No es guatemalteco. ....
e. Alicia no tiene familia. Tiene muchas amigas. ....
f. *Volver* es una película española. No es alemana. ....
g. Frida Kahlo es mexicana. No es paraguaya. ....
h. Isabel Allende es chilena. No es mexicana. ....
i. Sandra es boliviana. Trabaja en Buenos Aires. ....
j. Salvador Dalí no es andaluz. Es catalán. ....

14 **Completa las frases.**
Vervollständige die Sätze.

▶ G | 1.6

> y | e | o | u | pero | sino | con | sin

a. Estudiamos inglés .... Literatura.
b. Soy de Hamburgo .... estudio en Berlín.
c. Me llamo Katja. Se escribe .... jota.
d. Estudiamos Literatura .... inglés.
e. La Facultad de Lenguas no está aquí, en la ciudad, ... en el campus universitario.
f. ¿Tú para qué aprendes lenguas? ¿Para viajar .... para estudiar?
g. ¿Cómo se llama el chico suizo? ¿Ulf .... Olaf?
h. No estudia en Jalisco .... en Guadalajara.
i. "Ingleses" se escribe .... acento, "andaluz", también.

15 **Preguntas y respuestas. Relaciona; a veces hay más de una posibilidad.**
Verbinde Frage und Antwort. Manchmal gibt es mehrere Möglichkeiten.

¿Cómo te llamas?	No, de Hamburgo.
¿Eres alemana?	Sí. ¿Y tú?
¿Estudias Literatura?	Sí, soy gallega pero estudio en Barcelona.
Tú eres de Frankfurt.	Sí.
¿Eres de Berlín?	No, no soy de Berlín. Soy de Frankfurt.
¿Tú eres de Colonia, no?	No sé. No sé quién es Kai.
¿No eres de Granada, no?	No, de Sevilla.
Kai es de Bremen, ¿no?	Jon, soy vasco.
Tú eres de Vigo, ¿no?	No, Economía.

16 **Completa los diálogos.**
Vervollständige die Dialoge.

a. ¿................................. ?

De San Petersburgo.

¿De San Petersburgo?
¿................................. ?

En Rusia.

Ah...

¿Y .... ?

Para leer y viajar.

b. ¿..............................
.... ?

Toco la guitarra y
hago excursiones a la sierra.
¿........................... ?

Yo hago deporte y estoy
en un grupo de teatro.

c. ¿...............................
.... estudiante?

Sí, desde 2007.
Estudio Ingeniería y en mi ....
....

17 Completa los diálogos con un pronombre interrogativo.
Vervollständige die Dialoge mit einem Fragepronomen.

a. Vivo en la peatonal. ¿Me lo repites, por favor? ¿ . . . . vives?

b. ¿Sabes . . . . es la chica que estudia catalán? No.

c. ¿Sabes . . . . estudia Paula? Sí, Derecho.

d. No sé . . . . es la clase. ¿ . . . . clase? ¡La clase de tango!

e. ¿ . . . . te llamas? Mar.

f. ¿ . . . . estudias español? Para ir con un Erasmus a Canarias.

18 Completa las frases con los pronombres reflexivos. ▶ G | 1.4
Vervollständige die Sätze mit Reflexivpronomen.

a. ¡Hola! ¿Cómo . . . . llamas? Ana.

b. ¿Cómo . . . . llama tu amigo? Jon. Es vasco.

c. Yo . . . . llamo Fernando. ¿Y tú? Marcela.

d. Usted . . . . llama Mario González, ¿no? No . . . . llamo Mario Domínguez.

e. ¡Hola! ¿Vosotras quiénes sois? ¿Cómo . . . . llamáis? Yo Berta y ella Lola.

19 Completa las frases con "muy" y "mucho". Después escribe la regla.
Vervollständige die Sätze mit „muy" und „mucho". Schreibe danach die Regel auf.

a. Vivo en una ciudad . . . . pequeña, en el sur de Holanda. Allí tengo . . . . amigos. Los holandeses trabajan y hablan . . . . bien inglés. La ciudad tiene una universidad . . . . prestigiosa y antigua.

b. Cusco es una ciudad . . . . interesante.
Está en Perú. Allí se hablan tres lenguas: el quechua,
el aymara y el castellano. En la ciudad hay . . . .
actividades culturales.

„Muy" wird benutzt . . . .
Beispiel: . . . .
„Mucho/-a" wird benutzt . . . .
Beispiel: . . . .

20 ¿Qué combinaciones son posibles? ▶ G | 1.9
Welche Kombinationen sind möglich?

Muchas
Mucho
Mucha
Muchos

tiempo libre
escuelas de lengua
emigrantes
ciudades
gimnasia
fotos
compañeros
personas
gente
nombres
nacionalidades

„Mucho/-a/-os/-as" ist ein Adjektiv. Es stimmt in . . . . und . . . . mit dem Substantiv überein, auf das es sich bezieht. Diese Adjektiv steht immer . . . . dem Sustantiv.

21 Wer schreibt wem in welcher Angelegenheit? Vervollständige die E-Mails mit der jeweiligen Anrede und dem Betreff.

Asunto:

Hola .... :
Necesito el correo electrónico de la Escuela Internacional de Diseño de tu ciudad. Mary quiere estudiar allí. Y tú, ¿cómo estás? … Bueno, gracias, pronto chateamos.
Chau, Patricia

Asunto:

Hola .... :
Lo siento pero tengo mucho trabajo y exámenes, y también soy delegada de estudiantes. No puedo viajar. Te escribo ¿o chateamos? Bueno, adiós, ahora tengo una clase de biología.
Hasta pronto, saludos a Marta y Paula, Lidia

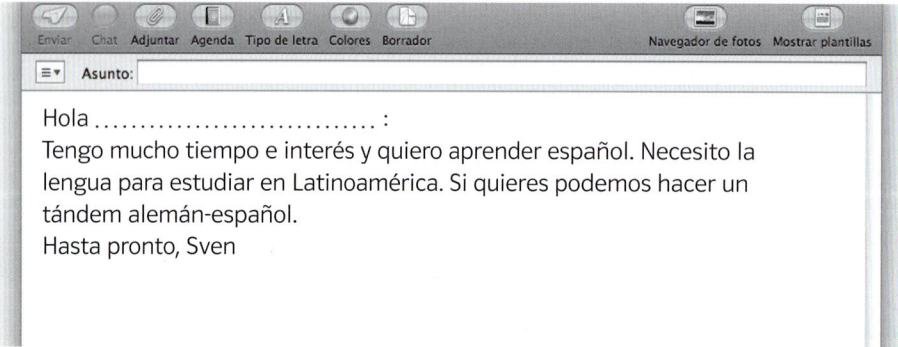

Asunto:

Hola .... :
Tengo mucho tiempo e interés y quiero aprender español. Necesito la lengua para estudiar en Latinoamérica. Si quieres podemos hacer un tándem alemán-español.
Hasta pronto, Sven

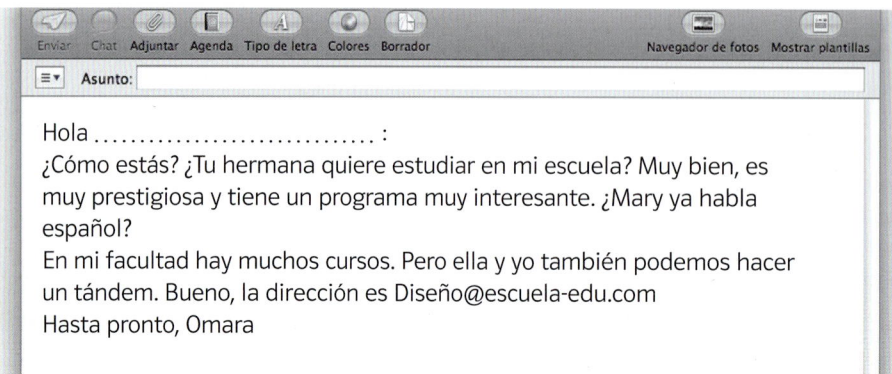

Asunto:

Hola .... :
¿Cómo estás? ¿Tu hermana quiere estudiar en mi escuela? Muy bien, es muy prestigiosa y tiene un programa muy interesante. ¿Mary ya habla español?
En mi facultad hay muchos cursos. Pero ella y yo también podemos hacer un tándem. Bueno, la dirección es Diseño@escuela-edu.com
Hasta pronto, Omara

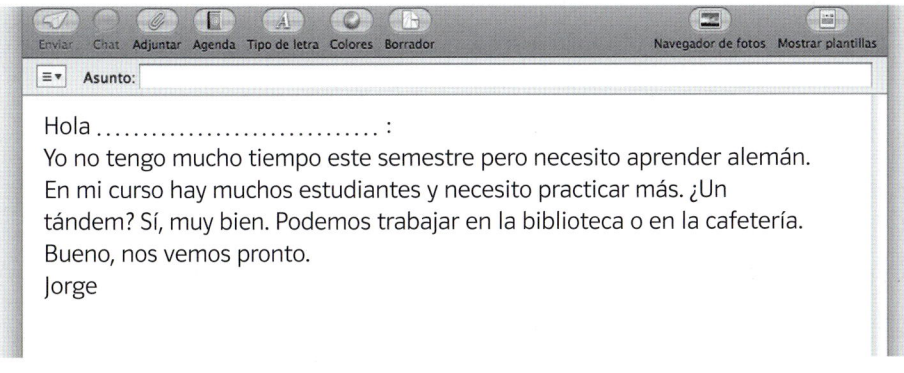

Hola . . . . :
Yo no tengo mucho tiempo este semestre pero necesito aprender alemán.
En mi curso hay muchos estudiantes y necesito practicar más. ¿Un
tándem? Sí, muy bien. Podemos trabajar en la biblioteca o en la cafetería.
Bueno, nos vemos pronto.
Jorge

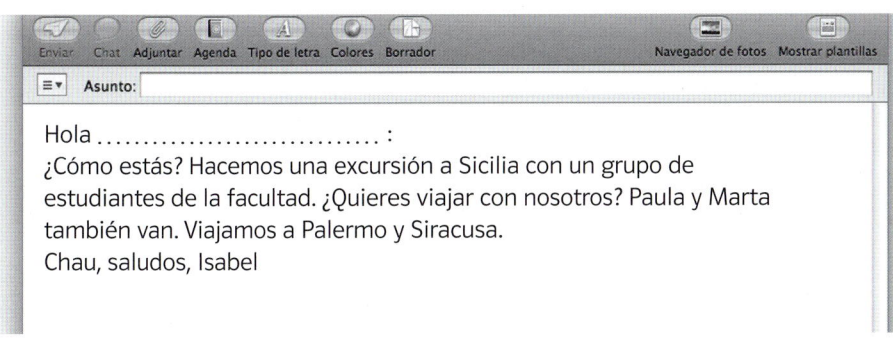

Hola . . . . :
¿Cómo estás? Hacemos una excursión a Sicilia con un grupo de
estudiantes de la facultad. ¿Quieres viajar con nosotros? Paula y Marta
también van. Viajamos a Palermo y Siracusa.
Chau, saludos, Isabel

Quién escribe a quién:	Asunto:
. . . .	. . . .
. . . .	. . . .
. . . .	. . . .
. . . .	. . . .
. . . .	. . . .
. . . .	. . . .

Eine Idee, die dir helfen kann, auch mit noch geringen Sprachkenntnissen dein Leseverständnis zu schulen, ist regelmäßig spanischsprachige Zeitungen durchzugehen. Du wirst viele Titel finden, die du schon verstehst, weil das Thema aktuell ist und du darüber gelesen oder gehört hast. Besonders im internationalen Teil wirst du auf viele Internationalismen stoßen, Wörter, die sich in vielen Sprachen ähneln.

22 **Busca las 11 facultades escondidas en el cuadro.**
Suche die 11 Fakultäten, die in der Buchstabensuppe versteckt sind.

....
....
....
....
....

a	f	k	c	i	e	n	c	i	a	s	e
r	r	m	e	d	i	c	i	n	a	i	x
a	r	q	u	i	t	e	c	t	u	r	a
n	j	ñ	u	q	w	e	r	t	y	u	c
h	m	a	t	e	m	á	t	i	c	a	t
d	a	s	r	d	o	f	g	h	a	l	a
e	i	z	x	t	c	l	i	v	n	m	s
r	ñ	s	o	y	e	d	o	s	b	m	h
e	s	e	e	q	s	a	u	g	c	a	m
c	e	d	h	ñ	q	u	í	m	i	c	a
h	r	y	e	c	o	n	o	m	í	a	y
o	l	i	n	g	e	n	i	e	r	í	a

a Welche Fakultät deiner Universität hat den schwierigsten Namen? Wenn du ihn in dieser Lerneinheit nicht findest, suche ihn im Wörterbuch.

b Wie würdest du diese Fragen beantworten?

¿Cómo se dice… en español?

¿Cómo se pronuncia "Arqueología"?

¿ No lo sé ?

¿Cómo se escribe "Química"?

¿"Ingeniería" se escribe con acento?

c Hier hast du einen Beispieldialog. Unterstreiche die Wendungen zum Ausdruck des Grüßens und der Höflichkeit.

● Hola. ¿Qué tal, Johnny?
○ Bien, gracias, Julia. Perdón, pero estoy buscando la Facultad de Biología…
● ¿Me lo repites, por favor? No te entiendo…
○ De Biología, creo. ¿Cómo se dice en español "Sciences"?
● ¡Ah! Ciencias Naturales, claro. Allí está.
○ Muchas gracias.
● No, de nada. Adiós y hasta pronto.

d Jetzt schreibe die Wendungen zum Ausdruck der Höflichkeit aus dem vorigen Dialog ab und füge zwei weitere hinzu.

Para pedir que repitan ....
....
Para saludar ....
....
Para agradecer ....
....

In dieser Lerneinheit befinden sich deine ersten 170 spanischen Wörter. In den Übungen dieses Abschnitts hast du mindestens 110 von ihnen wieder verwendet. Du kannst auch folgende Strategien anwenden:
1. Versuche die Bedeutung abzuleiten, indem du das Wort mit Wörtern deiner Sprache vergleichst.
2. Schreibe dein persönliches Wörterverzeichnis und vergleiche dann mit dem Wörterverzeichnis im Lehrbuch.

1 **Übe die Verben. Ordne sie zuerst einer bestimmten Gruppe zu und vervollständige dann die Sätze.** ▶ G | 1.5 | 2.1

| decir | preferir | poder | querer | entender | elegir | tener | repetir | pedir | pensar |

e → ie	o → ue	e → i	¿Cambios ortográficos?
………………………	………………………	………………………	………………………
………………………	………………………	………………………	………………………
………………………	………………………	………………………	………………………
………………………	………………………	………………………	………………………

1. En uno de los avisos "Busco tándem" hay una chica argentina que …………… (querer) aprender alemán.
   También …………… (decir) que …………… (poder) dar clases de tango. ¿Te interesa?
2. Somos un grupo de chicas francesas. El semestre que viene nos gustaría estudiar en una ciudad latinoamericana.
   …………… (preferir) una ciudad mediana, con playa, por ejemplo, Mar del Plata. Si …………… (tener) mucha vida
   cultural, mejor.
3. Jan y su amiga Chiara …………… (pensar) pasar un semestre en Bilbao. …………… (pedir) información en la
   Oficina Erasmus de su universidad. Allí una persona …………… (decir) que este semestre no hay becas pero, si
   …………… (querer) …………… (poder) hacer primero un curso de euskera en Pamplona.
4. Si …………… (vosotras, ustedes, querer) participar en un grupo de teatro, …………… (poder) preguntar en la
   Facultad de Letras o mirar la página web. Allí …………… (decir) cuándo son las clases.
5. Mi profesora de español …………… (repetir) y …………… (repetir) las reglas gramaticales, …………… (decir)
   que es importante estudiar mucho, …………… (elegir) ejercicios interesantes para practicar el vocabulario y nos
   pregunta si …………… (entender) las explicaciones. A mí sus clases me gustan mucho: …………… (entender) lo
   que …………… (decir) y le …………… (pedir) explicaciones cuando …………… (querer) practicar más. A mí me
   encanta mi profe.

2 **Carlos y Hanna salen juntos desde hace unos meses, todavía se están conociendo.**   ▶ G | 2.3
Carlos und Hanna sind seit einigen Monaten zusammen. Sie sind immer noch dabei, sich kennen zu lernen.

a Hay cosas que no comparten, es decir, tienen gustos diferentes. Escribe frases como en el ejemplo.
Es gibt Dinge, die sie nicht teilen, das heißt, sie haben unterschiedliche Vorlieben.

A ella le gusta escuchar música y a él mirar televisión.

escuchar música | leer en la red | escribir postales | hacer deporte | comer en restaurantes italianos |
bailar salsa | chatear | mirar televisón | leer el periódico | escribir correos electrónicos | bailar el tango |
comer en restaurantes franceses | escribir en su blog | ir al fútbol

....
....
....
....
....
....
....

b Pero también hay gustos que comparten. Aber sie haben auch andere Vorlieben, die sie teilen.   ▶ G | 2.3 |2.4

A los dos les encantan las lenguas.
A los dos les interesan los programas de política.

las fiestas populares | ir a restaurantes | los festivales de cine y teatro | hablar de política | conocer gente |
las ciudades con playa | los espacios verdes | las galerías de arte | los barrios tranquilos

Sigue tú:
....
....
....
....
....
....
....

c ¿Qué gustos compartes o no compartes con tu mejor amiga/-o? Escríbelo aquí.   ▶ G | 2.4
Welche Interessen teilst du mit deiner/m besten Freund/in und welche nicht. Schreibe sie hier auf.

A ella le encantan los festivales de rock, pero a mí me gusta más la música clásica.
A él le interesa la política y a mí también.
A ella no le gusta... y a nosotras tampoco.

Otra posibilidad: A nosotros nos... / A nosotras nos...

....
....
....
....
....
....

3 Completa con los pronombres adecuados.
Vervollständige mit den passenden Pronomen.

▶ G | 2.3

1. ¿A ti .... gusta hacer deporte?
2. ¿A ustedes .... interesan las lenguas?
3. ¿A Javier .... gusta vivir en una ciudad moderna?
4. ¿A vosotras .... gusta el teatro?
5. ¿A tu pareja .... interesa la política?
6. ¿A ti y a tu amiga .... gustan los restaurantes argentinos?
7. ¿A ti .... interesa la música clásica?
8. ¿A vosotras .... gusta hacer excursiones?
9. ¿A tu profesora .... gusta explicar gramática?
10. ¿A tus compañeras/-os de español ....
   interesa la gramática?

1. A .... no.
2. Mucho.
3. No mucho.
4. Bastante.
5. Sí.
6. Claro.
7. Poco.
8. .... encanta.
9. No sé.
10. Bastante.

4 ¿"También" o "tampoco"? Completa según corresponda.
Vervollständige mit den geeigneten Ergänzungen.

▶ G | 2.6

1. ● Yo no hablo polaco y tampoco ruso.
   ○ Yo ....
2. ● Ángeles vive sola.
   ○ Pablo ....

3. ● Jordi es de Hamburgo.
   ○ Su amiga ....
4. ● ¿Vamos al cine?
   ○ Hoy no.
   ● ¿Y mañana?
   ○ ....

5. ● Yo soy argentina.
   ○ ¿Y Alejandra?
   ● ....
6. ● ¿Vives en Berlín?
   ○ No.
   ● Yo ....

5 Verwende die sprachlichen Mittel der Tabelle und bereite fünf Fragen vor, die du in der folgenden Unterrichtsstunde deiner Partnerin/deinem Partner stellen wirst.

▶ G | 2.3

¿Ustedes qué prefieren? ¿Vosotras/-os qué preferís?
A nosotras / A nosotros nos gusta... (A él / A ella / A mí)

¿Quién? ¿A quién?	Pronombres	Verbos	¿Qué?
¿Ustedes…? ¿Vosotras/-os…? ¿Tú…? ¿Tu amiga/-o…? ¿A ustedes…? ¿A vosotras/-os…? ¿A ti…? ¿A tu pareja…?	le/les/os/te	preferir gustar interesar	mirar televisión, leer el periódico, escribir correos electrónicos, ir al fútbol, bailar el tango, comer en restaurantes franceses, escribir en el blog, las fiestas populares, ir a restaurantes, los festivales de cine y teatro, hablar de política, conocer gente, las ciudades con playa, los espacios verdes, las galerías de arte, los barrios tranquilos, escuchar música, leer, escribir postales, hacer deporte, bailar salsa, comer en restaurantes italianos, chatear

6 ¿"Ser", "estar", "hay"? Completa las frases con uno de estos verbos.
Vervollständige die Sätze mit dem passenden Verb.

▶ G | 2.2

1. ● ¿ .... una biblioteca cerca?
   ○ Sí. .... una en la Facultad de Ingeniería.
2. ● Tobías .... alemán, de Ulm, pero estudia en una universidad que .... en el norte de Alemania.
   ○ ¿Sabes cómo se llama?
   ● No sé, pero .... una universidad grande.
3. ● "Ser" y "estar" .... dos verbos un poco difíciles, ¿no?
   ○ Sí, pero las reglas .... en el libro.
   ● Bueno, sólo .... unas pocas.
4. ● ¿Qué buscas?
   ○ El móvil. ¿Sabes dónde .... ?
   ● En el coche .... uno.
   ○ Ese móvil .... de Maite.
5. ● .... cuatro estudiantes ingleses y buscamos un tándem para clases de español.
   ○ Mira, aquí tienes unos avisos. .... muchas personas que quieren un tándem.
6. Friedrich dice: " .... alemán y .... en Granada con un intercambio. Me gusta mucho la universidad: los cursos .... muy interesantes. En una de mis clases .... una chica finlandesa muy simpática. Se llama Hannele. .... de Jyväskylä".

7 Vervollständige den Text mit diesen Wörtern:

▶ G | 1.6 | 2.6

| también | tampoco | pero | sino | sólo |

En México existen muchas lenguas indígenas, ... no todas son oficiales. En Guatemala, Perú, Bolivia y Paraguay no .... se hablan lenguas indígenas, ... castellano. En Bolivia, por ejemplo, no sólo se habla castellano .... aymara y quechua. Todas son lenguas oficiales. Yo tengo un amigo que habla castellano, alemán y .... guaraní. Hay otro país de América Latina donde no se hablan estas lenguas indígenas ni ....castellano. ¿Cuál es?

8 Aquí tienes una lista de lo que a algunos estudiantes les gustaría o piensan hacer el semestre que viene.
In der folgenden Liste sind Aktivitäten aufgeführt, die Studierende im kommenden Semester gern machen würden oder vorhaben zu tun.

▶ G | 2.7

Ir a los museos y las galerías de arte de la ciudad
Aprender una lengua extranjera
Hacer el examen de Biología (Derecho – Literatura – Matemáticas, etc).
Practicar más deporte

Conocer gente hispanohablante
Vivir en otro barrio
Hacer un curso de español en…
Viajar a otro país
Trabajar en una ONG

Schreibe nun, was du gern machen würdest oder welche Pläne du hast:

El semestre que viene pienso estudiar chino.

| ¿Cuándo? | Verbos (deseos/planes) | ¿Qué? |

....
....
....
....

9 **Laura erzählt uns, was es alles in ihrem Stadtteil gibt. Ergänze die fehlenden Begriffe.**

club | parque | comercios | museos | restaurantes | discotecas | farmacia | infraestructura | bares |
facultad | cines | galerías de arte | teatro | universidad | mercados | espacios verdes

Vivo en un barrio de Buenos Aires. Se llama Caballito. Es tranquilo y tiene una buena .... Hay muchos
.... donde se puede comer bien y los precios no son muy altos. La oferta cultural es bastante buena
porque tenemos varias .... y cinco .... Teatros no hay. Si quieres practicar deportes puedes
ir a un .... que está en la calle Rivadavia y se llama "Club Italiano". .... también hay muchos,
especialmente cerca de la .... de Filosofía y Letras de la UBA, que está en la calle Puán. Yo vivo cerca de un
.... , es la Plaza Irlanda. No sé si hay .... A mí no me gusta ir a bailar.

10 **Verbinde die passenden Satzteile und setzte, wo nötig, ein Komma:**   ▶ G | 1.6 | 2.6

1. Mi ciudad ideal tiene mucho ambiente
2. A mí me encanta el barrio donde vivo: es tranquilo y tiene muchos espacios verdes
3. René no es alemán
4. Muchos europeos eligen Estados Unidos para estudiar
5. Conozco muchas estudiantes alemanas que aprenden español en ciudades latinoamericanas
6. Las ciudades grandes tienen una buena oferta cultural
7. La ciudad ideal no existe
8. Tráfico, ruido, problemas sociales

a. además tengo muchos amigos allí.
b. o españolas.
c. porque todas tienen algún problema.
d. y muchos norteamericanos estudian en Gran Bretaña.
e. pero también muchos problemas sociales.
f. sino de Zúrich.
g. pero también buena infraestructura.
h. e inseguridad son las características más negativas de las ciudades grandes.

11 **Erinnerst du dich an diesen Text?**   ▶ G | 2.6
Vervollständige ihn mit den geeigneten Bindewörtern und überprüfe die Lösung mit Hilfe des entsprechenden Kapitels in der Grammatik.

Mandy es inglesa .... vive en Mallorca. Sus padres trabajan en Barcelona .... son profesores de
inglés. Mandy quiere estudiar en la universidad .... no sabe español y tampoco catalán. Sólo habla inglés.
.... , todos sus amigos y amigas son ingleses y no les gusta aprender lenguas .... dicen que todo
el mundo los comprende. .... no todos los ingleses son así...

12 **Maike schreibt die E-mails ein wenig schnell. Dabei macht sie 10 Fehler. Welche?**

Mensaje nuevo

Enviar Chat Adjuntar Agenda Tipo de letra Colores Borrador   Navegador de fotos Mostrar plantillas

Para: Julia@yahoo.es
Cc:
Asunto: Hola

Hola Julia:
Me llamo Maike y estudio Diseño a Colonia. Tengo 20 años. Me gusta ir al cine.
Me gusta Juanes y Amparanoia. ¡Me encanta música latinoamericano! Ahora no
escucho música en español porque no conozco grupos nuevo. Escucho tecno en
alemán y inglés. Soy muy optimística. Me gusta viajar y tocar la guitarra. Soy muy
simpáticas. Aprendo español para viajar a América Latino y estudiar en un país
hispanohablante. Me gustan Bolivia y Paraguay. (Mi mamá es paraguayo.)
Saludos, Maike Maike@con-dinamica.edu

13 **Dies ist ein Plan der Universität Carlos III in Madrid.**
Schreibe Sätze, in denen du erklärst, wohin du gehen musst, um folgende Dinge zu tun:

Si quiero leer mi correo electrónico, voy al servicio informático.
Cuando voy a ver a mi amiga que vive en la universidad, voy a la residencia.

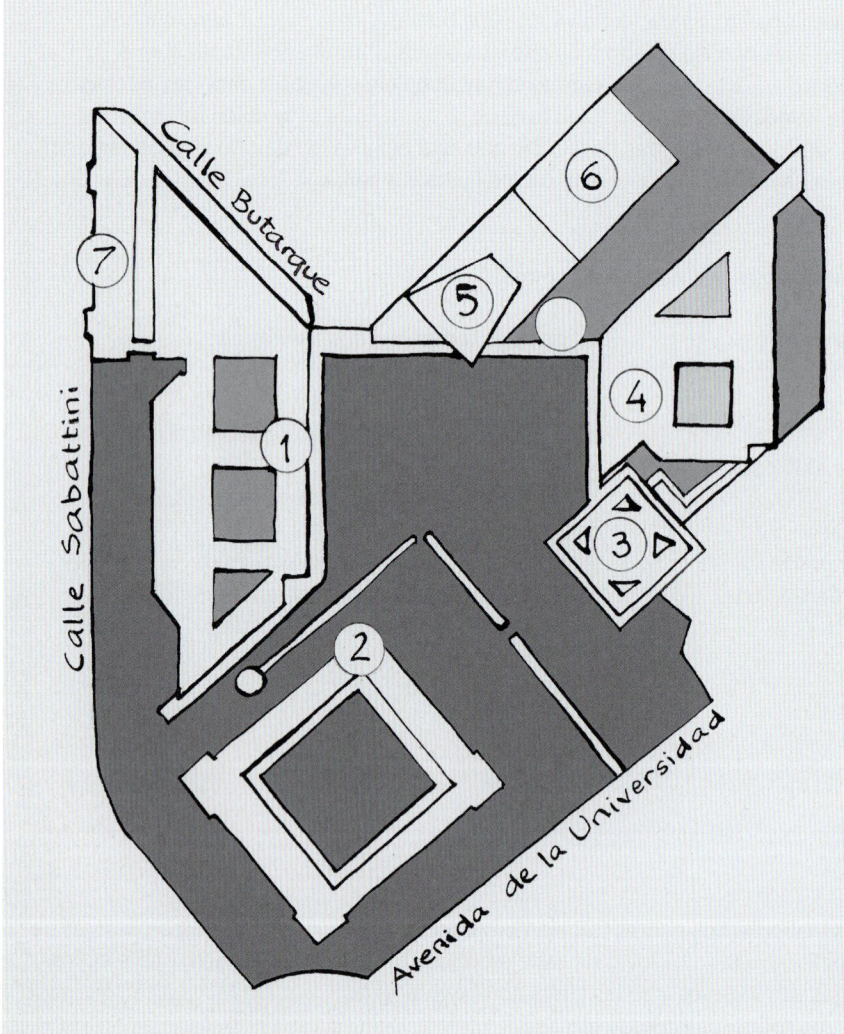

1. Edificio Agustín de Betancourt
Departamentos universitarios
Laboratorios y talleres
Servicio de informática
Aulas
Zona comercial

2. Edificio Sabatini
Rectorado
Dirección escuela
Departamentos universitarios
Fundación Universidad Carlos III
Residencia
Servicios administrativos
Información alumnos

3. Edificio Rey Pastor
Biblioteca
Archivo general

4. Edificio Torres Quevedo
Departamentos universitarios
Aulas

5. Edificio Padre Soler
Auditorio Aula Magna
Aula de grados
Cafetería - Restaurante

6. Polideportivo

7. Edificio Juan Benet
Departamentos universitarios
Aulas

Tu correo electrónico ....
Ir a tu clase de Química Orgánica ....
Pedir información porque quieres una beca Erasmus ....
Tienes ganas de tomar un café ....
Necesitas un libro para tu clase de Derecho Internacional ....
Quieres hacer deporte ....

Ahora puedes comparar los servicios que ofrece la Universidad Carlos III con los de tu universidad. ¿Cuáles son las diferencias?

En mi universidad no hay una zona comercial. En la Universidad Carlos III, sí.

Completa la regla:
de + el = ... a + el = ...

14 Lies die Zahlen (laut) vor. Überprüfe mit dem Lösungsschlüssel.

▶ G | 1.10

0	30	21	76	330	1 700
1	50	33	66	144	2 800
2	70	60	90	288	5 910

Übe die weiblichen und männlichen Endungen:

200 restaurantes (doscientos restaurantes)	200 personas (doscientas personas)
300 becas	300 euros
400 estudiantes	400 páginas
1 500 semanas	1 500 años
2 600 palabras	2 700 números
3 800 ejercicios	999 noches

15 Lies laut vor. Überprüfe mit dem Lösungsschlüssel.

▶ G | 1.10

Las rutas de la movilidad universitaria

Si miramos la información que presenta la UNESCO podemos ver cuáles son los países adonde van más estudiantes: el primero es Estados Unidos (23,3%), luego está el Reino Unido (12,2%), después vienen Alemania (10,6%) y Francia (9,7%).

Y estos son los datos sobre estudiantes que salen de su país para estudiar en una universidad extranjera: China (14%), la India (5%), Corea (3,9%), Japón (2,5%) y Alemania (2,3%).

16 Bereite diese Übung vor, um sie dann im Unterricht durchzuführen.

▶ G | 1.10

¿Cuántos kilómetros hay entre Granada y .... ?
¿Sabes dónde está .... ? Si es necesario, mira en un mapa más detallado de España.

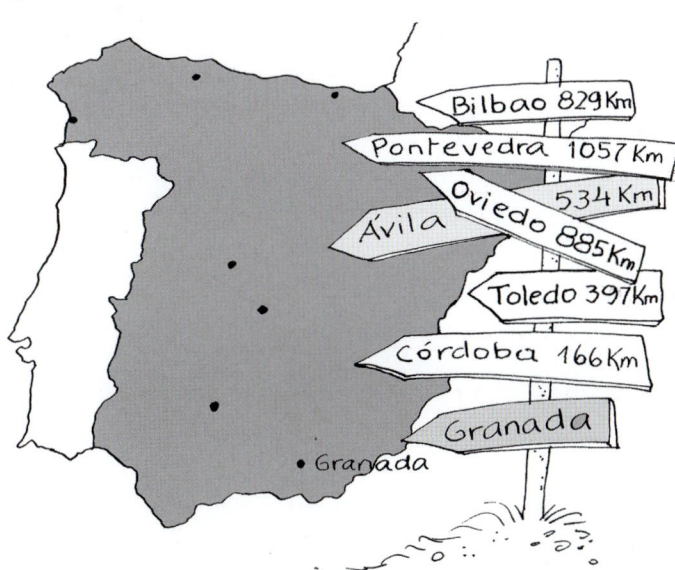

Distancias en km desde Granada a las ciudades principales en España (en coche particular):

Albacete	363	Lugo	770
Alicante	353	Madrid	434 (5h)
Almería	166	Málaga	129 (2h)
Ávila	534	Murcia	278
Badajoz	438	Oviedo	885
Barcelona	868 (10h)	Palencia	674
Bilbao	829	Pamplona	841
Burgos	671	Pontevedra	1 057
Cáceres	485	San Sebastián	903
Cádiz	335	Santander	827
Ciudad Real	278	Segovia	521
Córdoba	166 (2h)	Sevilla	256 (5h)
Cuenca	479	Soria	665
Girona	968	Tarragona	770
Huelva	350	Toledo	397
Jáen	99 (50min)	Valencia	519
La Coruña	1 034	Valladolid	627
León	761	Vitoria	785
		Zaragoza	759

17 **¿Qué es para ti la ciudad ideal?**

Die folgenden Antworten enthalten 9 neue Wörter: "contaminación, diferencia, industria, respetar, academia, violencia, valorar, discutir, droga". Du verstehst sie, nicht wahr? Schreibe vor dem Lesen deine Übersetzung auf, lies dann die Absätze und kontrolliere, ob die Übersetzung korrekt ist. Danach kannst du sie in das Wörterverzeichnis eintragen.

Pregunta: ¿Qué es para ti la ciudad ideal?

Esto es lo que contestan chicos y chicas hispanohablantes en Youwho.com:

CINTIA: Una ciudad del sur, no muy grande pero con mucha vida. Con gente simpática y optimista.

JAVIER: Para mí es Ciudad Real, en España.

MARÍA ELENA: Para mí es una ciudad tolerante, sin racismo, con muchos estudiantes como yo.

ROSA: Mi ciudad ideal está cerca del mar… tiene las calles limpias, mucho ambiente, bares, discotecas, cines y galerías de arte pero también hay academias, institutos y una universidad… Y claro, ¡es una ciudad sin drogas!

JOSÉ: Limpia y sin violencia, con mucho verde, con poco ruido.

MAITE: Es una ciudad grande, con una oferta cultural enorme. En la ciudad ideal las personas se respetan, se valoran las diferencias y se pueden discutir.

ISABEL: Para mí, en la ciudad ideal no hay contaminación de la industria, las calles están limpias, hay muchos espacios verdes… Los niños pueden estar en el parque o en la calle…, una ciudad donde la gente se respeta.

a Escribe las características que se repiten en las respuestas.
Schreibe diejenigen Eigenschaften auf, die sich in den Meinungsäußerungen wiederholen.

b Al final añade tu opinión.
Füge dann deine Meinung hinzu.

....
....
....
....
....
....
....
....

18 Lies folgenden Text, der über die studentische Mobilität informiert.

Más sobre la movilidad de estudiantes

La Unión Europea tiene diferentes programas de intercambio para estudiantes. Erasmus es el programa más famoso de movilidad estudiantil. Más de 150 000 jóvenes de Europa van todos los años con este programa a estudiar a otra universidad europea entre tres meses y un año.
Pero la Comisión Europea ofrece más posibilidades de formación para estudiantes, profesionales y docentes.

El nuevo programa de estudios y formación, el Programa de Aprendizaje Permanente, mejora las posibilidades de formación en todas las etapas de la vida: educación secundaria, la universidad, la formación profesional y educación superior.
Erasmus Mundus es un programa para cursos internacionales de máster y postgrado. En él participan no sólo universidades europeas sino de todos

los continentes. Los cursos pueden ser de uno o dos años. En la página web hay una lista completa de los programas. También se puede ver qué universidades los organizan. Erasmus Mundus quiere mejorar la cooperación entre las universidades y también la formación del personal docente.
El nuevo programa empieza en 2007 y termina en 2013. Se financia con 7 000 millones de euros.

Si has comprendido el texto, ahora puedes completar este resumen.

El programa de intercambio más famoso de la Unión Europea se llama .... Los jóvenes que se van a otra universidad están allí entre tres y .... meses. Ahora hay un .... programa que es para personas en .... ; es el ....Otro programa es .... En él no sólo hay cursos internacionales de máster y postgrado. También mejora la .... entre las universidades. Es un programa para un período de .... años.

19 Si buscas información sobre los siguientes temas, la página Erasmus Digit@l te puede ayudar:
Geh zur Seite http://www.ual.es und sucht unter der Rubrik Erasmus Digital Informationen über folgenden Themen:

programas culturales	cine	teatro	música	deporte
universidades latinoamericanas	Erasmus	política	foros	blogs

¿Qué otras informaciones interesantes has encontrado? Welche anderen interessanten Informationen hast du gefunden?

Du interessierst dich für eine spanischsprachige Stadt, ein Land, Künstler/innen Schriftsteller/innen, Sänger/innen, etc.? Suche ihre/seine Webseite auf. Dort wirst du viel verständliche Information finden. (Zahlen, Namen, Bilder,…) Diese Quelle und dein Wunsch mehr zu erfahren, sind schon für Anfänger/innen eine gute Basis zum Lesen und Verstehen.

20 Wähle zwei von diesen Städten und beschreibe sie. Wenn du mehr Informationen brauchst, suche diese im Internet.

21 Du hast vor, in eine dieser fünf Städte zu reisen und machst dir einen Plan. Verwende diese Verben und füge zwei weitere hinzu.

pensar | preferir | elegir | poder

....
....
....
....
....

a Wie viele dieser Dinge gibt es in deiner Stadt. Schreibe in die Klammern die Zahlen und füge dann die entsprechenden Zahlwörter in den Text ein.

A mí no me importa si las ciudades son grandes o pequeñas. ¡Quiero ciudades cómodas! Con unos ( ) .... o ( ) .... cines o ( ) .... teatros. Lugares donde ir a divertirse. Me gusta bailar, así que mi ciudad ideal tiene que tener ( ) .... discotecas y ( ) .... parques porque me gustan las fiestas populares e ir a bailar. Si no tiene mar, tiene que tener montañas a ( ) .... kilómetros, porque me encanta esquiar. ¿Pido mucho?

b Schreibe vier Fragen auf, die mit den Informationen des vorigen Textes beantwortet werden können.

In dieser Lerneinheit hast du ca. 160 neue Wörter gelernt. In den Grammatikübungen hast du sie alle wieder verwendet. In diesem Abschnitt benutzt du ca. 80 der neuen Wörter. Außerdem kennst du folgende Strategien, um Wörter besser zu behalten:
1. Wenn du ein visuelles Gedächtnis hast, stellst du Wörterlisten auf und schreibst sie ab.
2. Wenn du ein auditives Gedächtnis hast, nimm dein eigenes Podcast auf und hör dir die Wörter immer wieder an.
Wenn du das Glossar wie in der vorigen Lerneinheit ergänzt, dann wiederhole dies mit der Übersetzung in eine andere Sprache. So behältst du mehr Wörter.

1 Wir wiederholen die Formen des Gerundiums. Welche sind unregelmäßig?
Trage sie in die entsprechende Spalte ein.

▶ G | 1.4 | 1.5 | 1.7 | 2.1 | 3.6

Verbos que conoces:

bailar	buscar	comer	conocer	chatear	decir	elegir	escribir	escuchar	estudiar	hacer	leer
mirar	ofrecer	vivir	poder	saludar	trabajar	viajar	practicar	explicar	ir	jugar	descubrir
creer	aprender	salir	repetir	pedir	pensar	mostrar	dormir

Formas regulares	Formas irregulares
....	....
....	....
....	....
....	....

2 Practica el gerundio transformando las frases como en el ejemplo.
Übe das Gerundium, indem du die Sätze wie im Beispiel umformst.

▶ G | 3.6

Monique mira muchos DVD. Aprende español mirando películas.

a. A Markus le gusta usar mucho el diccionario. Aprende español .... un diccionario bilingüe.
b. Julie hace ejercicios en la computadora. Aprende español .... ejercicios sola.
c. Tom recuerda mejor el léxico si repite las palabras. Aprende español .... palabras.
d. A Julian le encanta escuchar los diálogos. Aprende español .... los diálogos del libro.
e. Maik siempre les escribe a sus amigas latinoamericanas. Aprende español .... correos electrónicos.
f. A Alessandra no le gustan las clases de lengua pero viaja mucho. Dice que aprende mejor ....

Sin practicar es difícil aprender una lengua.
Una lengua se aprende practicando.

g. Sin hablar con personas nativas es difícil aprender una lengua.
....

h. Sin usar un diccionario y una gramática es difícil aprender una lengua.
....

i. Sin leer y escuchar textos interesantes es difícil aprender una lengua.
....

3 **Hier hast du Informationen über einige lateinamerikanische und spanische Universitäten. Welche ist die älteste, die modernste und diejenige, die die meisten oder wenigsten Studierenden hat? Vergleiche die Universitäten miteinander. Du kannst die Daten aktualisieren, indem du die entsprechenden Internetadressen aufrufst.** ▶ G | 3.4

Universidad	Fundación	Número de estudiantes (2005 – 2006)
Universidad de Granada www.ugr.es	1531	88 109
Universidad Autónoma de México (UNAM) www.unam.mx	1551	286 484
Universidad Carlos III de Madrid www.uc3m.es	1989	17 000
Universidad Nacional de Buenos Aires (UBA) www.uba.ar	1821	308 594
Universidad Central de Venezuela www.ucv.ve	1721	Unos 60 000
Universidad de Chile www.uchile.cl	1842	26 953

a. más antigua
....

b. más moderna
....

c. más grande
....

d. más pequeña
....

e. UBA/estudiantes/UNAM
....

f. UNAM/estudiantes/Granada
....

g. Universidad Central de Venezuela/Universidad de Chile
....

4 Verbinde die Sätze und achte dabei besonders auf die Konkordanz, d.h. die Übereinstimmung der Substantive mit ihren Begleitern, wie Pronomen, Adjektive, Artikel in Genus und Numerus.

▶ G | 2.4 | 2.5

1. A mí me encantan estos ejercicios.
2. ¿Qué te parece esta gramática?
3. A mí estos diccionarios me parecen caros.
4. ¿Conoces la UNAM?
5. ¿Te gusta este libro de gramática?
6. Estas actividades gramaticales
7. ¿Te gustaría estudiar en una universidad privada?
8. Estos cursos de lengua
9. Las jóvenes cubanas
10. Este curso

a. es el mejor de todos.
b. son más interesantes que las otras.
c. son bastante más caros que los otros.
d. son las más divertidas de mi curso.
e. Para mí son los más aburridos del mundo.
f. Creo que es el peor de todos.
g. Creo que es la mejor pero también es la más cara.
h. No sólo son caros sino poco interesantes.
i. Sí, es la universidad más antigua de América Latina.
j. Para mí son un poco caras.

5 Erinnerst du dich, wie die folgenden Präpositionen verwendet werden? Eine Dozentin spricht über ihre Studierenden. Vervollständige ihre Bemerkungen.

a (al) | en | de (del) | para | con | sin | desde

● ¿Cómo son y cómo aprenden los estudiantes alemanes .... sus clases?
○ Bueno... Yo trabajo con estudiantes alemanes .... 1998. Son muy serios y trabajadores. Pero también pueden ser muy divertidos. Si una actividad .... la clase no les gusta, protestan. Aprenden .... diccionarios y gramáticas, preguntando las palabras que no conocen y escribiendo mucho.

● ¿Qué hacen en general, además de estudiar?
○ Hacen trabajos voluntarios, bailan tango, van .... conciertos y .... teatro, van .... las milongas, ... ver partidos y .... fútbol. También viajan mucho.

● ¿.......... qué aprenden castellano?
○ Casi siempre .... estudiar, pero les interesa también conocer las regiones .... país, como la Patagonia, Iguazú o el norte. .... mí las chicas y los chicos alemanes me encantan porque cuando se hacen amigos tenés un amigo .... toda la vida. (tenés = tienes, Argentina)

6 Ahora vamos a practicar las perífrasis que conoces.
Jetzt üben wir die verbalen Umschreibungen, die du schon kennst.

▶ G | 3.2

a ¿Qué están haciendo estas personas? Was machen die Personen gerade?

1. Leslie y Mark ....
2. Ustedes y yo ....
3. Mar ....
4. Toda la clase ....
5. Boris y Monique ....

6. Sabine ....
7. Mis amigas y yo ....
8. Vosotras ....
9. Tom y sus amigas ....

b ¿Qué acaban de hacer estas personas? Was haben diese Personen gerade getan?

1. Leslie y Mark ....
2. Ustedes y yo ....
3. Mar ....
4. Toda la clase ....
5. Boris y Monique ....
6. Sabine ....
7. Mis amigas y yo ....
8. Vosotras ....
9. Tom y sus amigas ....

7 **Vamos a practicar la concordancia. Observa los diálogos y escribe frases como en el modelo.**
Wir üben die Konkordanz. Schau dir die Dialoge an und schreibe Sätze wie im Beispiel.

▶ G | 3.5

Aquí tienes dos gramáticas. (claro)
● *¿Cuál te gusta más?*
○ *Esta. Es la más clara.*

Puedes elegir entre varios cursos. (barato)
● *¿Cuáles prefieres?*
○ *Estos. Son los más baratos.*

a. Aquí tienes dos diccionarios. ¿.......................? (interesante) ....
b. Puedes elegir entre varias gramáticas. ¿.......................? (barato) ....
c. Los dos libros de ejercicios son para ti. ¿.......................? (fácil) ....
d. En Internet hay varios conjugadores automáticos de verbos. ¿.......................? (mejor) ....
e. Te puedo dar una de estas películas. ¿.......................? (divertido) ....
f. Puedes elegir entre dos carreras. ¿.......................? (importante) ....
g. En Madrid hay varias universidades públicas. ¿.......................? (moderno) ....
h. Puedes elegir entre varios cursos de lengua. ¿.......................? (barato) ....
i. Aquí tienes dos actividades. ¿.......................? (aburrido) ....
j. Aquí tienes dos páginas de verbos para practicar. ¿.......................? (interesante) ....

8 **Primero lee los ejemplos y después escribe la regla en alemán.**
Lies dir zuerst die Beispiele durch und schreibe dann die Regel auf Deutsch.

▶ G | 3.4

> La Universidad de Granada es la universidad española con más estudiantes Erasmus. En general se puede decir que hay más estudiantes de Europa en España que chicas y chicos españoles estudiando en las universidades de Europa.

> La Universidad de Córdoba es una de las universidades más antiguas de América Latina pero la UNAM es la más antigua de todas.

> La UBA tiene más de 300 000 estudiantes. Más del 90% son de Buenos Aires.

Más de: ....
Más que: ....

9 **Completa las frases con la forma correcta del verbo "tener + que" o con "hay que".**
Vervollständige die Sätze mit der richtigen Form von „tener + que" oder auch mit „hay que".

▶ G | 3.2

1. Si tu estilo de aprendizaje es audiovisual, ... mirar más películas.
2. Para aprender una lengua .... practicar mucho.
3. Fernando no puede salir con Valentina los lunes por la tarde porque .... trabajar.
4. A nosotros nos encanta hablar con personas nativas, por eso .... buscar un tándem.
5. Para lograr el nivel A2.............. ir a clase, hacer todas las actividades y estudiar bien la gramática. Si tienes un tándem, mejor.
6. Si vosotras queréis ser estudiantes autónomas, ... ir al Centro de Lenguas, hablar con la tutora y hacer un plan de aprendizaje realista.
7. Para estudiar una lengua de forma autónoma .... ir al Centro de Autoaprendizaje.
8. Yo no .... ir a clase todos los días porque tengo una amiga colombiana. A mí me encanta practicar con ella. A mi profesor eso no le gusta. Siempre repite que .... ir a clase todos los días.

10 **Kennzeichne mit einem dieser Symbole deine Meinung über die Aktivitäten im Unterricht. Wenn du willst, kannst du dich mit deiner Partnerin oder deinem Partner über die Informationen austauschen.**

▶ G | 3.5

Para mí lo más... es...

lo más difícil   lo más fácil
lo más aburrido   lo más interesante   lo más divertido   lo más importante

Hacer ejercicios de gramática.	Hacer una exposición oral.
Aprender y recordar palabras.	Comprender textos orales.
Hablar en clase.	Comparar la información intercultural.
Trabajar sola/solo.	Otras actividades:
Leer textos sin usar el diccionario.	....
Practicar la pronunciación.	....
Comprender a mi profesora o profesor.	....
Trabajar en grupo.	

11 ¿Te acuerdas de estos verbos? ¿Qué irregularidades tienen? ¿Cómo los puedes agrupar? ▶ G | 1.5 | 1.7 | 2.1
Erinnerst du dich an diese Verben? Gruppiere sie nach ihren Unregelmäßigkeiten.

conocer | encontrar | elegir | empezar | ofrecer | poder | preferir | querer | tener | ir | saber

c -> cz   conocer -> conozco

12 Completa con la forma del posesivo correspondiente. ▶ G | 3.8
Vervollständige mit der zugehörigen Form des Possessivpronomens.

a. Todos estos objetos son de Ana: es .... celular, son .... gafas, es .... tarjeta de crédito, son .... llaves.

b. En tu bolso tienes estos objetos: una agenda, una billetera, las llaves y el móvil. Es .... agenda, es .... billetera, son .... llaves, es .... móvil.

c. Mi amigo y yo tenemos dos tarjetas de crédito, dos móviles y dos llaves. Son .... tarjetas, ... móviles y .... llaves.

d. Las chicas tienen tres portátiles, tres mochilas y tres agendas: son .... portátiles, ... mochilas y .... agendas.

e. (Vosotras/-os) ¿De quién son estos objetos que están aquí? ¿Este es .... portátil? ¿Esta es .... agenda? ¿Este es .... libro de español?

f. Siempre tengo estos objetos en mi mochila: .... agenda, ... celular, ... cuadernos, ... llaves y .... libreta universitaria.

13 ¿Qué demostrativos usamos para referirnos a estos objetos? ▶ G | 3.1
Welche Demonstrativpronomen verwenden wir, um auf diese Objekte zu verweisen?

14 Contesta estas preguntas como en el ejemplo. Beantworte diese Fragen wie im Beispiel. ▶ G | 3.1 | 3.8

¿Este es tu móvil? No. Mi móvil es ese que está ahí.

a. ¿Esta es tu mochila? ....
b. ¿Estas son tus gafas? ....
c. ¿Este es tu portátil? ....
d. ¿Estas son tus tarjetas de crédito? ....
e. ¿Esta es tu agenda? ....
f. ¿Esta es tu billetera? ....
g. ¿Estos son tus cuadernos? ....
h. ¿Este es tu celular? ....
i. ¿Este es tu libro de español? ....
j. ¿Esta libreta universitaria es de ustedes? ....

15 In dieser Übung wirst du die Übereinstimmung von Verb und Objekt üben. Streiche die Formen durch, die nicht korrekt sind.

▶ G | 2.3

a. En un artículo sobre la Universidad de Buenos Aires se puede/pueden leer datos sobre el aprendizaje de español de estudiantes chinos. A estos estudiantes les interesa/interesan mucho el castellano pero les gusta/gustan más aprender con métodos tradicionales.
b. De Buenos Aires les encanta/encantan el tango, el fútbol y la música pero la comida no les gustan/gusta mucho a todos.
c. El vocabulario y la gramática española les parece/parecen muy difíciles porque son muy diferentes al chino pero piensan que es importante aprender nuestra lengua para trabajar o estudiar en nuestro país.
d. En este artículo también se puede/pueden ver cifras relacionadas con el tema de la discriminación. Se da/dan los siguientes datos: la mayoría piensa que en Argentina no se discrimina/discriminan. Pero un 5% cuenta experiencias negativas.

16 Lee estos párrafos en voz alta para practicar los números.
Lies diese Absätze laut, um die Zahlen zu üben.

▶ G | 1.10

Según informaciones del Centro Universitario de Idiomas (CUI) de la Facultad de Agronomía de la UBA entre sus 120 estudiantes chinos de español, el 68% piensa que aprender español es "muy difícil".
El 21% lo cree "difícil". Al mismo tiempo, el español lo ven como un elemento de cultura general (42%), conocimientos necesarios para trabajar (37%) y un valor agregado (21%).

Al 68% de ellos les gusta el país, aunque el 95% piensa que "las culturas son muy diferentes". Les gusta la comida argentina: sólo el 5% dice que no puede adaptarse a nuestra forma de comer. El tango, el fútbol y la música, en ese orden, son para ellos los aspectos más atractivos de nuestra cultura.

17 Completa el texto utilizando estas palabras.
Vervollständige den Text mit den folgenden Bindewörtern.

▶ G | 2.6

pero | además | porque | también | tampoco | sólo | sino

a. Los italianos adoran el español no . . . . están de moda la música y los bailes latinoamericanos . . . . porque les parece que cuando una persona habla en español entienden casi todo.
b. Aprender bien la lengua es otra cosa, ... son muy abiertos y no les cuesta nada hablar con los extranjeros.
c. Les encantan las clases donde tienen que hacer algo: por ejemplo, armar un diario o hacer una exposición oral. . . . . les gusta leer y criticar textos. . . . . tener clases de gramática no les gusta demasiado: siempre quieren un libro específico para estudiarla en casa. . . . . les gusta trabajar sin diccionario.
d. En mi facultad muchas chicas y chicos van a España con una beca Erasmus. . . . . tenemos muchos programas con los países latinoamericanos y quienes estudian Economía aprovechan esa posibilidad. . . . . piensan que esos países son una vía privilegiada para el sector de los negocios en Italia. . . . . casi todos tienen un tío en Argentina, en México o en Venezuela.

18 **Primero lee el texto y después realiza las actividades.**
Lies den folgenden Text und löse dann die Aufgaben.

Cada dos semanas muere una lengua

Casi el 50% de los 7 000 idiomas que se hablan en el mundo puede desaparecer este siglo

Según un estudio de la National Geographic Society y el Instituto de Lenguas Vivas para los Idiomas en Peligro hay cinco regiones donde las lenguas están desapareciendo con gran rapidez: el norte de Australia, el norte de los Andes, la costa noroeste de Norteamérica, el estado de Oklahoma y el sudoeste de EE.UU y Siberia oriental. Informan que existen 83 lenguas con importancia global, que usa el 80% de la población mundial. Pero se conservan 3 500 idiomas que sólo habla el 0,2% de los habitantes de la Tierra. Además la mitad de las lenguas que pueden desaparecer no tienen versión escrita.

El investigador Harrison explica que con las lenguas no sólo desaparecen conocimientos ecológicos, secretos culinarios y medicinales sino también antiguas mitologías. Un ejemplo es el de los kallawaya, una etnia boliviana. En su región se habla el castellano y el quechua pero ellos conservan una lengua secreta para hablar sobre las plantas medicinales y su uso.
Después de varios años de trabajo ya existen listas de vocabulario y gramáticas de muchas de las lenguas orales. Está claro que muchos de estos idiomas van a morir, pero existe ahora su registro. (…)

a Im Text erscheint mehrfach das Wort „desaparecer". Es gibt ein anderes Verb, das mit gleicher Bedeutung verwendet wird: . . . .

b Unterstreiche im Text die Angaben, die die Frage „Welche kulturellen Werte sterben mit den Sprachen?" beantwortet.

c Markiere den Teil des Textes, den du am interessantesten findest.

19 **Lee el siguiente texto sobre las lenguas de América Latina.**
Lies den folgenden Text über die Sprachen Lateinamerikas.

La diversidad lingüística de América Latina

En América la diversidad lingüística es enorme. Algunas de las familias lingüísticas más importantes de América Latina son: la yuto-azteca, la maya, la quechua, la tupi-guaraní y la caribe.

Hay regiones donde la población sólo habla una o varias de estas lenguas, pero el español o castellano es la lengua oficial en la mayoría de los países. En algunos de ellos existen dos o tres lenguas oficiales, como en Perú: allí el quechua, el aymara y el español son co-oficiales. En México, por ejemplo, las lenguas de las familias azteca y maya se consideran lenguas oficiales. En Paraguay coexisten el guaraní y el español.

El quechua se habla en Perú, Bolivia y Ecuador y tiene unos 8 millones de hablantes. Para escribir quechua, desde 1946 existe un alfabeto oficial con 21 letras del alfabeto latino. En español se usan diferentes palabras de origen quechua como *papa* o *patata, coca, puma, cóndor, pampa* y otras.

La lengua aymara pertenece a la familia lingüística quechua. En Perú el 13% y en Bolivia el 25% de la población pertenece a esta cultura. La principal ciudad de habla aymara es La Paz. Desde 1983 existen reglas de uso del alfabeto latino para escribir en aymara.

Entre las familias lingüísticas más importantes de América Latina está la maya con unas 30 lenguas. De ellas, 21 se hablan en Guatemala y las demás en México. Esta familia tiene dos variantes: la yucateca y la maya quiché. Esta lengua tiene más de medio millón de hablantes. La palabra *cacao* es de origen maya. El nahuatl o azteca es la lengua nativa con mayor número de hablantes en México. Se usa desde el norte de México hasta Centroamérica. Palabras como *tomate* o *chocolate* provienen del azteca (*xitomatl, chocolatl*).

La primera palabra indígena que viene de América es *canoa*, una palabra de la familia lingüística caribe. Actualmente sólo se habla en las Guayanas, en la región del Orinoco (Venezuela) y del Amazonas (Brasil). De esa familia lingüística conocemos, por ejemplo, las palabras *papaya*, *barbacoa* y *huracán*.

La variedad más importante de la familia tupi-guaraní es el guaraní paraguayo. Más del 80% de la población habla el guaraní, que es una lengua básicamente oral. Es la lengua de la casa, de los sentimientos, de la poesía y la música popular. *Jaguar* es una palabra guaraní. Muchos animales y plantas tienen nombres derivados del guaraní.

Por ejemplo, *tapir, piraña, petunia, maracuya, ananás,* etc.

La lengua mapuche o *mapudungun* es el idioma de los mapuches, un pueblo que vive en el sur de Chile y Argentina. Tiene casi medio millón de hablantes. En el léxico del español de Chile todavía se usan palabras de origen mapuche, sobre todo nombres relacionados con la flora y la fauna. Aquí tienes dos ejemplos de esta lengua: *ruka* significa casa y *küyen*, luna.

a Escribe junto a cada país los nombres de las lenguas que se hablan allí.
Trage neben dem Namen jedes Landes die Sprachen ein, die dort gesprochen werden.

b Completa la tabla con la información del texto.
Vervollständige die Tabelle mit den Informationen des Textes.

Lengua o familia lingüística	Ejemplos
....	....
....	....
....	....
....	....
....	....

Viele der Zeitungstexte haben Illustrationen, die einen Teil der Information ausmachen. Gemeint sind Fotos von Personen oder Situationen, Tabellen mit statistischen Angaben etc. Wichtig sind auch die Bildunterschriften. Bevor du anfängst zu lesen, mach dich mit diesem Teil der Information gut vertraut. Du wirst sie für das Textverständnis nutzbringend einsetzen können. Speichere den einen oder anderen Text und lies ihn nach ein paar Wochen wieder. Du wirst sehen, wie viel mehr du dann verstehst.

20 Valentina organiza un viaje para después de sus estudios. El tren para en cada una de las ciudades numeradas. ¿De qué país se trata? ¿Qué lengua se habla?

Valentina plant nach Beendigung ihres Studiums eine Reise. Der Zug hält in jeder der nummerierten Städte. Um welches Land handelt es sich? Welche Sprache wird dort gesprochen?

ciudad	país	lengua
1. Berlín	....	....
2. Londres	....	....
3. Lisboa	....	....
4. Madrid	....	....
5. París	....	....
6. Praga	....	....
7. Varsovia	....	....
8. Moscú	....	....
9. Budapest	....	....
10. Bucarest	....	....
11. Sofía	....	....
12. Roma	....	....

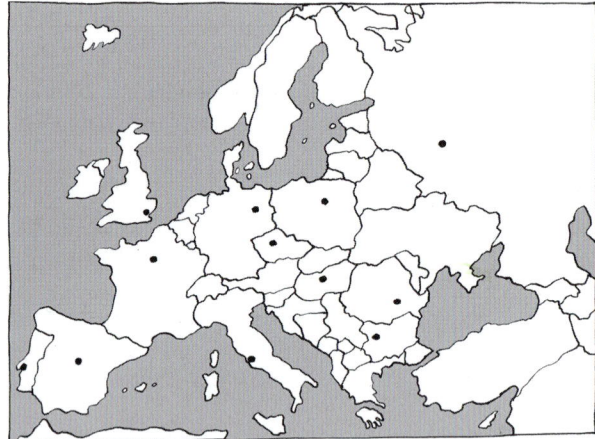

a Zeichne Valentinas Reiseroute mit einem farbigen Stift ein, indem du die einzelnen Etappen verbindest und dabei laut den Reiseverlauf erklärst:

Valentina va de Alemania a Inglaterra.

21 Abajo tienes una lista de cosas con las que Valentina piensa viajar y no sabe si ponerlas en la mochila o en la maleta. Ayúdala.

Unten hast du eine Liste mit den Dingen, die Valentina auf die Reise mitnehmen möchte. Sie weiß nicht, ob sie sie in den Rucksack oder in den Koffer packen soll. Hilf ihr.

| diario de viaje | libreta universitaria | agenda telefónica | celular gramática | diccionario | llaves | billetera | gafas |

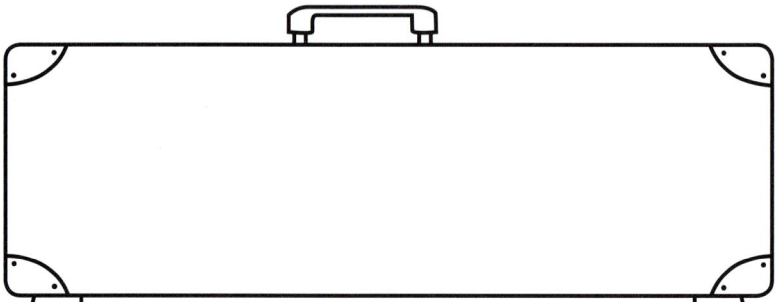

a Escribe una pequeña justificación de tus elecciones. Begründe deine Vorschläge kurz in schriftlicher Form.

El diccionario va en la mochila, porque lo necesito cuando llego y en el aeropuerto no puedo abrir la maleta.

....

In dieser Lektion gibt es etwas mehr als 180 neue Wörter. Mit den obigen Wortschatz- übungen hast du sie gerade fast alle wieder aktiviert! Du kennst auch schon Visualisierungs- techniken, um einzelne Wörter oder Wortgruppen besser zu behalten. Schließe z.B. die Augen und stelle dir die Landkarte von Europa vor. Füge alle Dinge ein, die du im Spanischen schon kennst und suche im Wörterbuch noch weitere Wörter, die du hinzufügen möchtest.

Referenzliste für die Selbsteinschätzung

Datum:................................

Die folgende Referenzliste kannst du benutzen, um dich selbst einzuschätzen (Spalte 1) und damit Lehrpersonen dich einschätzen (Spalte 2). Wenn es sich um sprachliche Aktivitäten handelt, die du noch nicht beherrschst, dir aber wichtig erscheinen, dann trage diese als zu erreichende Ziele ein (Spalte 3 = Ziele). Trage bitte die Sprachhandlungen, die du beherrschst oder dir für das aktuelle Niveau zum Ziel setzt, die aber nicht aufgeführt sind, in die Leerzeilen ein.

Benutze folgende Symbole:

Spalte 1 (Ich) und **2 (Lehrperson)**
✓ Das kann ich unter normalen Umständen.
✓ ✓ Das kann ich gut und leicht.

Spalte 3 (Ziele)
! Das ist ein Ziel für mich.
!! Dieses Ziel hat Priorität für mich.

Wenn du 80% der Punkte in der Spalte 1 (Ich) abgehakt hast, dann hast du wahrscheinlich das Niveau A1 erreicht.

Hören •)))	1	2	3
Ich kann das Wesentliche verstehen, wenn langsam und mit Pausen gesprochen wird.			
Ich verstehe Wörter und einfache Sätze, die sich auf mich, meine Interessen und die Aktivitäten im Unterricht beziehen, vorausgesetzt es wird deutlich gesprochen.			
Ich kann einem Telefongespräch folgen, in dem meine Interessen zur Sprache kommen, wenn langsam gesprochen wird und mich mein Gesprächspartner unterstützt.			
Ich kann die Grundzahlen und einige Ordnungszahlen verstehen, ebenso Preise und Öffnungszeiten.			

Lesen 📄	1	2	3
Ich kann Formulare verstehen, in denen Angaben zur Person oder Angaben zu meinem Sprachenlernen einzutragen sind.			
Ich kann eine E-Mail verstehen, die ein geläufiges Thema oder meine Interessen betrifft.			
Ich kann eine Anzeige verstehen, die sich auf meine Interessen oder die Universität bezieht.			
Ich kann die Grundzahlen und einige Ordnungszahlen verstehen, ebenso Preise und Öffnungszeiten.			
Ich kann grundlegende Informationen im Internet verstehen, die sich auf Länder, Städte und Universitäten beziehen.			
Ich kann adaptierte Zeitungstexte verstehen, die geläufige Themen behandeln.			
Ich kann das Vorlesungsverzeichnis einer Universität verstehen.			

Sprechen und an einem Gespräch teilnehmen 💬	1	2	3
Ich kann Wörter und einfache Sätze anwenden, um mich oder andere Personen vorzustellen und zu beschreiben.			
Ich kann sagen, welche Aktivitäten in meinem persönlichen Umfeld mir gefallen bzw. missfallen.			
Ich verstehe Wörter und einfache Sätze, die sich auf mich, meine Interessen und die Aktivitäten im Unterricht beziehen, vorausgesetzt es wird langsam und deutlich gesprochen.			
Ich kann beschreiben, wie ich mir meine Traumstadt vorstelle und wo ich gerne studieren würde.			
Ich kann meinen Lernstil beschreiben und sagen, warum und wozu ich Spanisch lerne und wie gut ich andere Sprachen spreche.			
Ich kann erklären, welchen Kurstyp ich benötige, und ihn nach Kriterien wie Preis, Ort und Angebot auswählen.			
Ich kann meine Meinung über einige geläufige Themen äußern.			
Ich kann Vergleiche anstellen, Dinge bewerten und zwischen verschiedenen Alternativen auswählen.			
Ich kann meine wöchentlichen Aktivitäten beschreiben und sagen, wie häufig ich ihnen nachgehe.			

Strategien	1	2	3
Ich kann auf mein Weltwissen zurückgreifen, um mündliche und schriftliche Texte zu verstehen.			
Ich kann jemanden bitten, zu wiederholen oder langsam zu sprechen (Kooperation).			
Ich kann etwas mit anderen Worten formulieren, wenn man mich nicht versteht.			
Ich kann die Bedeutung von Wörtern erschließen, wenn sie Wörtern in meiner Muttersprache oder anderen Sprachen, die ich kenne, ähnlich sind.			
Ich lerne Sätze auswendig, die sich auf die Aktivitäten im Unterricht beziehen.			
Ich nehme Modelle zur Hilfe, um etwas zu schreiben.			
Ich schreibe neue Wörter mehrmals auf, um sie besser zu behalten.			
Ich denke über meine Kenntnisse und meine Meinung über ein Thema nach und vergleiche es mit dem, was ich höre.			
Ich kann punktuelle Informationen entnehmen, auch wenn ich nicht alles verstehe.			
Ich beachte die Intonation, mit der etwas gesagt wird.			
Ich formuliere Hypothesen aufgrund der Überschrift eines Textes.			
Ich versuche, die Texte aufgrund des Zusammenhangs zu verstehen.			
Ich mache mir Notizen, um Informationen zu präsentieren.			

Schreiben 🖉	1	2	3
Ich kann ein Formular mit Angaben zu meiner Person ausfüllen.			
Ich kann mithilfe eines Modells eine einfache E-Mail schreiben, um Informationen über eine Universität einzuholen.			
Ich kann eine Anzeige schreiben, mich darin vorstellen und sagen, was ich benötige.			
Ich kann eine einfache Postkarte schreiben und von meinem Urlaub berichten oder jemandem gratulieren.			
Ich kann mithilfe von Angaben aus dem Internet einen Text über eine Stadt schreiben.			
Ich beherrsche im Allgemeinen die Akzentsetzung, vor allem wenn ich weiß, wie ein Wort ausgesprochen wird.			
Ich kann mich selbst korrigieren, wenn man mir sagt, welche Grammatikaspekte ich beachten soll.			

Portfolio Europeo de las Lenguas ELC/CEL © Consejo de Europa/Council of Europe/Conseil de l'Europe

	Punkte:	Dein Ergebnis:
Leseverständnis **Text: Becas de cooperación** • Ich verstehe kurze informative Texte, die mit einem einfachen Wortschatz verfasst wurden und von einem Thema handeln, das mich interessiert. **Strategien:** • Die Bedeutung solcher Wörter erschließen, die den Entsprechungen in der Muttersprache ähneln. • Den Kontext zur Bedeutungserschließung heranziehen.	20	
Hörverständnis **Text: Universidad Central de Puerto Rico** • Ich verstehe allgemeine Informationen zu Universitäten. **Strategien:** • Die Wortbedeutung solcher Wörter erschließen, die den Entsprechungen in der Muttersprache ähneln. (z.B. *maestría*, *doctorado*). • Den Kontext zur Bedeutungserschließung heranziehen.	25	
Schriftlicher Ausdruck • Ich kann einen Lernplan verfassen • Ich kann eine Anzeige verfassen • Ich kann einige meiner Fehler korrigieren	25	
Mündlicher Ausdruck • Ich kann über Themen sprechen, die mit meinen persönlichen Interessen und Studium in Zusammenhang stehen.	30	

Gesamtpunktzahl: 100

Um das Niveau A1 zu bestehen, sind 67 % der Gesamtpunktzahl zu erreichen.

100	→	97%	= 1,0,	96 → 94% = 1,3,		93 → 91% = 1,7		
90	→	87%	= 2,0	86 → 84% = 2,3		83 → 81% = 2,7		
80	→	77%	= 3,0	76 → 74% = 3,3		73 → 71% = 3,7		
70	→	67%	= 4,0					

Leseverständnis

1 Vier Personen interessieren sich für eine Tätigkeit als studentische/r Mitarbeiter/in an der Internationalen Sommeruniversität. Glaubst du, dass sich alle vier erfolgreich bewerben können? Lies zuerst die Informationen zu den Personen, danach die Angebote der Internationalen Sommeruniversität und vervollständige zuletzt die Tabelle.

Becas de cooperación

Isabel Ramos Esquivel tiene 25 años, es argentina y es médica. Quiere hacer un curso de posgrado y le gustaría cooperar en un proyecto de la Facultad de Medicina de la **Universidad Internacional De Verano**.

Jana Wittstock, alemana, 22 años, estudiante de Filología Hispánica. Está en Madrid con el programa Erasmus. España le gusta mucho, pero para vivir un semestre más allí no sólo necesita trabajar, sino también una beca de cooperación académica. Habla muy bien español.

Rosalynn Cook, inglesa de 24 años. Acaba de terminar Arquitectura y Diseño en la **Universidad de Murcia**. Tiene el título de licenciada. Es europea y por eso no necesita permiso de residencia.

Mohamed Ibrahim, de 28 años, es marroquí y licenciado en Ciencias Naturales. En su país no encuentra trabajo. Ahora está en España. Habla español perfectamente y busca trabajo. Quiere presentarse con su título universitario en la **Universidad Internacional De Verano**. Pero primero necesita un permiso de residencia.

Persona:	¿Puede recibir la beca o no?	¿Por qué?
Isabel		
Jana		
Rosalynn		
Mohamed		

UNIVERSIDAD INTERNACIONAL DE VERANO BECAS DE COOPERACIÓN ACADÉMICA

La UNIVERSIDAD INTERNACIONAL DE VERANO ofrece becas de cooperación académica a personas de nacionalidad española o extranjera con residencia en España y con título de Licenciada/-o universitaria/-o.

Las personas interesadas tienen que presentar hasta el 30 de marzo los siguientes documentos en el Rectorado de la Universidad:
a. Curriculum académico
b. Fotocopias de títulos académicos
c. Fotocopia del Documento Nacional de Identidad o Pasaporte
d. Permiso de residencia, en caso de no ser español

Importante:
Las personas extranjeras tienen que tener buenos conocimientos de castellano y presentar el permiso de residencia.

IMPORTE Y DURACIÓN DE LA BECAS:
Importe de las becas: 600 euros brutos mensuales.
Período de duración de las becas: del 15 de junio al 30 de septiembre.

OBLIGACIONES
Cooperación en uno de los proyectos de la Universidad: 25 horas de trabajo semanales, de lunes a viernes.
Los proyectos se realizan en las siguientes Facultades:
• Facultad de Filosofía y Letras
• Facultad de Ciencias Económicas
• Facultad de Ciencias Naturales
• Facultad de Arte y Arquitectura

Hörverständnis

2 Eine Studentin erklärt, wie das Hochschulsystem in Puerto Rico funktioniert. Schau dir zunächst die Tabelle an. Höre dann den Text und konzentriere dich auf die Aussagen, die du benötigst, um sie zu korrigieren.
🎧 www.klett.de/condinamica Track 1

UNIVERSIDAD CENTRAL DE PUERTO RICO	
Número de campus:	un sólo campus
Estudios:	Humanidades, Ciencias Sociales, Ciencias Naturales, Filosofía, Economía
Primer año:	un curso de Estudios Generales (arte, física matemáticas…)
Sistema con tres niveles :	1. Bachillerato 2. Maestría 3. Doctorado
Hay cursos de estos tres niveles en todas las carreras universitarias.	
Antes de empezar en la universidad:	examen general: matemáticas, ciencia, idioma y literatura
Si el estudiante va a estudiar a una universidad de EEUU:	no hay examen de inglés

Schriftlicher Ausdruck

3 Ein Lernplan hilft dir, deine Zeit gut einzuteilen, dir darüber im Klaren zu sein, welche Ziele du hast und welche Strategien geeignet sind, um diese Ziele zu erreichen. Schreibe nun in ganzen Sätzen deinen Plan auf und berücksichtige dabei die folgenden Punkte:

Escribe tres objetivos para este semestre:

- ....
- ....
- ....

¿Qué necesitas para alcanzar los objetivos?

- ....
- ....
- ....

¿Cuánto tiempo (horas, días, semanas) vas a necesitar para alcanzar los objetivos?

- ....

¿Qué actividades quieres hacer?

- ....
- ....
- ....

¿Qué formas de trabajo prefieres?

- ....
- ....
- ....

¿Qué materiales necesitas?

* ....
* ....
* ....

¿Cuántas veces crees que vas a necesitar la computadora, videos, audios, CDs para lograr los objetivos?

* ....

¡Ojo! Tus objetivos tienen que ser muy realistas.

4 **Du suchst eine/n Tandempartner/in, um Spanisch zu üben. Schreib eine Anzeige für ein digitales Schwarzes Brett, die du dann per E-Mail verschickst.**

1. Dices tu nombre, tu nacionalidad y tu edad.
2. Dices en qué ciudad vives, dónde y qué estudias.
3. Te describes (dices cómo eres).
4. Explicas las cosas que te gustan y los temas que te interesan.

5. Explicas cuándo y dónde se pueden encontrar (horas y días de la semana, lugar).
6. Además explicas cómo prefieres aprender.

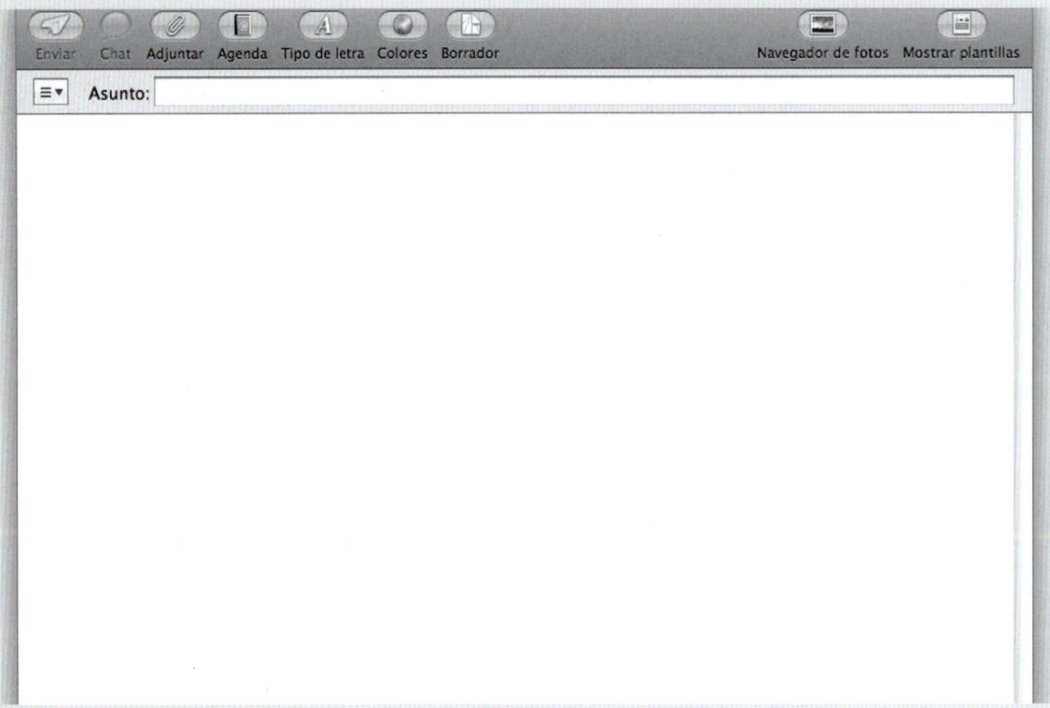

Mündlicher Ausdruck

5 **Bereite einen Kurzvortrag über eins von diesen beiden Themen vor (5 Minuten):**
- eine interessante Stadt beschreiben.
- die Universität beschreiben, an der du studierst.

Hier ein paar Ratschläge:

> La información es para un/a estudiante que va a vivir o estudiar a esa ciudad y/o universidad. | Piensa en cinco aspectos que son importantes. | Habla de esos cinco aspectos. | Resume lo más importante. | Usa comparaciones. | Prepárate para responder preguntas.

1 Completa los diálogos. Ningún conector se repite.
Vervollständige die Dialoge. Keines der Bindewörter wiederholt sich.

▶ G | 2.6 | 4.5

> pero | sin embargo | por
> eso | en cambio | además

- Claudia acaba de llamar por teléfono y dice que esta tarde no viene a clase.
- El problema es que no se siente bien y .... tiene mucho trabajo.

- Claudia no se siente bien.
- Ah… ¿Es .... que no viene a clase?

- Claudia acaba de llamar. Dice que está mejor, sin embargo no va a venir a clase.
- ¿ .... por qué?
- Tiene demasiado trabajo.

- ¿Cómo está Claudia?
- Más o menos. No se siente bien, ... va a venir a clase.

- ¿Qué sabes de Claudia y Jorge?
- Claudia no está bien. Jorge, ... va a venir a clase.

2 Erinnerst du dich an den Text über die chinesichen Studierenden, die in Buenos Aires Spanisch lernen? Die folgende Übung bezieht dich darauf. Verbinde die Sätze mit geeigneten Bindewörtern.   ▶ G | 2.6 | 4.5

a. Para casi 9 de cada 10 estudiantes chinos de español en la Universidad de Buenos Aires (UBA) aprender nuestra lengua significa mucho trabajo; (por eso/ sin embargo/porque), la mayoría lo ve como un elemento cultural interesante y como una lengua necesaria para trabajar o estudiar una carrera universitaria en el país. (También/además/aunque/y), el español se ve como un elemento de cultura general (eso opina el 42% de los estudiantes entrevistados) y un valor agregado (21%).

b. A muchos estudiantes de China les gusta el país y están contentas/-os, (aunque/porque/además) el 95% piensa que "las culturas son muy diferentes".

c. De Buenos Aires, les gustan los edificios, la cultura y los museos (53%), los parques (26%), el clima y la gente (16%). Sólo el 5% dice que no puede adaptarse a nuestra forma de comer (sino/ pero/por eso) critican, al mismo tiempo, la suciedad de las calles, (aunque/además/y) el 42% no encuentra nada que decir cuando se le pregunta qué no le gusta de Buenos Aires.

d. Cuando los estudiantes hablan de discriminación, se dan datos interesantes. El 74% dice que no hay discriminación, (aunque/también/por eso) un 21% declara que "a veces sí" (o/y/e) un 5% habla de discriminación personal.

3 Relaciona las frases.   ▶ G | 1.6 | 2.6 | 4.5
Welche Satzteile gehören zusammen?

1. ¿Vamos al mar
2. A mí me gustaría salir esta noche
3. Las ciudades muy grandes no sólo son interesantes
4. Sebastián estudia español
5. Valentina quiere hacer un viaje y visitar Francia
6. A mí no me interesan la ópera
7. Está en el primer nivel de español
8. Para mí es aburrido
9. Casi nunca vamos al cine
10. No le gusta hacer deporte
11. ¿Qué hacemos este fin de semana? ¿Qué te parece si vamos al teatro
12. Yo aprendo mejor yendo al cine

a. ni hacer excursiones.
b. pero habla muy bien.
c. o escuchando canciones en español.
d. y Alemania.
e. ni la música clásica.
f. sino que preferimos mirar televisión en casa.
g. sino también ruidosas.
h. o a ver una película interesante?
i. o a la montaña?
j. si hay pocos estudiantes en un curso.
k. pero tengo mucho que hacer.
l. e informática.

4 Um die Zahlen zu üben, lies den Text der Übung 2. Dein/e Partner/in nimmt die Lösungen zum Vergleich.   ▶ G | 1.10

5 Auf Seite 20 dieses Buches findest du einen Plan der Universität Carlos III. Wiederhole die Ortsangaben indem du sagst, wo sich die verschiedenen Gebäude befinden. Diese Übung kannst du anhand der Pläne anderer Universitäten, die dich interessieren, wiederholen. Du findest sie im Internet.

Schreibe Dialoge wie im folgenden Beispiel und tausche dich mit deiner/m Partner/in aus.

en el centro | delante de | detrás de | al lado de | a la derecha de | a la izquierda de | al | del

- ¿Dónde está la cafetería?
- En el edificio Padre Soler. Es el número 5 en el mapa.
- Está delante del Polideportivo.

6 Mira el ejemplo y describe una plaza de tu ciudad o de tu barrio.

Beschreibe einen Platz deiner Stadt oder deines Stadtteils. Du kannst dich dabei an das folgende Beispiel halten.

> *Esta es la plaza de mi ciudad. En el centro hay un monumento. La catedral está al lado del Ayuntamiento y enfrente de estos edificios hay restaurantes y bares. Al lado del bar Manolo está el banco. A la derecha del banco, el restaurante La Gamba, y a la izquierda del restaurante hay una librería. Detrás de la librería está el supermercado. En la plaza hay muchos árboles. Es una zona peatonal, por eso no hay ruido. La plaza es tranquila y limpia.*

7 Mit den folgenden Elementen kannst du deine ideale Universitätsstadt oder deinen idealen Campus zusammenstellen.

Nimm ein Blatt und fertige zuerst eine Zeichnung an. Dann kannst du sie deiner/m Partner/in zeigen. Erläutere, welche Kriterien wichtig für dich sind. Strukturiere deine Rede. Stelle die Gebäude und Serviceeinrichtungen deines Campus vor und beschreibe, wo sie sich befinden.

8 Suche im Internet einen Stadtplan einer dir gut bekannten Stadt. Arbeitet paarweise. Dein/e Partner/in fragt dich nach dem Weg und du erklärst ihr/ihm, wie man dorthin gelangt. Die dazu notwendigen Redewendungen findest du im Lehrbuch auf Seite 68.

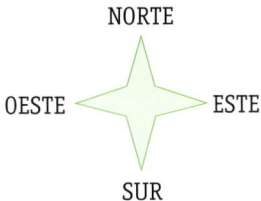

EDIFICIOS

sala de informática, biblioteca, cafetería, Laboratorio de lenguas, Oficina de Información, Relaciones Internacionales, ciudad universitaria, residencia estudiantil, polideportivo, restaurante, facultades, primer piso, segundo piso, tercer piso

PALABRAS PARA ORGANIZAR EL DISCURSO

primero, después
además, por eso
en cambio

PALABRAS PARA COMPARAR Y EVALUAR

Lo mejor es + infinitivo
Es importante + infinitivo
Me parece mejor + infinitivo
Es más grande que…
No es tan… como…

CRITERIOS IMPORTANTES

buena infraestructura, buena infraestructura, buenas comunicaciones, oferta cultural, espacios verdes, zona comercial, bancos, tranquilo, seguro, cómodo, limpio, importante porque, interesante porque…

SERVICIOS

centro comercial
cine, teatro, bancos

ELEMENTOS PARA LOCALIZAR

en el centro, delante de, detrás de, al lado de, a la derecha de, a la izquierda de, cerca de, no muy lejos de

VERBOS

estar, hay, tener, ofrecer
Me gustaría + infinitivo

TRANSPORTE PÚBLICO

metro,
estación de metro,
autobús, parada del autobús,
estación de trenes

9 **Escribe los verbos de movimiento y las preposiciones que faltan.**
▶ G | 4.1

Füge die passenden Verben der Bewegung und die fehlenden Präpositionen ein.

Berta está haciendo un máster E/LE (Español como Lengua Extranjera) en la Universidad de Barcelona y explica cómo llegar al campus desde el centro de la ciudad.

Si quieres ir a la Universidad de Barcelona, al Departamento de Lenguas, y estás en la plaza de Catalunya, ... el metro 3 (línea verde). También puedes .... en "Las Ramblas". Tienes que .... la estación "Mundet". No tienes que .... porque el viaje es directo. En "Mundet" .... por la salida "Llars Mundet Velòdrom". También se puede .... el autobús línea 10 (Montbau-Passeig Martítim): no es tan cómoda, pues la parada no está muy cerca del campus Mundet. Cuando............la salida "Llars de Mundet", subes una rampa y llegas a una rotonda. Allí tienes dos opciones: o bien .... las escaleras (¡son muchas!) o tomas el autobús. Este .... primero en el edificio Midgia, donde se encuentran la Oficina de Relaciones Internacionales (Erasmus) y la biblioteca. La segunda parada es el edificio Llevant (el viaje dura 4 o 5 minutos). Al lado del edificio Llevant hay un bar.

a Das ist die Adresse eines Professors der Universidad de Barcelona, Abteilung Didaktik des Spanischen. Du befindest dich auf dem Campus und musst das Gebäude finden. Wie fragst du?

> Campus Mundet: Edifici Llevant
> Pg. Vall d'Hebron 171
> Barcelona 08035
> Despacho 134
> Teléfono: 93 403 50 70 • Fax: 93 403 50 15

10 **¿Con o sin preposición? Mira el ejemplo.**
▶ G | 4.2

Musst du die Präposition schreiben oder nicht? Schau dir zuerst das Beispiel an.

Esperar un taxi. / Esperar a una persona.
Preguntar una dirección. / Preguntar a una persona.

a. ● ¿Conoces .... Sebastián?
   ○ No, ¿quién es?
b. ● ¿Conoces .... Pau?
   ○ No, ¿dónde está?
   ● En los Pirineos.
c. ● ¿........... quién esperas?
   ○ .... Maite. Queremos ir de tapas.
d. ● ¿Qué haces en la calle a estas horas?
   ○ Estoy esperando........... un taxi.

e. ● ¿Adónde vas?
   ○ Tengo que llevar .... los chicos al museo.
f. ● ¿Puedes darles estos formularios .... mis estudiantes?
   ○ Claro. ¿Cuándo tengo que dárselos?
g. ● Hay que prestarle un diccionario .... Juan.
   ○ En la biblioteca hay muchos.

11 **Completa los diálogos con los pronombres que faltan.**
▶ G | 4.3

Ergänze die Dialoge mit den fehlenden Pronomen.

a. ● Hola, ¿sabes dónde está Pilar?
   ○ Acabo de ver.......... en la Oficina Erasmus.
b. ● Estoy buscando mi pasaporte y no .... encuentro.
   ○ Creo que está en la mochila.
c. ● ¿Sabes dónde están las llaves del coche?
   ○ .... tiene Manuel.
d. ● ¿Podemos hablar un momento?
   ○ Ahora no. Mis estudiantes .... están esperando.
e. ● ¿Por qué no .... presentas a tu amiga Raquel?
   ○ Perdona. Mira Raquel, esta es Nuria.

12   **Um dich gut für ein Erasmusjahr vorzubereiten, solltest du folgende Dinge beachten.**   ▶ G | 4.3

Tengo que bajar los formularios de Internet y rellenar...
Tengo que bajar los formularios de Internet y rellenarlos.

Lo mejor es tener direcciones de estudiantes para preguntar... cosas importantes.
Lo mejor es tener direcciones de estudiantes para preguntarles cosas importantes.

a.   Es importante comprar un mapa y llevar…
b.   Tengo que pedir el número de teléfono de mi tutora y llamar…
c.   Lo mejor es buscar informaciones en la red y leer…
d.   Me gustaría tener la dirección de un chico o una chica para escribir…
e.   Hay que pensar en el formulario del seguro médico y pedir…
f.   Tengo que ver qué trabajos y exámenes son importantes y discutir… con mi profesora.
g.   Es importante saber si hay cursos de lengua, cuáles son los horarios y apuntar…
h.   Quiero saber qué documentos son importantes y si hay una fecha para mandar…
i.   Tengo que saber a quién tengo que dar… los documentos.
j.   Lo mejor es conocer a una persona para preguntar… todo lo que no sé.

13   **Completa las frases como en el ejemplo.**   ▶ G | 4.3
Vervollständige die Sätze wie im Beispiel.

●   *¿Dónde está mi mochila?*
○   *La tengo yo. ¿La necesitas ahora?*

a.   ●   ¿Dónde están las llaves del coche?
     ○   ……….. tiene Ramón.
b.   ●   Y mis cuadernos de castellano, ¿quién ……….. tiene?
     ○   ………..tiene Sol.
c.   ●   No encuentro el portátil.
     ○   ……… tiene Santiago.
d.   ●   No encuentro mi móvil.
     ○   ……….. necesita Pablo. Su móvil no funciona.
e.   ●   ¿Sabes dónde está la billetera de Miguel?
     ○   ……….. está buscando pero no ……….. encuentra.
f.   ●   ¿Sabes quién tiene las tarjetas de crédito?
     ○   Tu hermano ……….. tiene en su billetera.

14   **Completa con pronombres de objeto directo y objeto indirecto.**   ▶ G | 4.3
Setze die Pronomen für das direkte und indirekte Objekt ein.

a.   ●   Paloma está buscando un profesor de inglés.
     ○   ¿Por qué no ……… recomiendas a Brian? Es muy bueno.
b.   ●   Ahora que vas a España, ¿por qué no ……… compras un regalo a Sebastián y Pilar?
     ○   Es verdad. El mes que viene es su cumpleaños.
c.   ●   ¿Me traes un libro de la biblioteca?
     ○   ¿……… traigo uno en castellano o en catalán?
d.   ●   ¿Conoces un hotel barato en Barcelona? Queremos estar una semana.
     ○   ……… lo digo después. No tengo aquí las direcciones.
e.   ●   ¿Queréis las direcciones de mis amigos en Madrid?
     ○   Sí, claro. ¿Cuándo ……… las puedes dar?
f.   ●   ¿Nos prestas el coche?
     ○   Sí, ……… lo presto si me lo traéis el fin de semana.
g.   ●   Mañana hay examen y Maite no tiene un diccionario bilingüe.
     ○   ……… puedes dar este. Yo no lo necesito.

a Ahora escribe los verbos del ejercicio anterior como en el ejemplo.
Schreibe nun die Verben der vorhergehenden Übung wie im folgenden Beispiel.

▶ G | 4.3

Brian es muy buen profesor de inglés.
Voy a recomendárselo a Paloma.

b. Voy a .... en Barcelona.
c. Puedes .... en catalán, así practico un poco.
d. Puedo .... después porque no tengo las direcciones aquí.
e. Puedo .... ahora.
f. Puedo .... si me lo traes el fin de semana.
g. Puedes .... Yo no lo necesito.

¡Ojo!
¿Están los acentos?

15 **Verbinde die Sätze mit den folgenden Bindewörtern. Die Zahl in der Klammer gibt an, dass es mehr als eine Möglichkeit gibt.**

▶ G | 2.6 | 4.5

aunque | sin embargo | como | porque | por eso

1. Lars no sabe catalán. (2)
2. Casi todos mis estudiantes quieren ir de Erasmus a un país europeo. (2)
3. Iñaki piensa estudiar un año en Holanda. (2)
4. Tom tiene muchos problemas.
5. La semana que viene termina el semestre.
6. Susana trabaja mucho.
7. Lars tiene tantos problemas como Peer. (2)
8. Mi profesora tiene gripe. (2)
9. Ana también trabaja mucho.
10. Sara trabaja mucho pero es una chica muy organizada.

a. Va a la psicóloga tres veces por semana.
b. Está buscando alojamiento barato.
c. Siempre tiene tiempo para salir con sus amigas.
d. Tiene tanto trabajo que nunca puede salir con sus amigas.
e. Ni hoy ni mañana tenemos clase.
f. Acaba de comprarse un diccionario.
g. Siempre tiene tiempo para salir.
h. Nunca va a la psicóloga.
i. Vuelvo a mi país. Tengo que hacer exámenes y terminar la carrera.
j. Unos pocos prefieren terminar primero sus estudios y después viajar.

16 No todas y todos somos iguales, ni hacemos lo mismo, ni con la misma frecuencia. ▶ G | 4.4
Wir sind nicht alle gleich noch machen wir das Gleiche gleich oft.

a Mira la agenda de Arne y Marlén. Compáralas.
Schau dir Marlens und Arnes Terminkalender an und vergleiche sie.

Arne

- Lunes, martes y jueves: clases en la universidad de 8.00 a 16.00
- Martes y viernes por la noche: clases de tango
- Lunes, miércoles y jueves de 17.00 a 18.30: tándem de español
- Miércoles y sábados por la mañana: gimnasio
- Sábado y domingo de 21.00 a 24.00: trabajo práctico en una radio multicultural
- Domingo por la mañana: fútbol
- Sábados: ir a ver a mamá y papá, ir, al supermercado, salir con amigos a tomar un café...

Marlén

- Clases en la universidad: todos los días de 10.00 a 18.00
- Martes por la noche: clases de salsa
- Lunes y jueves de 17.00 a 18.30: tándem de portugués
- Miércoles y sábados por la noche: estar con unos niños. Es canguro
- Lunes miércoles y viernes de 20.00 a 24.00: trabajo práctico en un hospital de la ciudad
- Domingo por la mañana: ¡dormir!
- Sábados: depende... a veces visitar a sus padres, ir al supermercado o salir a caminar o hacer un poco de deporte o...

Arne no tiene tantas clases en la universidad como Marlén.

a. Marlén no practica .... deporte .... Arne.
b. Marlén no tiene ....clases de baile ....Arne.
c. Arne no tiene ....horas de trabajo práctico .... Marlén.
d. Los sábados, Arne tiene ....actividades .... Marlén.
e. Los domingos Arne no duerme .... como Marlén.
f. Marlén no trabaja .... con su tándem .... Arne.

b Sigue practicando. Mira el ejemplo. ▶ G | 3.4
Übe weiter nach folgendem Beispiel.

Marlén – horas de trabajo práctico
Marlén tiene más horas de trabajo práctico que Arne.

a. Arne – deporte
b. Marlén – los domingos – dormir
c. Arne – tándem
d. Arne – horas de clase en la universidad
e. Marlén – clases de baile
f. Arne – actividades – los domingos

17 Benutze die Karte Lateinamerikas auf Seite 33. Gib die örtliche Lage verschiedener Länder an und benutze dabei Präpositionen und Ortsangaben. Arbeitet zu zweit.

---

cerca de | entre | al norte de | en la costa de | a la derecha de | a la izquierda de

---

● *¿Dónde está Costa Rica?*
○ *Al sur de El Salvador, entre este país y Panamá.*

18 **¿Sabías que…?**
Wußtest du schon …?

Dos revistas en línea de y para estudiantes

¿Qué es yaq.es?

Una web para estudiantes donde puedes intercambiar opiniones y hacer preguntas sobre carreras y estudios con estudiantes de toda España e incluso del extranjero. Registrarse en yaq.es es totalmente gratuito. Puedes

- hablar con estudiantes de toda España de cualquier tema, utilizando los foros, el chat y los mensajes privados.
- comunicarte con estudiantes que quieren estudiar lo mismo que tú o en la misma universidad que tú.
- informarte sobre tu futuro profesional.
- recibir gratis nuestro dossier "100 consejos para tu primer año en la universidad".

entre ESTUDIANTES

La revista *Entre estudiantes* te ofrece cada mes dos interesantes reportajes sobre dos carreras universitarias y otro sobre los estudios de formación profesional: qué se estudia, su nivel de dificultad, las posibilidades laborales, la opinión de alumnos y profesores… Esta revista es una forma de conocer esos "detalles" que las páginas oficiales de las universidades no cuentan.

NACE LA WIKILENGUA

La Fundación del Español Urgente (Fundéu BBVA) acaba de presentar oficialmente la Wikilengua, una página web colaborativa que está inspirada en la enciclopedia libre Wikipedia. La Wikilengua quiere contestar preguntas sobre el uso de la lengua española. Esta página web se va a construir con la participación de autores, traductores, editores, lingüistas, correctores, profesores, estudiantes, periodistas y en general todas las personas interesadas en la lengua.

Primera radio mapuche

"Mari mari kompuche, Wallon amuldunguwe fachantv ka kiñe antv-kvzvwaiñ". En español significa: "Buenos días, amigos oyentes, Radio Wallon comienza un nuevo día de trabajo". Así empieza la primera emisora de radio mapuche de Chile su programa diario, que emite de 10 a 22 horas en el canal 91.1 FM.

Wallon, su nombre, significa en mapuche "el movimiento del Sol". Los estudios están en el pueblo de Lican Ray, región de la Araucanía, donde se escucha desde de mayo de 2004. La mitad del programa es en mapudungún y el resto en español e inglés. En el programa se presentan noticias, música y mensajes.

DESARROLLA TU INTELIGENCIA

Dedica 20 minutos al día para aprender algo nuevo. Tiene que ser algo interesante y además nuevo para ti, como, por ejemplo, las costumbres de las etnias del Amazonas, la historia de un país exótico o el chino. Algo nuevo, que luego puedas comentar con tus amigos y que amplíe tus horizontes intelectuales.

Usa un diccionario. Si quieres desarrollar tu inteligencia lingüística, lee cada día un periódico, una revista o libro y marca las palabras que no entiendes. Busca su significado en un diccionario, encuentra sinónimos y, a lo largo del día, utiliza estas palabras en un contexto cotidiano, en una conversación con un amigo o con tus padres.

Hispanohablantes en Estados Unidos

La ciudad donde más se usa el español es Hialeah, una ciudad de 228 000 habitantes, en el estado de Florida. Allí 9 de cada 10 habitantes hablan español. El 70 % de la población de Miami es de origen hispanohablante. En todo EE.UU., 47 millones de personas hablan un idioma diferente del inglés en sus casas. Sin embargo, hay lingüistas que ven una diferencia entre los hispanos de Miami y Hialeah y los de la costa oeste, donde la población hispanohablante es de origen mexicano. En Miami, sin embargo, la mayoría de la población es de origen cubano. También está aumentando el número de argentinos, colombianos y venezolanos, personas con una base económica cultural privilegiada. Por eso, conservan más la lengua y las costumbres de sus países de origen.

Certificado de Español Lengua y Uso

¿Qué es el CELU?

El CELU o Certificado de Español, Lengua y Uso es el primer certificado reconocido por el Ministerio de Educación de la República Argentina que evalúa la competencia comunicativa oral y escrita tanto en español como en lengua extranjera.

Si entiendes las informaciones, puedes completar las frases con una palabra.
Wenn du die Nachrichten verstanden hast, dann kannst du die folgenden Sätze mit einem Wort ergänzen.

a. Wikilengua es una página . . . . de Internet.
b. La población hispanohablante de Florida y de la costa oeste de EE.UU. es . . . .
c. La mayoría de los habitantes hispanohablantes de la costa oeste de EE.UU. son . . . .
d. El certificado que evalúa tus conocimientos de español en Argentina se llama . . . .
e. Para desarrollar tu inteligencia tienes que elegir un tema nuevo e . . . . para ti.
f. Una revista española en línea para estudiantes informa sobre detalles que no puedes leer en las páginas de las universidades . . . .
g. El mapudungún es una lengua indígena que se habla en . . . .
h. La región donde está la primera radio mapuche es la . . . .

Wenn du Texte zu ein und demselben Thema liest, wird dir das Lesen immer leichter fallen. Setze dir ein Ziel. Zuerst konzentriere dich darauf, Thema und Schlüsselwörter zu verstehen. Wenn du das kannst, versuche die wichtigsten Gedanken und Informationen zu erfassen und schließlich auch die Meinung der Autorin oder des Autors.

19 **En los planos de las ciudades hay muchos iconos, ¿qué significan?**
Stadtpläne beinhalten häufig viele Icons oder Symbole. Was bedeuten sie?

     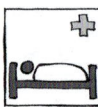

a ¿Cuáles de estos servicios funcionan el 1° de mayo? ¿Cuáles no?
Welche dieser Einrichtungen sind feiertags geöffnet und welche nicht?

Funcionan en feriado	No funcionan
....	....
....	....
....	....
....	....
....	....
....	....

b Compara tus opiniones con las de tu compañera/-o. ¿Qué diferencias hay?
Vergleiche nun deine Ergebnisse mit denen deiner Partnerin oder deines Partners.

c Dibuja en una hoja grande otros tres iconos que sean habituales en los planos de las ciudades.
Zeichne drei weitere Symbole auf ein großes Blatt.

d Ahora se colocan todos los iconos en la pizarra y se elige el más importante de todos.
Nun werden die Symbole an die Tafel angebracht, das wichtigste ausgewählt und die Auswahl begründet.

20 **Tú haces una lista de tipos de alojamiento y tu compañera/-o hace una de medios de transporte.**
Schreibe alle möglichen Namen von Haustypen auf. Dein/e Nachbar/in macht dasselbe mit Verkehrsmitteln.

Alojamiento	Medios de transporte
....	....
....	....
....	....
....	....

In dieser Unterrichtseinheit hast du ca. 100 neue spanische Wörter gelernt. Wenn es sich um Eigennamen, Namen von Straßen, Stationen, etc. handelt, weißt du, dass du sie besser behältst, indem du sie ordnest: Du kannst z.B. aus den Anfangsbuchstaben eine Gedächtnisstütze bauen oder eine Abkürzung bilden.

1 **Marca con un color los verbos que estén en subjuntivo y explica la regla en tu lengua.**   ▶ G | 5.4 | 5.5 | 5.6 | 5.7
Unterstreiche mit einem Farbstift die Formen des Subjuntivo und erläutere die Regel, nach der sie angewendet werden.

Soy una Erasmus finlandesa que busca habitación en alquiler. Estudio Arquitectura, no fumo pero me encanta trabajar de noche en casa. Necesito una habitación que no esté muy lejos del centro y que cueste como máximo 350 euros con todos los gastos.
E-mail: hanlo@condinamica.edu

Hola, soy estudiante Erasmus y busco una habitación en la zona Delicias-Plaza Roma para entrar en marzo (hasta junio). Busco una habitación luminosa en piso compartido con estudiantes no fumadores con buen ambiente. Es fundamental que haya Internet. Soy una persona muy divertida y respetuosa de los demás, y busco lo mismo. papel@condinamica.edu

Busco chicas jóvenes, simpáticas, responsables, que no den problemas en la convivencia.
Soy una chica de 29 años y tengo una perra (bobtail), muy cariñosa y tranquila: duerme todo el día.
Posibilidad de entrar en marzo. Tengo fotos digitales de todo el piso por si no podéis venir a verlo.
Teléfono: 607162444
E-mail: lonrubi@condinamica.edu

Busco chico para compartir piso en zona tranquila y muy bien comunicada. Habitación muy amplia, en buen estado todo el piso y opción de Internet. El precio es 300 euros más los gastos. Ahora vivimos dos chicas de 30 y 33 años. Si te interesa verlo, me puedes llamar al 620194062. Está en Sants–Montjuïc, Barcelona capital. Que no llamen personas que tengan menos de 25 años.

Escribe la regla y compárala con la gramática.

....
....

2 ¿Indicativo o subjuntivo? Tacha lo que no sea correcto. ▶ G | 5.4 | 6.1
Indikativ oder Subjuntivo? Streiche die falschen Formen durch.

Estoy buscando un piso que tenga/tiene dos habitaciones, baño, y cocina. No tiene que ser exterior. Prefiero que está/esté cerca de la universidad para poder ir caminando. El piso que tengo ahora no me gusta porque es/sea caro y no tiene mucha luz. Me gustaría compartirlo con una persona que también estudie/estudia, pero lo que más me interesa es que esa persona es/sea de América Latina o España, porque lo que yo quiero/quiera es hablar en castellano y no en inglés. Acabo de poner un anuncio en el tablón de la universidad y otro en la cafetería. A ver si me escriben…

3 Welche Universität sucht Tomás? Benutze die folgenden Informationen für eine Beschreibung. Denke daran, es handelt sich noch nicht um eine konkrete Uni, vielmehr um eine ideale Vorstellung davon. ▶ G | 5.4

en una ciudad mediana
cerca del mar
pocos estudiantes
buena infraestructura
no tradicional
un programa de estudios interesante
lengua: español
posibilidades para practicar deportes acuáticos

donde
que

hay
ser
estar
ofrecer
hablar
tener

Busco una universidad en una ciudad mediana, donde haya…

4 Completa esta conversación telefónica. ▶ G | 5.4 | 5.5 | 5.6 | 5.7
Vervollständige das folgende Telefongespräch.

● Dígame…
○ Hola Pilar, soy yo, Sol.
● Hola… ¿qué hay?
○ Oye, acabo de leer un anuncio. Creo que es perfecto para ti.
● A ver… Dime…
○ Están buscando personas que …………………… (tener) tiempo libre… ¿Tú no trabajas este semestre, no?
● Sí…
○ Además es compatible con los horarios de la facultad… Dice que no hay que tener estudios…

● Pero… ¿Qué buscan?
○ Gente joven, que …………………… (saber) español e inglés, para presentar libros de una editorial, que …………………… (poder) trabajar diez horas los fines de semana, que no …………………… (ser) mayor de veinticinco años.
● ¿Hay un número de teléfono?
○ Sí: 91 564 8976.
● Voy a llamar enseguida. Muchas gracias.
○ De nada. Que tengas suerte.

5 ¿Subjuntivo, infinitivo o indicativo? Marca lo que sea incorrecto. ▶ G | 5.4 | 5.5 | 5.6 | 5.7
Subjuntivo, Infinitiv oder Indikativ? Streiche die falsche Form durch.

1. Valentina busca piso cerca de la universidad. Tiene que ser/sea luminoso, no muy caro y estar bien comunicado.
2. Estas vacaciones quiero ir/que vaya a América Latina y quiero que tú venir/vengas conmigo.
3. ¿Tienes ganas de que vamos/vayamos al concierto de Manu Chau? Yo tengo muchísimas ganas de que vayamos/vamos juntas.
4. Recuerda que es muy importante que hagas/haces bien este examen. Si lo haces/hagas bien, entonces celebramos con una gran fiesta.
5. ¿Es importante rellenar/rellene todos estos formularios? – Claro, es necesario que los rellenes/rellenas/rellenar todos.
6. Si necesitas algo, dímelo/que me lo digas/lo decir.

7. Necesitamos hablar/hablemos con nuestra tutora porque acaban de decirnos que es necesario ir/vayamos a la reunión de información y yo hoy tengo mucho que hacer.

8. Te aconsejo que buscas/busques una compañera de piso que habla/hable español. Si habláis/habléis en inglés, nunca vas a aprender español.

9. Este piso no me gusta nada: no tiene, luz, es demasiado pequeño y además no tiene Internet y para mí es fundamental vivir en un piso que es/sea luminoso y amplio, donde haya/hay/haber Internet; si no, no me siento cómodo.

6 **Übe jetzt die folgenden Verben in der 2. Person Singular. Es handelt sich um unregelmäßige Imperative.** ▶ G | 5.2
Empfehle einer/m Studierenden, die wichtigsten Dinge für ein Erasmusjahr.

1. Si todavía no tienes un seguro médico, ... (hacerlo).
2. . . . . (poner) la agenda en la mochila. Son tus números y direcciones más importantes.
3. Si no tienes claro el plan de estudios, ... (ir) a la Oficina Erasmus de tu universidad. Seguro que te ayudan.
4. . . . . (ser) organizada/-o: es mejor.
5. . . . . (venir) con nosotros a las reuniones de información.
6. . . . . (tener) presentes estos consejos.

7 **Übe die Verneinung des Imperativs. Du sprichst mit einem/r Bekannten. Dieser Person geht es nicht** ▶ G | 5.3
sehr gut, sie arbeitet zu viel und führt ein ziemlich unregelmäßiges Leben.

● *Estoy muy cansada y trabajo demasiado.*
○ *Entonces no trabajes tanto.*

1. Estudio mucho y duermo poco.
2. Salgo de copas con mis amigas todas las noches y llego a casa tarde.
3. Creo que vivo sólo para trabajar y eso no me gusta.
4. A veces no puedo dormir y miro mucha televisión, por eso duermo poco.
5. Me gusta mucho el café y tomo demasiado.
6. Leo mucho tiempo por las noches y por la mañana no me puedo levantar.
7. Me siento mal porque fumo casi veinte cigarrillos por día.
8. Creo que estoy comiendo demasiado y tengo algunos kilos de más.
9. Creo que chateo y escribo demasiados correos electrónicos. Por eso me falta el tiempo para estudiar.

a El médico le da consejos a tu amiga utilizando la forma "usted".

● *Doctor, estoy muy cansada y trabajo demasiado.*
○ *Entonces no trabaje tanto.*

b También tus amigas Maite y Nuria tienen problemas. ¿Qué les aconsejas?

● *Estamos muy cansadas y trabajamos demasiado.*
○ *Entonces no trabajéis tanto.*

c Utiliza ahora la tercera persona plural.

● *Estamos muy cansadas y trabajamos demasiado.*
○ *Entonces no trabajen tanto.*

8 **Mira el ejercicio 6. Escribe la forma negativa del imperativo.**
Schau dir noch einmal die Übung 6 an. Schreibe die verneinte Form des Imperativs.

▶ G | 5.3

1. Si necesitas un seguro médico, háztelo en tu país; no te lo .... en España.
2. Una agenda es algo muy importante. No la .... en la maleta. Llévala en el equipaje de mano.
3. No .... a España sin tener claro el plan de estudios de tu carrera.
4. No .... desorganizada/-o: eso trae muchos problemas.
5. No me .... que no quieres escuchar mis consejos.
6. No .... problemas en preguntar.

9 **Practica más.**
Weitere Übungen. Halte dich an das Beispiel.

▶ G | 5.3

(poner) las llaves encima de la mesa (tú)
¡Pon las llaves encima de la mesa!   *¡No las pongas encima de la mesa!*

1. (traer) primero las cajas de libros. (vosotras) ....
2. (venir) por la tarde. (ustedes) ....
3. (decir) lo que piensas. (tú) ....
4. (oír) lo que te dicen. (tú) ....
5. (hacer) lo que os digo. (vosotros) ....

10 **Sigue practicando los verbos con cambios vocálicos en imperativo afirmativo.**
Übe nun die Verben mit Änderung des Stammvokals im bejahten Imperativ.

▶ G | 5.2

1. (mostrarme) lo que tienes en la mochila. (tú) ....
2. (repetir) los mismos ejercicios. (ustedes) ....
3. (reírse) de la gente. (usted) ....
4. (contarme) la vida de todo el mundo. (vosotras) ....
5. (seguir) practicando los verbos. (tú) ....

11 **Vuelve a practicar las formas negativas del imperativo.**
Hier sind die verneinten Formen des Imperativs gefragt. Kennst du sie?

▶ G | 5.3

¡Ve! ¡No vayas!

1. ¡Baja las escaleras! ....
2. ¡Sube las cajas! ....
3. ¡Haz lo que quieras! ....
4. ¡Ve a dormir! ....
5. ¡Pon las cajas en el balcón! ....
6. ¡Sal de ahí! ....
7. ¡Ven aquí! ....
8. ¡Lee la traducción! ....

12 **Practica las formas y el orden de los pronombres.**
► G | 5.3
Imperativ und Pronomen. Erinnerst du dich in welcher Reihenfolge sie benutzt werden?

¡Dímelo!   No me lo digas.

1. ¡Dásela! ....
2. ¡Póntelo! ....
3. ¡Súbanlos! ....
4. ¡Llévatelas! ....
5. ¡Búscalo! ....

6. ¡Tráeselos! ....
7. ¡Mírame! ....
8. ¡Escríbanlo! ....
9. ¡Cómpralas! ....
10. ¡Piénsalo! ....

13 **¿A qué se refieren los pronombres? Combina las frases.**
► G 5.3
Worauf beziehen sich die Pronomen? Kombiniere, was zusammenpasst.

¡Hazlo! el ejercicio

1. ¡Dásela!	a. los formularios, a ellos
2. ¡Póntelo!	b. el sombrero, tú
3. ¡Súbanlos!	c. a mí, usted
4. ¡Llévatelas!	d. las plantas, tú
5. ¡Búscalo!	e. lo que acabo de decir, vosotras
6. ¡Tráeselos!	f. la agenda, a él
7. ¡Míreme!	g. las cajas, tú
8. ¡Escríbanlo!	h. el ejercicio, ustedes
9. ¡Cómpralas!	i. los libros, ustedes
10. ¡Pensadlo!	j. el portátil, tú

14 **Más de lo mismo.**
► G | 5.2
Und weiter mit dem Imperativ. Vervollständige die folgenden Sätze mit dem passenden Verb.

a Andreu no se siente bien y le pide ayuda a Nuria.
Andreu fühlt sich nicht wohl und bittet Nuria um folgendes:

Nuria, ... un favor. Necesito una novela. Se llama *Cien años de soledad*. Es de García Márquez. Toma mi carné y .... a la biblioteca. Si no la encuentras en las estanterías, ... en el banco de datos digitales. Después .... el formulario a mi nombre. .... pronto. La necesito para hacer un trabajo.

b Javier y Dolores tienen una relación problemática. Dolores está cansada de Javier y no quiere que haga más las siguientes cosas.
Javier und Dolores haben Beziehungsprobleme. Dolores hat Javier satt. Sie möchte nicht, dass er folgendes macht:

Llamarla por teléfono. ....
Escribirle correos electrónicos. ....
Buscarla por la universidad. ....
Esperarla a la salida del metro. ....
Invitarla al cine o a sus fiestas. ....
Preguntarle adónde va por las noches. ....
Decirle lo que tiene que hacer. ....

15 In der ersten Unterrichtseinheit hast du das Verb „llamarse" gelernt. Danach kamen folgende: „sentirse", ▶ G | 1.4
„acostumbrarse" und „levantarse". Vervollständige die Sätze mit den entsprechenden Pronomen.

1. Roberto está con una beca Erasmus en Inglaterra. La universidad le parece muy interesante pero no ....
   acostumbra a los horarios: hay muchas clases.
2. La ciudad de México nos gusta mucho pero no .... acostumbramos al ruido y al tráfico de sus calles.
3. Si no .... sentís bien, no tenéis que venir a clases.
4. Buenos Aires es una ciudad muy grande, sin embargo te va a gustar. Pronto .... vas a acostumbrar: el
   subte funciona bien y hay muchas líneas de colectivos.
5. A mí me encantan las ciudades pequeñas; si es un pueblo, mejor. Sólo .... siento bien lejos del ruido y de la
   gente.
6. La verdad es que .... sentimos muy contentos con Valentina: es una persona muy responsable y los chicos
   la quieren mucho.
7. Javier trabaja mucho mejor por las mañanas. Por eso .... levanta tan temprano.

16 Wie flirtet man erfolgreich? Hier hast du ein paar Ideen. Vervollständige Sie mit der richtigen Form ▶ G | 5.2
des Imperativs.

1. No (mirar) .... a todo el mundo. (concentrarse) .... en esa persona.
2. (hablar) .... con ella/él de lo que quieras: lo importante es que (mostrar) .... interés y simpatía.
3. (hacerle) .... muchas preguntas: a todo el mundo le encanta hablar de sí mismo.
4. (mostrarle) .... que te interesa todo lo que te cuenta.
5. No (contarle) .... que estás sola/-o, triste y deprimida/-o.
6. No (preguntarle) .... si está sola/-o.
7. Nunca (irse) .... sin su número de teléfono.
8. No (hablar) .... de ligar: ¡(ligar) ....!

17 Escribe cómo es un día normal en tu vida.
Beschreibe einen ganz normalen Tag in deinem Leben.

> normalmente | siempre | nunca | casi siempre | a veces | con
> frecuencia | todos los días | todas las noches | todas las tardes |
> todas las semanas | por la mañana | por la tarde | por la noche

Actividades cotidianas	Marcadores de secuencia
levantarse	antes de
ducharse	después de
peinarse	mientras
afeitarse	primero
vestirse	después
lavarse la cara/el pelo/los dientes	por último
acostarse	

Normalmente me levanto después de las 7:00. Siempre me lavo la cara primero y...

18 Completa los diálogos.
Vervollständige die Dialoge.

| primero | los | en | a | después de | mientras | por | hasta | de |

- ¿Cuándo tienes clases?
- .... lunes y jueves, ... la tarde.
- ¿Cuándo haces a deporte?
- Todos .... fines de semana.
- ¿Cuándo tienes vacaciones?
- Un mes .... agosto y a veces .... Semana Santa.
- ¿Cuándo te encuentras con tu tándem?
- Todos .... martes, ... 10.00 .... 12.00.
- ¿Cuándo empieza la clase de Literatura?
- .... las 14.00.
- ¿Cuándo vuelve Alessandra?
- Tarde. Hoy trabaja .... las 10.00 de la noche.
- ¿Quieres un café?
- Mejor me ducho .... y .... ducharme lo tomo.
- A mí me encanta escuchar música .... trabajo.
- A mí no, porque no puedo concentrarme.

19 ¡Sabelotodo en acción! Completa las frases. ▶ G | 5.4
Besserwisser in Aktion. Vervollständige die Sätze. Sie drücken Empfehlungen, Notwendigkeit und Bedürfnisse aus.

a. La chicas quieren hacer un viaje a Perú. Juan, el "Sabelotodo", les recomienda que (llevar) .... siempre buenos mapas, que (aprender) .... algunas palabras en quechua, que (cambiar) .... dinero antes y que (hacer) .... reservas en hoteles baratos.

b. Para aprender bien una lengua es necesario que tú (leer) .... el periódico todos los días y que (hacer) .... una lista de las palabras nuevas, que (mirar) .... televisión o que (ir) .... a ver películas y que (escuchar) .... canciones o programas de radio, que (buscar) .... personas con quienes hablar y practicar, que (viajar) .... a un país donde se hable esa lengua, que (comprar) .... un buen diccionario. Y que no te (olvidarse) .... de las estrategias de aprendizaje.

c. Los hombres son así... Necesitan que (nosotras) las mujeres los (querer) .... sólo a ellos, (pensar) .... en ellos todo el tiempo, nos (acordarse) .... de ellos en todo momento, los (necesitar) .... siempre, (dormir) .... y nos (despertarse) .... a su lado, que los (preferir) .... al resto de los hombres y los (cuidar) .... Si a mí me tratan igual, no tengo problemas con eso.

20 Valentina sucht Reisegefährten nach Machu Picchu. Zuerst beschreibt sie sich selbst und dann ▶ G | 5.4
die Art von Personen, die sie sucht.

¡Hola! Me llamo Valentina. .... italiana y .... de *au pair*. .... 23 años y .... en Berlín. Soy simpática y atractiva, ... viajar y .... gente. .... chicos y chicas porque .... hacer un viaje a Machu Pichu en agosto. ¿ .... dónde .... ? En Perú. Estoy buscando gente que .... viajar conmigo, ... simpática como yo y le .... conocer mundo. La edad no es importante, pero eso sí: .... que hablar castellano. No tengo mucho dinero y por eso no .... ir a hoteles caros. Si .... sociable y .... viajar, si .... ganas de ver lugares maravillosos y conocer gente, entonces ¡ .... ! Si quieres, pon una foto en el adjunto de tu correo electrónico.

21 Bevor du anfängst zu lesen, denke darüber nach, welche Bedeutung das Wasser in unserem Leben hat. Schreibe ein paar Schlüsselwörter auf.

....

Was bedeuten die beiden Begriffe „derecho humano" und „democracia directa"? An welche Beispiele denkst du dabei?

....

a Welches Beispiel von direkter Demokratie liefert der Text?

....

b Welche Konsequenzen werden genannt?

....

DESDE 2004, EL AGUA ES UN DERECHO HUMANO EN URUGUAY

El 31 de octubre de 2004, la población uruguaya decide en un plebiscito reformar la Constitución del país. Ahora esta incluye el acceso al agua potable como un derecho humano fundamental. En Uruguay el agua no se puede privatizar. Esto significa que el agua y su administración es un asunto público. Además el Estado, las empresas y la población tienen que proteger la naturaleza.

La nueva Constitución cambia sustancialmente la situación en Uruguay. Pero además, esta nueva realidad también es importante a nivel internacional: es una de las primeras experiencias de incluir un derecho ambiental en la Constitución de un país a través de la democracia directa.

22 Kontrolliere dein Leseverständnis. Schreibe neben jeden Abschnitt ein Wort oder mehrere Wörter, die den Inhalt wieder geben. Du kannst auch einen Titel für jeden Abschnitt notieren. Mit diesen Stichpunkten oder Titeln kannst du die Information des Textes zusammenfassen.

Sistema Nacional de Orquestas Juveniles e Infantiles de Venezuela: el comienzo.
A principios del año 1975, el maestro José Antonio Abreu empieza a crear una orquesta para los estudiantes de música. La idea es que ellos puedan practicar en grupo. Según un decreto oficial que existe desde 1964, la práctica en grupo es obligatoria para todos los alumnos de las escuelas de música del Estado.

....
....
....
....
....
....

Abreu reúne a ocho jóvenes en el antiguo Conservatorio Nacional de Música "José Ángel Lamas". También integra a otras chicas y chicos de Caracas y del interior del país, especialmente de Maracay y Barquisimeto, de donde vienen ya desde siempre excelentes músicos venezolanos.

....
....
....
....
....

Además de formar la orquesta, Abreu cree necesario reformar la educación musical venezolana, con características pedagógicas propias y originales. Quiere adaptar los métodos de enseñanza que existen en otros países a la realidad social venezolana. El 30 de abril de 1975 Abreu presenta la primera Orquesta Sinfónica Nacional Juvenil de Venezuela.

....
....
....
....
....
....

23 **Schau dir vor dem Lesen die kursiv geschriebenen Wörter der folgenden Sätze an. Was können sie bedeuten?**

- las ciudades necesitan una *reconstrucción*
- un programa de *rehabilitación*
- la *revitalización* de los centros históricos

¿Qué puede significar el prefijo „re-"? Was mag die Vorsilbe „re-" bedeuten? . . . .

a Lee y utiliza la información para completar el ejercicio b.
Vervollständige nun den Abschnitt b mit der Information des folgenden Textes.

Programa de rehabilitación de viviendas tradicionales en Coro y La Vela, Venezuela

Las ciudades venezolanas de Coro y La Vela pertenecen, con sus interesantes centros históricos, al patrimonio cultural de la humanidad de la UNESCO. Pero para poder conservarlas, las ciudades necesitan una *reconstrucción*. Por eso el Estado venezolano acaba de comenzar un programa de *rehabilitación*. Sus objetivos son:

- Mejorar la calidad de vida de las familias que viven en el área.
- Conservar los edificios tradicionales en los centros históricos de Coro y La Vela.
- Recuperar el paisaje urbano y crear una atmósfera favorable para la revitalización de los centros históricos.

Hasta el momento hay más de 380 casas tradicionales *reconstruidas*. También se acaba de formar a 50 especialistas en construcción manual. Además, los habitantes de estas ciudades trabajan en varios grupos para cuidar y *revitalizar* las tradiciones y costumbres de la región. El proyecto venezolano es reconocido a nivel nacional e internacional.

---

b Completa el siguiente párrafo.

En Venezuela, la UNESCO declara a las ciudades de Coro y La Vela patrimonio cultural de la humanidad porque tienen . . . .
para . . . . Existe un . . . . que el
Estado venezolano financia. Después de la reconstrucción la calidad de vida de la población va a . . . .
No sólo el Estado sino también los . . . . participan en el programa. Les
interesa . . . . las tradiciones y costumbres de la región.

Weiterlesen, so wie dieser Abschnitt der Lerneinheit genannt wird, ist das, was du machen solltest, wenn du nicht sofort verstehst. Je weiter du im Text voran schreitest, desto mehr ergänzende Informationen wirst du haben. Natürlich kannst du auch zum vorhergehenden Absatz zurückgehen und vom Verstandenen ausgehend überlegen, wie der Text weitergehen könnte. Verwende dabei dein Weltwissen. Auch dies hilft dir beim Verstehen.

24 Die folgenden Wörter kennst du schon. Ordne sie den vier Überbegriffen der mind-map zu.

piso | departamento | ático | masía | cortijo | urbanización | adosados | estancia | terraza | finca | casa colonial | edificios | torres | patio | patio andaluz | una casa en la sierra/en la playa (segunda vivienda) | country (barrio cerrado o vigilado) | hacienda

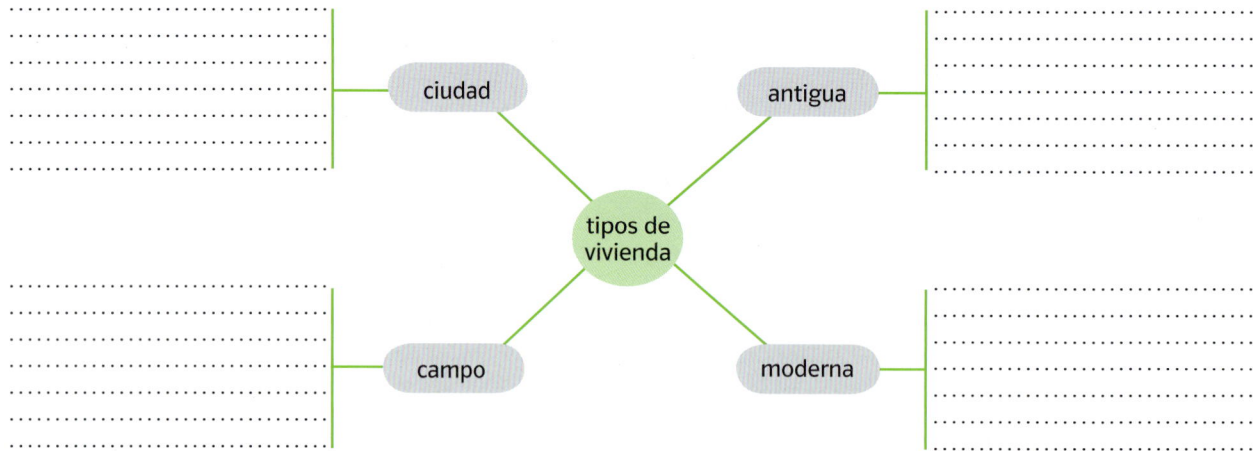

25 Wer ist wer? Schau dir den Stammbaum der Familie Pérez aus Ecuador an und vervollständige den folgenden Text mit den Verwandtschaftsbezeichnungen oder Namen.

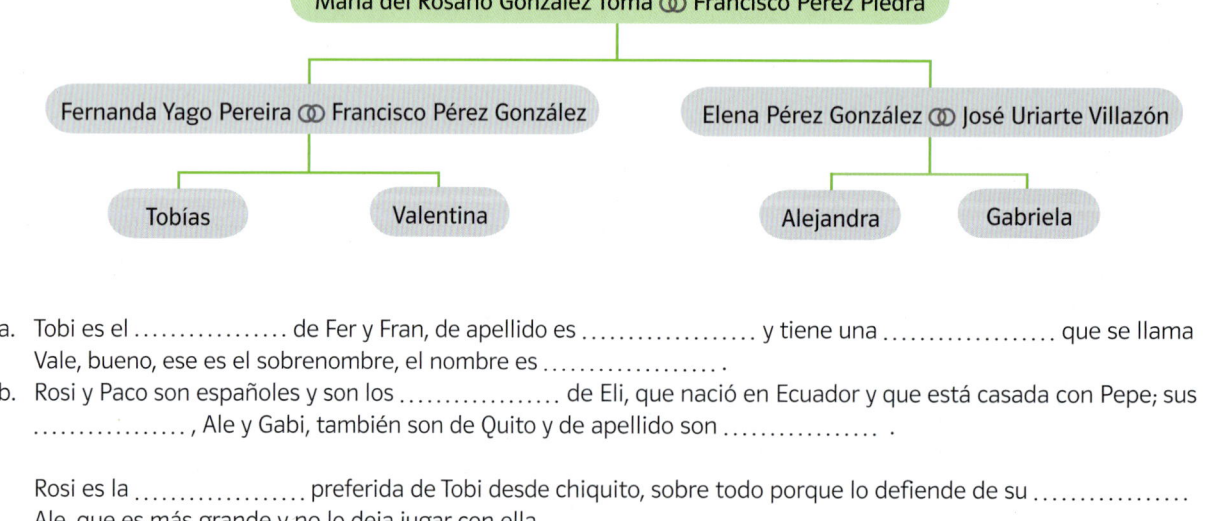

a. Tobi es el .... de Fer y Fran, de apellido es .... y tiene una .... que se llama Vale, bueno, ese es el sobrenombre, el nombre es ....

b. Rosi y Paco son españoles y son los .... de Eli, que nació en Ecuador y que está casada con Pepe; sus .... , Ale y Gabi, también son de Quito y de apellido son ....

Rosi es la .... preferida de Tobi desde chiquito, sobre todo porque lo defiende de su .... Ale, que es más grande y no lo deja jugar con ella.

In dieser Lerneinheit hast du 150 Wörter gelernt und mehrmals verwendet. Es handelte sich um Wörter, die einem semantischen Feld zugeordnet werden: dem Wohnort und den dort ausgeführten Aktivitäten. Wenn du diese Begriffe einer bestimmten Zeit und einem bestimmten Ort zuordnest, wirst du sie besser behalten. Natürlich kannst du auch die Strategie verfolgen, bei der du neue Wörter in einen Text einbettest.

1 Fíjate en estos verbos. Subraya primero los que tienen un participio irregular. Después los escribes en la columna correspondiente. ▶ G | 6.2

alquilar	decir	hacer	ofrecer	preocuparse	sentarse
caer	despertarse	leer	oír	querer	sentirse
casarse	divorciarse	levantarse	pedir	romper	usar
construir	dormir	mentir	permitir	saber	ver
crecer	escribir	morir	poner	salir	volver

Participios regulares	Participios irregulares
....	....
....	....
....	....
....	....

2 Hoy ha sido un día fatal. ▶ G | 6.2
Completa las frases con un verbo en pretérito perfecto y responde a la pregunta del ejemplo. Son todos verbos regulares.

¿Qué te ha pasado?
He tenido un día fatal porque...

1. .... (levantarse) tarde y (no poder) .... ducharme.
2. .... (no tomar) el metro de siempre y .... (llegar) tarde a la facultad.
3. .... (sentirse) mal todo el día.
4. .... (perder) las llaves de casa, no sé dónde las .... (dejar).
5. .... (no funcionar) la conexión a Internet y .... (estar) todo el día incomunicada/-o con el mundo.

6. .... (olvidarse) el móvil en el bar donde .... (tomar) un café frío.
7. .... (no poder) llamar a nadie ni organizar mi fin de semana.
8. .... (no tener) tiempo ni para comer y lo poco que .... (comer) .... (ser) horrible.
9. .... (discutir) con todo el mundo y les .... (gritar) a mis compañeros de piso.
10. .... (llegar) a casa tardísimo, cansada/-o, nerviosa/-o y de mal humor.

3 Una experiencia inolvidable.   ▶ G | 6.2

a Tu amiga Marlén acaba de volver de sus vacaciones y tú quieres saber cómo le ha ido. Pregúntale.
Hay que practicar la segunda persona singular. Dos participios son irregulares.

● ¡Hola Marlén! ¡Cuánto tiempo sin verte! ¿Qué tal?
○ Muy bien, muy bien. ¿Y tú?
● Con mucho trabajo pero bien… Pero cuéntame tú, ¿dónde (estar) ....?
○ ¡En Varadero!
● ¿En Varadero?
○ Sí. Como lo oyes. He tenido mucha suerte. Unas amigas de unos amigos tienen unos tíos que trabajan en un hotel.
● ¿Y cuánto tiempo (estar) ....?
○ Cuatro semanas y me ha parecido muy poco.
● Me lo puedo imaginar… ¿Y qué (hacer) .... además de ir a la playa?
○ Pues no mucho… He estado con los tíos de mi amiga Tina, que son muy simpáticos, y he practicado español… No he podido hacer mucho más, bueno no he querido…
● ¿Y (gustar) ....?
○ Imposible que no te guste. El Caribe tiene algo especial.
● ¿Qué (parecer) .... la gente?
○ Muy amable. La situación económica ya sabes que no es fácil, pero nunca pierden el sentido del humor. Me gustaría volver con más tiempo... conocer más...
● ¿(visitar) .... La Habana?
○ Sólo unos días, antes de volver.
● ¿Y qué (ver) ....?
○ Bueno… lo que ven todos los turistas… pero lo que más me ha gustado ha sido caminar por la ciudad. Ha sido una experiencia inolvidable.

b Ahora imagínate que no sólo hablas con Marlén sino que han sido dos personas las que han estado de vacaciones. Vas a repasar el uso de la segunda persona plural (vosotras/-os) y el pronombre ustedes.

4 ¿Cuántas de estas cosas has hecho alguna vez? Sigue practicando.

muchas veces...
nunca...
sólo una vez...
ya...
todavía no...

Practicar *kate surf*.
Casarte.
Divorciarte.
Tener una hija o un hijo.
Fumar marihuana.
Hacer el amor con una compañera o compañero de tu curso.
Enamorarte de tu profesora o profesor.
Viajar por América Latina.
Darle muchos besos a tu abuelita.
Emborracharte.

(Yo) Todavía no me he casado.

5 Hay días así...

Explícalo. Mira el ejemplo. No sólo estás practicando el pretérito perfecto sino también la concordancia. También puedes aprender el uso de "es que...".

- ● *¿Qué le pasa a Sandrine que está tan cansada?*
- ○ *Es que esta semana ha trabajado mucho, ha dormido muy poco y todavía tiene tres exámenes más...*
- ● *¿Qué les pasa a Javier y Andreu que están tan nerviosos?*
- ○ *Es que han subido cajas todo el día, son las diez de la noche y todavía no han terminado.*

Sandrine	cansad-	esta semana (trabaja) mucho, (dormir) muy poco y todavía tienen tres exámenes más.
Javier y Andreu	nervios-	(subir) cajas todo el día y son las diez de la noche y todavía (no terminar).
Marlen y Jannes	trist-	les gustaría ir de vacaciones a Cuba pero (no encontrar) ningún billete barato.
Peer	intranquil-	no sabe dónde (dejar) su mochila con los documentos, el móvil, la billetera y las llaves de casa.
Valentina	de mal humor	no lo sé. (trabajar) mucho últimamente y (no tener) vacaciones.
Ana	content-	el Departamento de Relaciones Internacionales le (dar) una buena noticia: se va de Erasmus a Donostia.
Tomás y sus amigos	preocupad-	están esperando a Ana. La (llamar) por teléfono y no contesta, tampoco al celular.
Alessandra y Carmen	ahora tranquil-	ya (alquilar) un piso que no es muy caro y que no está muy lejos de la universidad.
Neus	seri-	(tener) una discusión con sus compañeros de piso y ahora está pensando en cambiarse de casa. Ya sabes que en Barcelona no tan fácil.

Es que se utiliza para ....

6 ¿Tú qué opinas?

Uno de enero, dos de febrero, tres de marzo, cuatro de abril, cinco de mayo, seis de junio, siete de julio... ¡San Fermín! En los países latinoamericanos y en España se celebran muchísimas fiestas populares: la Feria de Abril en Sevilla, el Día de los Muertos en México, el carnaval en la Quebrada de Humahuaca, las Fallas en Valencia, la fiesta de la Merced en Cataluña, y en Pamplona ¡San Fermín!

Lee el texto y luego completa las frases con los verbos en presente de indicativo o subjuntivo.

▶ G | 6.1

La fiesta de San Fermín dura una semana (del 7 al 14 de julio). Los jóvenes y no tan jóvenes corren unos ochocientos metros delante de los toros, hasta llegar a la plaza. También algunos turistas participan en esta fiesta, que es una de las más populares de España, especialmente desde que Ernest Hemingway la describe entusiasmado en uno de sus libros. Este año ha pasado algo curioso. Un padre ha tenido la mala idea de correr con su hijo de diez años y a este señor le han puesto una multa de 150 euros.

1. Algunas personas piensan que la multa (ser) .... correcta. No es bueno que el niño (correr) .... delante de los toros porque es peligroso. Sin embargo, también es cierto que el padre (tener) .... experiencia y por eso la vida del niño no (estar) .... en peligro.

2. La madre del niño cree su ex marido no (saber). .... lo que hace: siempre ha sido un irresponsable. Ahora quiere que el niño no (tener) .... más contacto con él.

3. El abuelo del niño dice que (ser) .... lo más normal del mundo. Un padre tiene que llevar a su hijo a las fiestas de San Fermín: es la tradición. Está claro que (ser) .... así. No se discute.

4. Al niño, nadie le pregunta nada y supone que todo lo que ve y escucha no (ser) .... más que un problema de gente grande: a él la fiesta le encanta.

7 **Jaume Perich (1941–1995): uno de los mejores humoristas que ha tenido España.**   ▶ G | 6.1
Disfruta con la lectura de este texto (lo hemos simplificado para ti) y al mismo tiempo practica el subjuntivo.

Es lógico que un padre (querer) .... que su hijo (elegir) .... la misma profesión que él. Es bonito que un médico (tener) .... un hijo médico o un arquitecto un hijo arquitecto. Le puede ayudar, aconsejar, se comprenden mejor. Así pueden eludir un problema generacional. Pero parece que algo no funciona. Es normal que los hijos (elegir) .... otra carrera o no (querer) .... estudiar. Prefieren sentirse libres… independientes. Yo comprendo el trauma de un padre con un hijo así. El fin de una tradición, esas cosas. Pero yo tengo una solución para esos padres: ¡háganse obreros! El 90% de los hijos de obreros son obreros. ¿Te has preguntado por qué?

8 **¿Por qué no lo comentas con alguien?**   ▶ G | 6.1
Aquí tienes expresiones para hacer comentarios. Luego escribe algunas frases y coméntaselas a tu profesora o profesor. Intenta usar el vocabulario de esta unidad y las unidades anteriores. No te olvides de los conectores.

> El problema de los hijos es que insisten en crecer. Y cuando crecen quieren su independencia personal antes de lograr la independencia económica. La vieja frase "Mientras vivas en mi casa, tú haces lo que yo te digo", ya no es actual. Y como van al gimnasio y comen mejor y son más fuertes que el padre, las órdenes y agresiones físicas no tienen efecto. No es su problema que sean capaces de pensar antes de ganarse la vida. Es culpa del sistema y es injusto que les gritemos por eso.
> *Fernando Schwartz,* Madrid

> Tengo dos hijos de 12 y 14 años que practican el baloncesto y acabo de leer que una marca de cerveza va a financiar la publicidad del próximo Eurobasket de Madrid y también a la selección española. Como padre me preocupa muchísimo ver que los ídolos de mis hijos van a estar recomendándoles que beban cerveza.
> *Vicente Vega,* Madrid

> Un tribunal de San Fernando (Cádiz) ha decidido quitarle a una mujer trabajadora los hijos por considerar que el padre de los niños, de 6, 10 y 12 años, les puede dedicar más tiempo. La sentencia dice que la madre, que es maestra, tiene que trabajar y no tiene tiempo para ocuparse de ellos. El padre está enfermo y ya no trabaja por el estrés producido por su trabajo anterior y así puede ocuparse de los niños.
> *Libertad Paloma,* Cádiz

> En los países escandinavos la natalidad es más alta que en España. Queremos la misma calidad de vida. Entonces vamos a tener más hijas e hijos.
> *Una lectora de* El País, Madrid

Aquí puedes escribir tus comentarios.

| a mí no me gusta | es lógico | es absurdo | es maravilloso | es natural | es horrible | es un asco | es increíble | me parece mal |

....
....
....
....
....
....
....

9 **Vuelve a leer la postal "Un dedo de espuma, dos dedos de frente", página 104 de *Con dinámica*. Luego haz el ejercicio.**

Fíjate en el ejemplo de abajo. Todas las frases significan más o menos lo mismo pero hay diferencias. La primera frase es una recomendación general, no hay un sujeto determinado; en las frases 2 y 3 sí hay un sujeto determinado, aunque la (2) es una recomendación en subjuntivo (tú llevar + subjuntivo) y la (3) es una recomendación en imperativo. Para practicar estas estructuras, transforma las frases como en (2) y (3).

Si quieres pasártelo bien con seguridad…

1. *es importante llevar siempre un preservativo y tenerlo a mano.*
2. *es importante que lleves un preservativo y lo tengas a mano.*
3. *lleva un preservativo y tenlo a mano.*

a Transforma las frases.

1. Es conveniente beber con moderación, para disfrutar de la comida y de los amigos.
....
2. Te recomiendo, si conduces, tomar cerveza sin alcohol.
....
3. Es fundamental no beber si estás tomando sedantes o fármacos.
....

b ¿Cuál es el sujeto de las siguientes frases? Marca con una cruz.

	Sujeto indeterminado	Sujeto determinado
1. Recuerda: para pasarlo bien no podemos tener en la cabeza el temor al embarazo.		X
2. Conducir con unas copas aumenta la posibilidad de accidentes.		
3. Te recomiendo tener en cuenta estos consejos para pasarlo bien.		
4. No te cortes: el preservativo forma parte del juego erótico.		
5. La marihuana provoca problemas de memoria y otras cosas que no me acuerdo.		
6. Para eludir un problema es mejor que no bebáis.		

10 Algunos participios funcionan como adjetivos. ¿Cómo lo dices?

Una persona se ha desorientado.
Las personas desorientadas tienen problemas para orientarse.

1. Alessandra, Javier y Mariluz comparten un piso. Viven en un piso . . . .
2. Yo me divierto mucho en mi clase de español. Es una clase muy. . . . .
3. Has visto una película horrible y te has aburrido muchísimo. La película ha sido muy . . . . Es lógico que no te gusten las películas así.
4. El pretérito perfecto se compone de dos partes: un verbo auxiliar (haber) y un participio regular o irregular. Por eso se dice que es un tiempo. . . . .
5. Si vas y vienes de la universidad todos los días, es mejor que compres un billete de. . . . . y . . . .
6. A Sonsoles le encanta dar clases. Está . . . . con sus clases de español.
7. Hay mucha gente que puede vivir sin leer periódicos ni mirar las noticias en la televisión. La gente que no se informa sobre lo que pasa en el mundo es gente . . . .
8. Los chicos no han tenido tiempo para poner orden en su nuevo piso. Un piso . . . . no es el mejor ambiente para trabajar.
9. Maite acaba de volver de sus vacaciones. Se ha relajado mucho porque no ha tenido que pensar en sus clases, ni en el trabajo, ni en nada. Las personas . . . . tienen más energías para empezar el semestre.
10. Si tú conoces una información sobre un hecho, es decir lo que ha pasado, puedes decir que para ti es un hecho . . . .

11 Estos adjetivos se pueden usar con "ser" y "estar". Completa las frases con el verbo correspondiente. ▶ G | 6.3 | 6.4

optimista | pesimista | reservada/-o | tranquila/-o | nerviosa/-o | generosa/-o | agradable | tolerante | seria-o | cansada/-o | triste | nerviosa/-o | tranquila/-a | enferma/-o | seria/-o | alegre | amable | joven | simpática/-o | activa/-o | interesante | sociable | solidaria/-o | atractiva | fantástica/-o | horrible | limpia/-o

1. Antes de un examen (yo) . . . . muy nerviosa/-o pero en realidad no . . . . una persona nerviosa.
2. ¿Qué tiene Juan que . . . . tan simpático con nosotras? Seguro que necesita algo.
3. Dicen que Vitoria . . . . una de las ciudades más limpias de España.
4. Maite . . . . muy alegre porque acaba de hacer sus exámenes.
5. En un anuncio buscan chicas que . . . . solidarias, activas y serias, para trabajar en una ONG.
6. Esta música . . . . horrible.
7. Los chicos . . . . tristes porque llegan las vacaciones y no hay más clases de castellano.
8. . . . . triste que lleguen las vacaciones y no tengan más clases de castellano.
9. Barcelona y Buenos Aires . . . . ciudades fantásticas.

12 Escribe los adjetivos en el cuadro correspondiente. ▶ G | 6.3 | 6.4

auténtica/-o | cansada/-o | contenta/-o | de buen humor | ecológica/-o | egoísta | gratis | internacional | ideal | mediana/-o | moderna/-o | preocupada/-o | prestigiosa/-o | racista | solidaria/-o | típica/-o

ser

estar

13 **Están haciendo una encuesta sobre el uso de las nuevas tecnologías. Contesta las preguntas utilizando los indefinidos:** ▶ G | 6.5

- ¿Tiene Ud. una o más computadoras en casa?
- En casa no tengo .... Utilizo las computadoras de la universidad.
- ¿Para qué utiliza la computadora? ¿Para escribir? ¿Para mandar correos electrónicos? ¿Para chatear?
- Generalmente la utilizo para mandar .... correos electrónicos y para escribir.
- ¿Ha participado .... vez en "Second Life"?
- No, nunca, porque no me interesa.
- ¿Lee periódicos en Internet regularmente?
- .... veces sí, pero no todos los días.
- ¿Ha comprado .... libro u .... otra cosa por Internet?
- Ya no.
- ¿Por qué? ¿Ha tenido .... experiencia negativa?
- Yo no, pero conozco a .... personas que han perdido mucho dinero.
- ¿ .... amigo? ¿ .... de su familia?
- No quiero contestar .... pregunta relacionada con otras personas.

14 **Lies die folgenden Anzeigen und erzähle jemandem, welche Art von Personen gesucht und welche Zimmer angeboten werden. Achte auf die richtige Benutzung von "ser" und "estar".** ▶ G | 6.3 | 6.4

Se alquila habitación individual para estudiante o becarial-o, en piso compartido con chicas de la misma condición, situado en Murcia junto al hospital Morales Meseguer. Tiene 3 dormitorios, salón, cocina, galería y terraza. Para más información llamar al 659713229.
La habitación tiene una cama, mesilla, armario, mesa y silla, y está libre a partir del próximo 1 de enero.

Personas: Chicas o chicos que sean estudiantes o becarias/-os.

Se alquila: Habitación individual que está en Murcia y que tiene...

Habitaciones amuebladas y luminosas en Madrid. Internet. Cerca del metro Oporto. Especial estudiantes Erasmus. Bien comunicadas con universidades y al centro. Para ver, llamar al 6270861345 Victoria.

Personas: Es mejor que...

Se alquilan: Son habitaciones que...

Alquilo habitación a chica hasta finales del mes de junio en piso compartido con otras dos chicas en la zona de carretera de Cádiz, Princesa, Málaga. Piso muy luminoso, zona tranquila y muy bien comunicada, bus de la facultad a dos minutos, a 10 minutos a pie de la estación de bus y tren. Habitación individual totalmente amueblada. Incluye comunidad, gastos de luz y agua a compartir según consumo con las otras chicas. Si te interesa y quieres verlo, llama al 669241775.

Personas: Se buscan chicas para...

Se alquila:

Alquilo habitación a chica en Palma de Mallorca. Baño, zona tranquila, aparcamiento en la puerta.
Piso nuevo de 2 habitaciones, 2 baños, salón amplio, cocina y piscina comunitaria. El precio es de 325 € más gastos y un mes de fianza. Libre desde el 3 de marzo.

Personas: Una chica que...

Se alquila: Piso nuevo que...

15 Vas a leer los resultados de un estudio sobre motivos para aprender español en Argentina, el tipo de cursos que prefiere la gente, dónde se aloja, etc. El tema ya lo conoces, pero tu tarea es nueva: tienes que combinar la información del texto con otra de tipo gráfico.

La siguiente información presenta algunas de las cifras publicadas en un estudio sobre la evolución de ELE (Español Lengua Extranjera) en los años 2004 a 2006 en la República Argentina.

a Mira los gráficos en esta página y en la siguiente y decide a cuál de las preguntas se refiere cada uno:

1. ¿Qué tipos de centros de estudios prefieren las/los estudiantes? ....
2. ¿Cuántas horas por semana aprenden la lengua? ....
3. ¿Durante cuántas semanas asisten a los cursos de lengua? ....
4. ¿Qué tipo/s de clases prefieren? ....
5. ¿De dónde son los alumnos? ....
6. ¿Cuántos años tienen las/los estudiantes? ....
7. ¿Con qué motivo llegan a Argentina? ....
8. ¿Dónde les gusta alojarse? ....

1.	2.	3.	4.	5.	6.	7.	8.

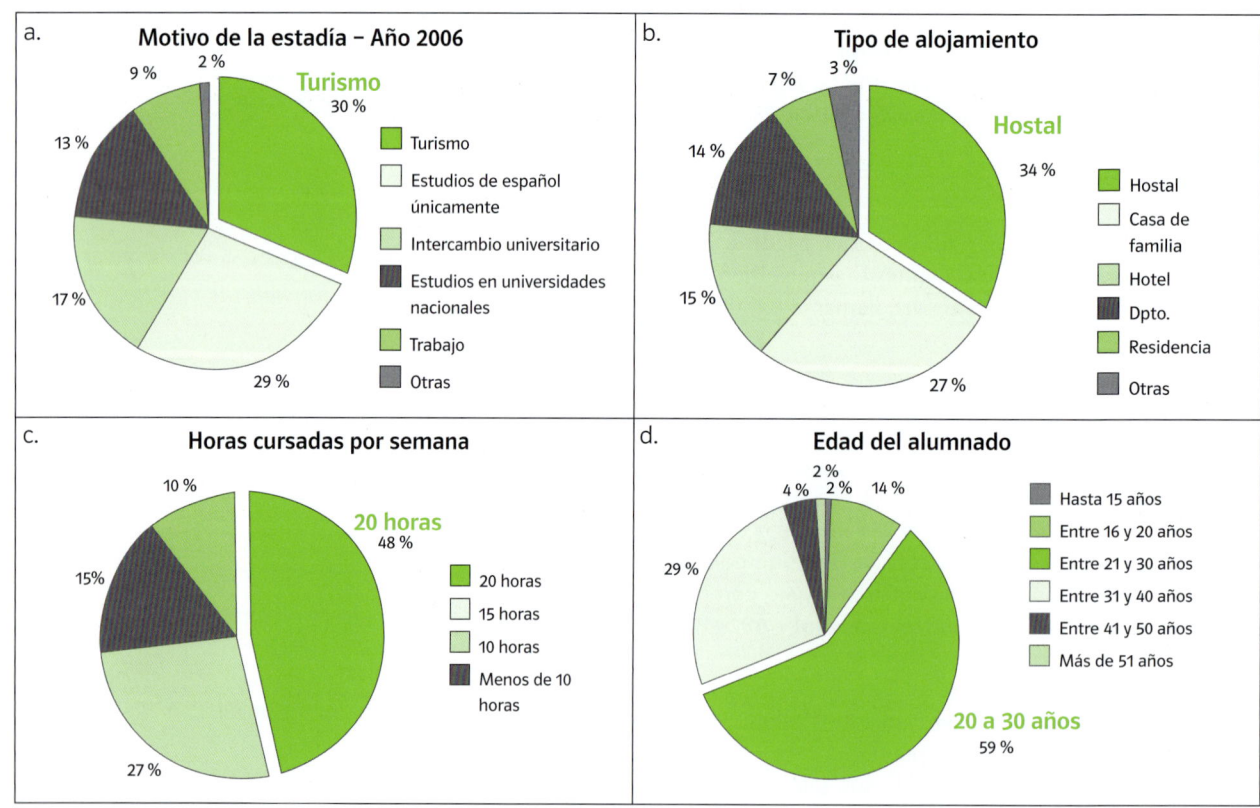

a. **Motivo de la estadía – Año 2006**

Turismo 30 %
9 % 2 %
13 %
17 %
29 %

- Turismo
- Estudios de español únicamente
- Intercambio universitario
- Estudios en universidades nacionales
- Trabajo
- Otras

b. **Tipo de alojamiento**

Hostal 34 %
7 % 3 %
14 %
15 %
27 %

- Hostal
- Casa de familia
- Hotel
- Dpto.
- Residencia
- Otras

c. **Horas cursadas por semana**

20 horas 48 %
10 %
15%
27 %

- 20 horas
- 15 horas
- 10 horas
- Menos de 10 horas

d. **Edad del alumnado**

2 %
4 % 2 % 14 %
29 %
20 a 30 años 59 %

- Hasta 15 años
- Entre 16 y 20 años
- Entre 21 y 30 años
- Entre 31 y 40 años
- Entre 41 y 50 años
- Más de 51 años

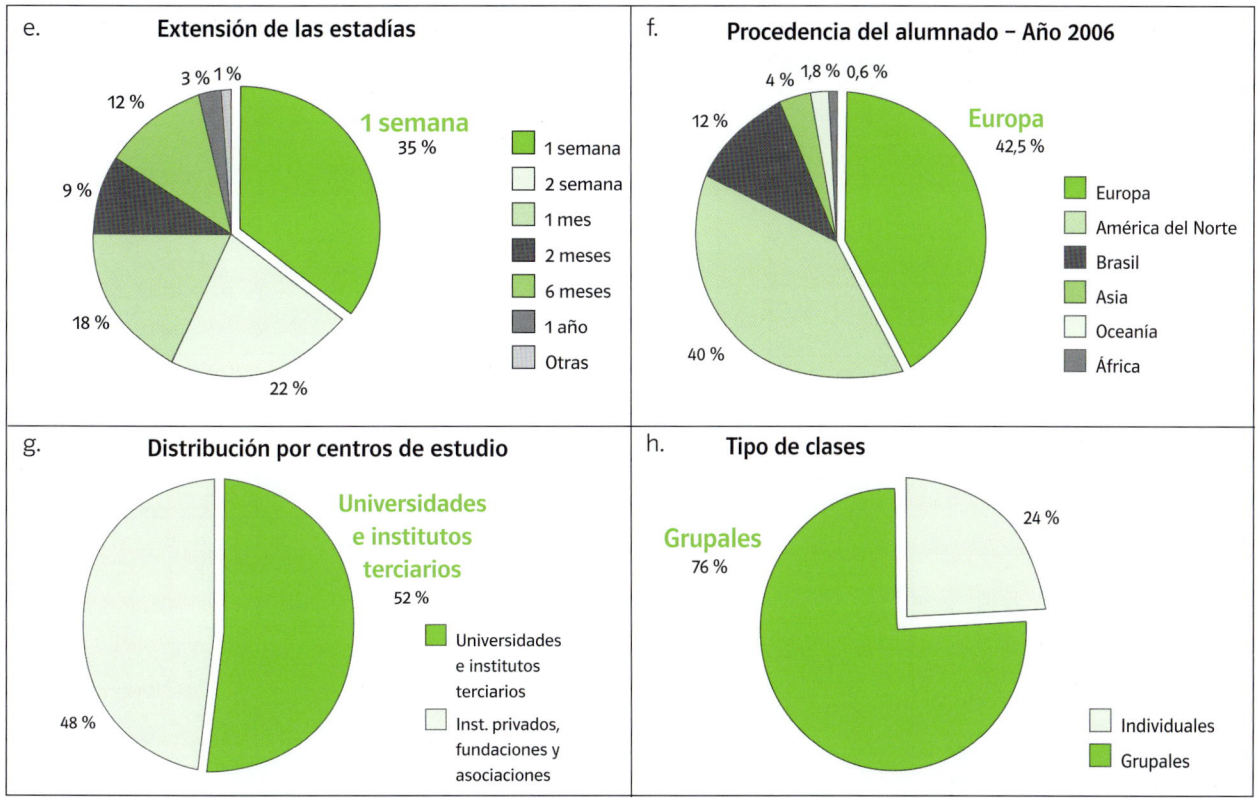

b En este ejercicio tienes que reconocer el tema del que se habla y decir qué gráfico corresponde a esa afirmación.

1. Casi no hay diferencia entre los dos tipos de centros: las/los estudiantes eligen tanto la universidad como los institutos privados. Esto se puede explicar por similares estrategias de promoción y participación en el mercado.
2. Cuando eligen un lugar de residencia, los estudiantes de ELE prefieren lugares que permiten un contacto continuo con gente local y principalmente joven: hostales, casas de familias, y sólo en tercer lugar hoteles.
3. Más del 75% de los estudiantes de ELE prefieren las clases grupales en 2006.
4. Se ve claramente la preferencia por los cursos intensivos de más de diez horas semanales. Estos cursos concentran casi el 75% de la enseñanza impartida.
5. El gráfico permite observar que los dos grandes contingentes que llegan a estudiar español a nuestro país provienen de Europa y América del Norte. Los intercambios universitarios son los que aumentan estos números.
6. Las motivaciones principales que atraen a los estudiantes de español hacia nuestra tierra son el turismo y los cursos específicos de idioma. Estos dos aspectos concentran casi el 60% de los casos analizados.
7. Si analizamos la duración de los cursos preferidos en 2006, observamos un aumento en las estadías breves (de un mes o menores), que en este período absorben el 84% de todos los cursos.
8. El 85% de las personas que vienen a nuestro país y realizan estudios de español tiene entre 21 y 40 años. Los menores de 30 años se acercan al español sobre todo a través de cursos de grado o programas de intercambio universitario, y los mayores de 30 tienen motivos laborales, necesitan el español para estudios de postgrado o para planes de actualización profesional.

1.	2.	3.	4.	5.	6.	7.	8.

Gehe zur Mediathek deiner Universität und suche nach einer geeigneten Lektüre für dein Niveau. Du wirst sicherlich kleine Geschichten, zweisprachige Bücher oder Zeitschriften für Spanischlerner finden. Du sollst dich daran gewöhnen, regelmäßig auf Spanisch zu lesen. Danach kannst du deine Lektüre anderen Studenten deiner Gruppe weiterempfehlen und sie können dir sagen, was sie gerade lesen.

16 Campo semántico cruzado. Completa con las ideas asociadas en los textos de la unidad, ¡no son sólo sustantivos! Intenta primero con la memoria y luego ayúdate con el glosario.

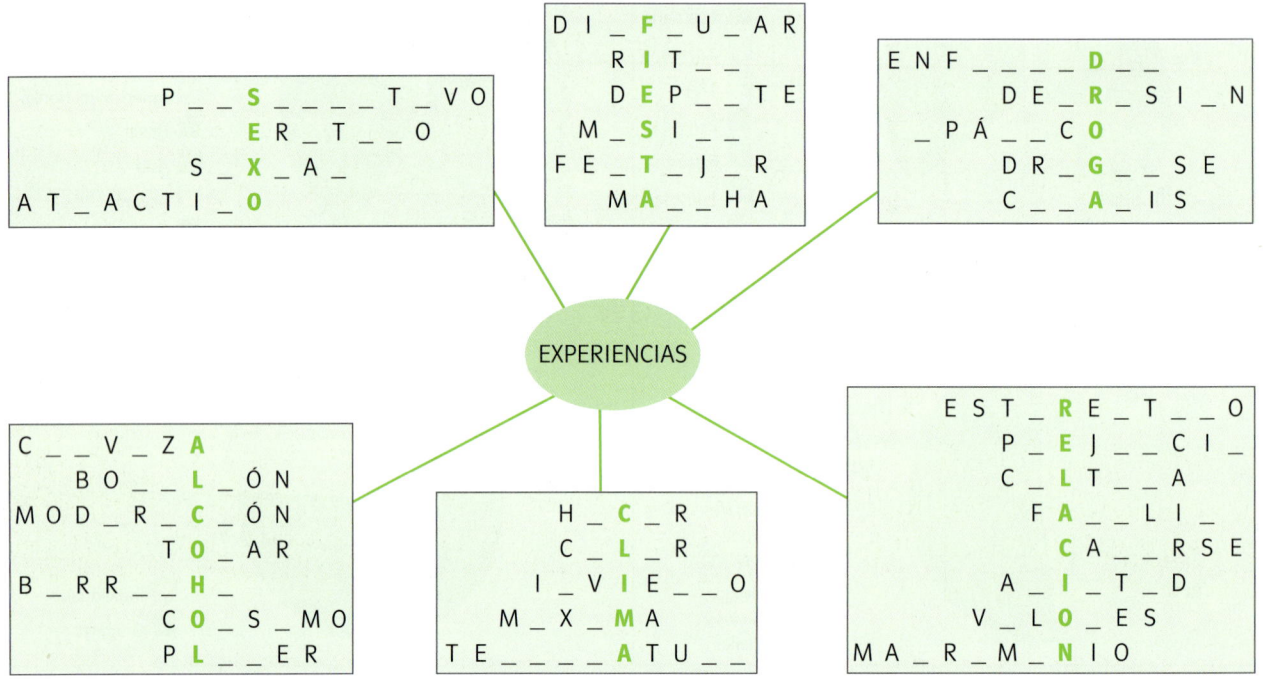

```
P _ _ S _ _ _ _ T _ V O
    E R _ T _ _ O
    S _ X _ A _
A T _ A C T I _ O
```

```
D I _ F _ U _ A R
    R I T _ _
    D E P _ _ T E
    M _ S I _ _
F E _ T _ J _ R
    M A _ _ H A
```

```
E N F _ _ _ _ D _ _
        D E _ R _ S I _ N
    _ P Á _ _ C O
        D R _ G _ _ S E
        C _ _ A _ I S
```

EXPERIENCIAS

```
C _ _ V _ Z A
    B O _ _ L _ Ó N
M O D _ R _ C _ Ó N
        T O _ A R
B _ R R _ _ H _
        C O _ S _ M O
        P L _ _ E R
```

```
H _ C _ R
C _ L _ R
I _ V I E _ _ O
M _ X _ M A
T E _ _ _ _ A T U _ _
```

```
E S T _ R E _ T _ _ O
    P _ E J _ _ C I _
    C _ L T _ _ A
    F A _ _ L I _
        C A _ _ R S E
    A _ I _ T _ D
    V _ L O _ E S
M A _ R _ M _ N I O
```

17 Para hablar de los problemas de su amigo Johannes, Marlén necesita usar estos fragmentos de frase.

Es verdad | No creo | Es obvio | Es cierto | Es increíble | Es absurdo | Es claro | No pienso

a Subraya la forma correcta en indicativo o en subjuntivo, según sea el caso.

1. Es verdad que está triste/esté triste.

2. No creo que está triste/esté triste.

3. Es obvio que está triste/esté triste.

4. Es cierto que está triste/esté triste.

In dieser Lerneinheit hast du ca. 100 neue Wörter gelernt und weißt, wie du sie paarweise miteinander verbinden kannst. Du hast auch Redewendungen gelernt, die du zum Ausdruck von Meinungen und Überzeugungen einsetzen kannst. Auch diese kannst du paarweise lernen, wenn sie entgegengesetzte, also positive oder negative Ideen ausdrücken.

1 Vas a practicar el tiempo que acabas de aprender: el imperfecto. En el año 2007 Bob, un chico holandés, estaba de Erasmus en Granada. Nos cuenta aquí cómo era su vida de estudiante, es decir, su rutina diaria. Si logras escribir el 90% de los verbos correctamente, se puede decir que dominas las formas del imperfecto. Si no es así, tienes que volver a repasar las formas.

▶ G | 7.1

Generalmente no (levantarse) .... muy tarde, (ducharse) .... y (tomar) .... un café en el bar de la universidad antes de ir a clase. La primera (empezar) .... a las diez de la mañana y (ser) .... de Derecho Internacional. Después (tener) .... otra de Derecho Comunitario. Eso los lunes. Los martes no (tener) .... clases: (ir) .... a la biblioteca o (estudiar) .... con mi grupo de trabajo. En ese grupo (haber) .... tanto españoles como Erasmus. Me (ayudar) .... con los apuntes, me (explicar) .... las cosas que no (entender) .... y a veces me (corregir) .... los ejercicios. Después (comer) .... en la cafetería de la universidad. Ahora que lo pienso, nadie (cocinar) .... en casa aunque (vivir) .... en un piso compartido. A mí la comida me (gustar) .... mucho porque no (parecerse) .... en nada a la comida a la que (estar) .... acostumbrado. Además (ser) .... muy barata. Por las tardes, los martes y los viernes, (ir) .... al polideportivo porque yo juego al fútbol y también me gusta nadar. El miércoles (ser) .... mi día preferido porque con otra chica holandesa, Lieve, (ir) .... al Laboratorio de Lenguas. Nos (encantar) .... Pero lo que más me (gustar) .... (ser) .... cuando (encontrarse) .... con mi tándem. Cuando (tener) .... tiempo me (llevar) .... por la ciudad y me (mostrar) .... cafés y librerías que yo no (conocer) .... Yo le (enseñar) .... neerlandés porque algún día, siempre me (contar) ...., (querer) .... vivir en Utrecht. Creo que (conocer) .... a alguien que (vivir) .... allí. A mí me parece que (estar) .... enamorada pero nunca (hablar) .... de eso. La verdad es que (poner) .... muchísimo interés y (apuntar) .... todo lo que yo le (explicar) .... Es que no hay nada como estar enamorado de alguien para aprender una lengua.

Yo lo sé por experiencia: desde que vivo con Mariluz he aprendido muchísimo español. En realidad todos los días (hacer) .... más o menos lo mismo, pero nunca (aburrirse) .... ¡Para mí todo (ser) .... nuevo! La gente, la universidad, la ciudad, la comida… Algunos fines de semana Mariluz y yo (ir) .... a la sierra, (caminar) .... horas y horas, también (visitar) .... pueblos que (haber) .... cerca. Creo que nunca he disfrutado tanto en mi vida. Si un día podemos, seguro que volvemos a Granada.

2 El muro de Berlín: 1961–1989: antes y después. Sigue practicando el imperfecto de indicativo. G | 7.1

Berlín, la ciudad dividida, se ha transformado en una metrópolis experimental, multicultural y llena de gente joven. Sigue siendo una de las capitales más baratas de Europa y la más visitada. Antes del muro, si (tú) (querer) .... visitar Berlín Oriental, (tener) .... que volver a Berlín Occidental antes de las doce de la noche. Si (ir) .... en coche, (cruzar) .... la frontera por el llamado Check Point Charlie. Si (ir) .... a pie, (haber) .... que cruzar en la Friedrichstr. A mí me (gustar) .... ir y siempre con alguien que (venir) .... a visitarme. En la frontera nosotros primero (cambiar) .... dinero: te (dar) .... 100 marcos de la RDA (República Democrática Alemana) por 100 marcos de la RFA (República Federal Alemana). Entonces el euro todavía no (existir) .... , claro. Con esos 100 marcos se (poder) .... comer muchísimo y comprar algunas cosas. Yo siempre (comprar) .... libros y (volver) .... a casa con muchísimo dinero. En la frontera todo (durar) .... bastante tiempo. Te (controlar) .... el pasaporte, te (mirar) .... la cara, otra vez el pasaporte y a veces (tener) .... que mostrarles la oreja. Siempre (ser) .... una experiencia interesante. Una amiga alemana (tener) .... una tía que (vivir) .... en Pankow. Yo le

(llevar) .... café que ella le (comprar) .... Parece que el café de allí no (tener) .... el mismo gusto que el nuestro. La gente no (vivir) .... mal: los alquileres (ser) .... baratos y todo el mundo (tener) .... trabajo. Si una mujer (trabajar) .... , (poder) .... dejar a su bebé en una guardería. Uno de los problemas (ser) .... que la gente no (poder) .... viajar ni ir de vacaciones adonde (querer) .... , sólo a los países socialistas. Ahora que el muro ya no existe, las cosas han cambiado muchísimo. Claro que pueden viajar, la gente con dinero viaja a todas partes. Pero no todo el mundo tiene trabajo y quienes lo tienen ganan menos que los alemanes de los antiguos estados federados. (Ser) .... otros tiempos: (haber) .... cosas buenas y otras no tanto.

La caída del muro también ha cambiado mi vida personal. Antes (vivir) .... en el centro de la ciudad, ahora no. Antes la estación central de trenes (estar) .... a tres minutos de mi casa en metro, ahora ya no. A la calle principal de Berlín (llegar) .... caminando en diez minutos, ahora no.
La nueva capital de Alemania ha cambiado de la noche a la mañana. ¿Por qué no vienes? Seguro que te gusta.

3 Terapia de pareja.

▶ G | 3.8 | 4.3 | 5.2 | 5.3

Alfonso y su mujer, la detective Hurtado, tienen problemas de pareja. La Dra. María Elena Calvo, famosa psicoanalista argentina que vive en Madrid, intenta utilizar la segunda persona del plural y los pronombres correspondientes. Para ella no es fácil, porque normalmente usa "vos" y "ustedes" y no conoce los pronombres "tú" y "vuestras/-os". ¿Por qué no la ayudas?

Psicoanalista: A ver… (explíquenme) …………… primero por qué (haber) …………… venido.

Alfonso: Mi mujer y yo tenemos problemas.

Juana: Él tiene problemas. Yo no tengo ninguno.

Alfonso: Bueno… Si empezamos así…

Psicoanalista: ¿(Pueden) …………… decirme algo de (su) …………… infancia? ¿(Tienen) …………… alguna idea del embarazo de (su) …………… madre?

Alfonso: Yo nunca he hablado con mi madre de esas cosas… ¿Tú, Juana?

Juana: Pues yo sí.

Psicoanalista: Alfonso, ¿te comentaban en tu familia cómo eras de pequeño?

Alfonso: Normal, muy normal… Iba a la escuela, jugaba con las niñas, era buen estudiante, ayudaba a mi madre en la casa, cocinaba con mi padre los domingos, hacía las compras para la abuelita, en fin, como todo el mundo…

Juana: ¿Sólo jugabas con las niñas? Eso no lo sabía…

Alfonso: Con las niñas y con los niños, es una manera de decir…

Psicoanalista: Juana, ¿tu familia te ha contado alguna anécdota de tus juegos en los primeros cinco años de vida?

Juana: Muchas, pero en este momento no recuerdo ninguna.

Psicoanalista: Alfonso, Juana, (su) …………… familia, (les) …………… ha explicado cómo vienen los niños al mundo, (les) …………… ha dado alguna información sobre la vida sexual?

Alfonso: No tengo la menor idea de lo que hablábamos.

Juana: Pues claro, que a los niños los trae la cigüeña de París y esas cosas…

Psicoanalista: Alfonso, Juana, ¿hay alguna situación triste en (su) …………… infancia, que me (quieran) …………… comentar?

Juana: Usted disculpe, pero yo he venido aquí porque mi marido tiene problemas y…

Psicoanalista: Juana, ¿(vos creés) …………… que no (tenés) …………… problemas?

Juana: En la comisaría muchísimos, cada vez hay más robos, violencia, drogas, usted ni se lo imagina…

Psicoanalista: Alfonso, ¿cuáles eran tus actividades preferidas además de la escuela?

Alfonso: Hacía teatro. Me encantaba leer y a veces escribía cuentos.

Psicoanalista: Juana, ¿practicabas algún deporte o actividad física?

Juana: Siempre he practicado deportes y sigo practicándolos. Era la mejor de mi clase.

Psicoanalista: Juana, Alfonso, ahora me gustaría escuchar algo más de (su) …………… familia. ¿Cómo estaba compuesta? (¿Coméntenme) …………… la profesión de (su) …………… madre y de (su) …………… padre. Actualmente ¿qué hacen? Si es que (tienen) …………… hermanos, (díganme) …………… las edades y las profesiones que tienen.

Alfonso: Yo no tengo hermanos.

Juana: Yo tampoco.

Psicoanalista: ¿Qué (hacían) …………… en las vacaciones, adónde (iban) …………… ? (Descríbanme) …………… un cumpleaños de (su) …………… infancia. ¿Dónde y cómo lo (celebraban) ……………?

Juana y Alfonso: En casa, ¿dónde lo íbamos a celebrar?

Psicoanalista: ¿Dónde y cómo vivían (sus) …………… padres?

Juana: Nuestros padres eran vecinos, se conocían muy bien. Los padres de Alfonso vivían en una casita que estaba…

Alfonso: No era una casita, era una casa grande en un barrio residencial de Madrid. Tu familia tenía una casita cerca de la estación de trenes…

Psicoanalista: ¿Pero entonces ya en la infancia (conocerse) …………… ?

Juana: Sí.

Psicoanalista: Juana, ¿hay algún sueño que me (querer) …………… contar?

Juana: Yo nunca sueño.

Psicoanalista: ¿Alfonso?

Alfonso: Estaba con Juana en una playa del Caribe, no había nadie, Juana me decía que yo era el hombre de su vida y me besaba y yo…

Psicoanalista: Bien. Ya han pasado cincuenta minutos. (Los) …………… espero el lunes que viene a la misma hora. ¡Que (tener) …………… una buena semana!

4 Estas son postales electrónicas que quieres mandarles a tus amigas y amigos. Escribe un texto apropiado para cada una. ▶ G | 7.2

1. ....
....

2. ....
....
....

3. ....
....

4. ....
....

5. ....
....

6. ....
....
....

7. ....
....

9. ....
....

8. ....
....

5 En este ejercicio vas a practicar algunos contextos donde aparece el gerundio. Después de mirar los ejemplos completa los siguientes textos.

G | 3.6 | 7.4

- *¿Dónde estaba la noche del robo?*
- *En casa, mirando las noticias de las ocho.*
- *¿Y su marido?*
  A esa hora estaba durmiendo. Tiene que levantarse muy temprano.

Desde muy chiquito, cómo explicarles, me decían que la frontera sirve para dividir familias. Mis tías vivían en el otro saite, mi mamá y yo vivíamos en Tijuana. Pero en realidad ese límite no limitaba a naiden; cruzando la frontera (cuando cruzaban), mis tías seguían hablando español y seguían escuchando música mexicana y seguían festejando con ese gusto y esa pasión por la fiesta que sólo he conocido en ellas.

El lunes pasado estaba en el Centro de Lenguas como siempre. Era un día tranquilo. Había un grupo de Erasmus (leer) .... periódicos, unas chicas francesas (mirar) .... videos, un chico finlandés (trabajar) .... con su tándem y alguien que no parecía ser estudiante (buscar) .... un diccionario de chino.

- ¿Qué tal la reunión de Erasmus?
- Había poca gente. Creo que la hora no era muy buena. La mayoría tenía clase, está terminando el semestre y además exactamente a esa hora (jugar) .... el Real Madrid y un equipo brasileño.
- ¡Clarísimo!

A Alfonso, de niño, le encantaba leer. Leía en la escuela, en el autobús, cuando iba a visitar a su abuelita, y lógicamente, en casa. Por la noche, en la cama antes de dormir, también .... (leer).

- ¿Dónde estábais anoche entre las ocho y la nueve?
- En casa, (cenar) .... con amigos. ¿Por qué preguntas?
- Es que tenía ganas de ir al cine o a tomar algo...

- ¿Ya has decidido a qué país te vas a estudiar el año que viene?
- Estoy entre Ecuador y Bolivia. Pero en realidad, me gustaría hacer un trabajo social en un hospital, por ejemplo. Pero todavía no lo sé, (pensar) ....

6 **Un día de campo...**

G | 4.3

Los Erasmus salen a la sierra y organizan un pic-nic. Tú pones los pronombres que faltan. Si no te acuerdas, ¡a la gramática!

- Hagamos la lista de las compras para no olvidarnos de nada.
- El pan .... compro yo.

- La tortilla .... hacemos nosotras.
- Entonces yo llevo fruta y un poco de queso.

- ¿Quién compra el vino?
- Javier ha dicho que .... trae él.

- ¿No podemos llevar un poco de verdura?
- ¿Verdura?

- Bueno, unos tomates, un poco de lechuga...
- Pero si quieres hacer una ensalada necesitamos sal, aceite, vinagre...

- De acuerdo, eso .... llevo yo.

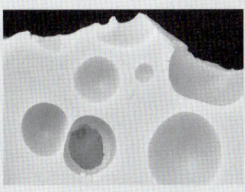

Como nadie ha apuntado nada, a la hora de salir, todos se han olvidado de lo que tenían que comprar:

- ● Bueno, vamos a preparar la canasta del picnic…
- ○ A ver… Tú Alessandra… tú querías traer una tortilla…
- ● Yo no. La tortilla …………… traían Mariluz y otra chica que también viene.
- ○ Vale. Javier, ¿dónde está el vino?
- ● Es que no……………… he podido comprar… Tenía una clase y hemos terminado tarde.
- ○ Bueno, entonces voy al supermercado y …………… compro yo. ¿Algo más? Ya que voy…
- ● Agua, unas botellas de agua mineral no vienen mal.
- ○ Aquí están los tomates y la lechuga. ¿…………… has lavado?
- ● ¡Yo siempre lavo bien la verdura!
- ○ ¡El pan! ¡Tú tenías que comprar el pan!
- ● Aquí está, no te pongas nervioso que …………… he traído.
- ○ Bueno, cuando Javier vuelva del supermercado podemos salir.
- ● ¿Dónde están las llaves del coche?
- ○ …………… tengo yo. No pasa nada.

Ya han llegado. Han caminado más de cuatro horas y tienen hambre y sed…

- ● ¡Qué bien! Me encanta este lugar. ¿Por qué no merendamos aquí?
- ○ ¿Dónde están el mantel y los platos?

- ● ¿No …………… ibas a traer tú?
- ○ No, no. Yo he traído vasos y servilletas de papel. Y eso que no me …………… ha dicho nadie.
- ● Bueno… es igual.
- ○ ¿Dónde están los cubiertos?
- ● ¿Para qué …………… quieres?
- ○ Yo no puedo comer sin cubiertos.
- ● ¡Toma! Era una broma.
- ○ ¡Qué rica está la tortilla!
- ● Es que mi madre …………… hace muy bien…
- ○ ¿Pero no …………… habéis hecho vosotras?
- ● Es que no teníamos tiempo porque yo tenía que estudiar y…
- ○ Javier, ¿abres el vino?
- ● ¿Por qué no …………… abres tú? Yo estoy haciendo la ensalada…
- ○ Mejor …………… hago yo, que tú siempre pones mucha sal…

Pasan dos horas y hay que volver…

- ● Alessandra, pongamos todo en la canasta, los cubiertos, las botellas…
- ○ ¿Qué hacemos con los vasos de papel y las servilletas?
- ● Nos …………… llevamos todo a casa. No vamos a dejar …………… aquí, ¿no?
- ○ ¿Y las botellas?
- ● ¡También!
- ○ De acuerdo.
- ● ¿Dónde habéis puesto los cubiertos?
- ○ Acabo de dárte ……………

- ● Es verdad, están aquí.
- ○ Bueno, ¿está todo?
- ● Sí, a caminar entonces.

7 Libertad de expresión.

▶ G | 5.5 | 5.6 | 5.7 | 6.1

Aquí tienes la posibilidad de repasar estas expresiones y los contextos donde se usan el presente de indicativo y el subjuntivo. Se trata de una encuesta sobre los valores y experiencias de gente joven como tú. ¿Tú qué piensas?

¡Así es nuestra gente joven!

1. Las nuevas generaciones en nuestro país definen su posición política de centro o de izquierda.
2. La mayoría está de acuerdo en convivir con su pareja sin casarse, a favor del matrimonio homosexual y de tener hijos aunque no tenga pareja estable.
3. Un alto porcentaje no está a favor del aborto ni de que las parejas homosexuales adopten niñas o niños.
4. Tanto las mujeres como los hombres piensan que la inmigración es un factor de progreso económico para el país.
5. Sólo una minoría tiene confianza en la Iglesia católica y en la clase política.
6. Puede decirse que la juventud de hoy es ecologista y cree en las organizaciones no gubernamentales.

Es obvio que…
A mí no me gusta que…
Es (i)lógico que…
Es horrible que…
No es verdad que…
Es mentira que…

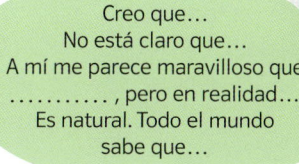

Creo que…
No está claro que…
A mí me parece maravilloso que
………… , pero en realidad…
Es natural. Todo el mundo
sabe que…

Pienso que es verdad que…
No es cierto que…
A mí me parece mal que…
Es obvio que…
Es natural que…

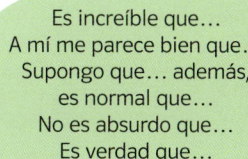

Es increíble que…
A mí me parece bien que…
Supongo que… además,
es normal que…
No es absurdo que…
Es verdad que…

Me parece que…
Es mentira que…
Es realmente un asco
que la gente…
Yo pienso…
Yo no pienso…

8 Lee los titulares para ver si hay alguna costumbre o fiesta española o latinoamericana que ya conoces. Piensa en lo que sabes sobre los temas y escribe las palabras clave. Después de terminar de leer cada uno de los textos, completas tus apuntes. Así puedes recordar mejor la información.

¿Sabías que…?

Café

Cada español toma unas 600 tazas de café al año. En total se consumen unas 170 000 toneladas de café verde. El 58% se consume en casa y el 42% en cafeterías, bares, restaurantes y máquinas. Hay una gran variedad de formas de prepararlo y servirlo. Hay quienes lo prefieren largo o corto, americano o expreso, solo, cortado o con más o menos leche, en taza o en vaso.

Mate

El nombre "mate" deriva de la palabra quechua *matí* que significa vaso o recipiente para beber. Hoy el mate es conocido a nivel internacional, se vende en todo el mundo, en droguerías y supermercados, siempre en bolsitas, como se vende el té negro o el té de frutas. Pero el mate no es sólo una bebida, sino también una costumbre que se comparte en Argentina, Uruguay, Paraguay y el sur de Brasil. Para tomarlo se necesita el recipiente, es decir el mate, la bombilla, la yerba y agua caliente.

"Tomar unos mates" significa mucho más que tomar algo. Tiene un componente social. Tomando mate se comparte un rato, se escucha al otro, es decir el mate acompaña perfectamente la conversación con amigas y amigos. Y cuando se conoce a alguien, se suele decir, "…si querés, venite a casa y nos tomamos unos mates". El uruguayo lleva su termo a todas partes, se lo puede ver tomar mate en una placita o en un bus, en el patio, en la calle, en la plaza, en el parque, en la playa, en el estadio, en… Dicen que los teclados de las computadoras uruguayas tienen las letras llenas de yerba. Toman mate los viejos, los jóvenes, los modernos, los ejecutivos.

Y ya han aparecido los cibermates, lugares donde se puede chatear, escribir un correo electrónico, navegar por Internet y además ¡tomar mate! Se cree que el mate energiza el cuerpo, estimula la mente, ayuda a perder peso, es un suave diurético, calma alergias, etc., etc. ¿Por qué no lo pruebas?

Una costumbre chilena: tomar once

Si vas a Chile y allí alguien te invita a tomar once, eso significa que estás invitada/-o a tomar el té o café con pancitos. Se sirve entre las 4 y las 7 de la tarde.

"Once" es un código que usaban los hombres para ir a beber aguardiente porque la palabra "aguardiente" tiene 11 letras. Después, con el tiempo, la hora del té pasó a ser "la once".

El Día de San Martín (San Martiño)

El 11 de noviembre comienzan las matanzas caseras del cerdo. De esta fecha viene el dicho popular de que "A todo cerdo le llega su San Martín". La matanza es una fiesta con una larga tradición en la Galicia rural. Se canta y se baila y se comen diferentes platos a base de carne de cerdo. Famosos son los chorizos o también la empanada de raxo*. Y para las fiestas de San Martín hay concursos para ver quién hace la más grande, incluso del tamaño de una rueda de carro.

*raxo: Carne picada de lomo de cerdo con condimentos.

El Día de los Muertos

Los días 1 y 2 de noviembre se celebra en México el Día de Muertos. Es una de las tradiciones que el pueblo mexicano conserva desde tiempos precolombinos. Los familiares recuerdan a sus muertos con cariño, haciéndoles una ofrenda o llevando flores a su tumba. A las 8 de la tarde se encienden las velas porque es la hora de las ánimas. A la muerte la ridiculizan en caricaturas y "calaveras", y se la comen en dulce o pan. La calavera más conocida es la Catrina, creada por José Guadalupe Posada.

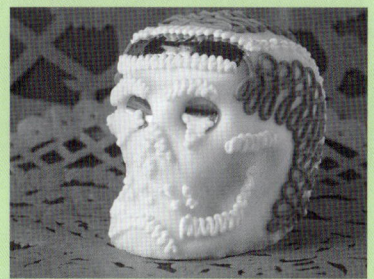

La Fiesta del Arroz

Todos los años, en septiembre, se celebra en Valencia la Fiesta del Arroz. Se elige la reina del arroz y se organizan concursos de la mejor paella. En las calles se pueden ver paellas para hasta dos mil personas.

a Después de leer sobre fiestas y costumbres puedes encontrar los errores en la siguiente carta. Parece que la persona que acaba de escribirla entiende menos español que tú y desconoce, además, algunas costumbres. Toma tus apuntes del ejercicio 8 y corrige y completa.

> Querida Paula:
>
> Estoy asistiendo a un curso intensivo de español y aprendo mucho, también de cultura. ¡Qué interesantes son algunas costumbres! Imagínate, los hombres chilenos van a tomar sidra a las once de la mañana. Y en Argentina, Uruguay y Bolivia toman mate a toda hora. Creo que acompañan el mate con la empanada de raxo. Debe ser que les encanta la carne de cerdo. Pero también España tiene sus atractivos. El año que viene podemos ir en septiembre a Asturias, parece que allí preparan muy buenas paellas. Otra posibilidad es viajar a Cataluña en abril. Es cuando festejan el día de San Jordi. Allí te regalo un libro y vamos a ver la exposición de rosas. Seguro que nos va a gustar.
> ¿Sabes qué? Acabo de leer esta expresión: "A todo cerdo le llega su San Martín". ¿Tú entiendes lo que significa? Bueno, en mi próxima carta te cuento más. Ahora vuelvo a la clase de español.
> Hasta muy pronto, un beso,
> Martín

1. ....
2. ....
3. ....
4. ....
5. ....
6. ....
7. ....

Nimm dir einen Text des Abschnitts Sigue leyendo vorheriger Lerneinheiten noch einmal vor. Schreibe dir auf, was du zusätzlich verstanden hast. Wenn es noch zu schwierig ist, markiere die entsprechenden Stellen, versuche es in drei Wochen noch einmal und miss deinen Lernfortschritt.

9 Respira profundamente, cierra los ojos y piensa en los temas de esta unidad. ¿De cuántas palabras nuevas te acuerdas? Escríbelas, al menos cinco por casilla.

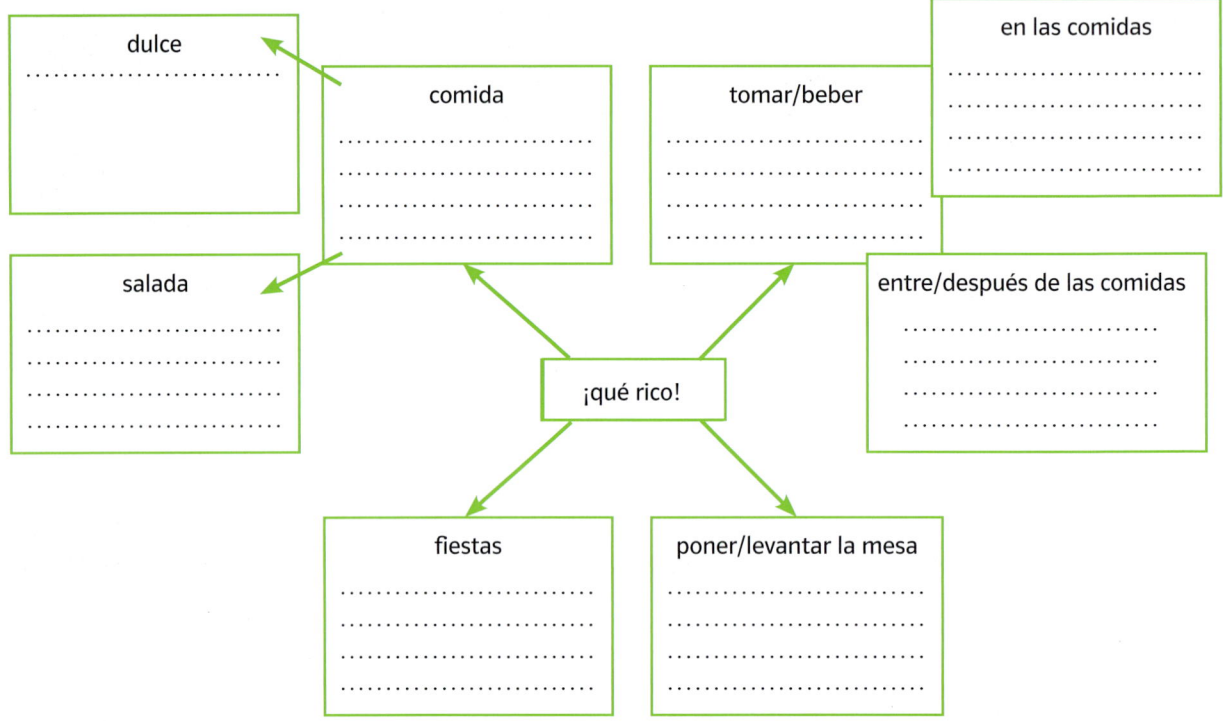

dulce	**en las comidas**
comida	**tomar/beber**
salada	**entre/después de las comidas**
¡qué rico!	
fiestas	**poner/levantar la mesa**

a Busca en la unidad o en el glosario ocho palabras que no hayas recordado en el mapa mental e intenta unirlas con una cadena aún más larga. Mira el ejemplo:

Ich will die folgenden Wörter behalten: cerdo, rey, sombrero, mantel, zumo, empanada, pescado. Wie mache ich das? Ich stelle mir ein kleines Schwein (cerdo) mit einer Krone auf dem Kopf (rey) und ein Papphütchen (sombrero) vor. Es sitzt da wie zu einem Picknick (mantel), hat in der Hand eine Flasche mit Saft (zumo) und eine gefüllte Teigtasche (empanada). Als es hineinbeißt, kommt ein ganzer Fisch heraus (pescado). Die ganze Szene stelle ich mir in bewegten Bildern vor. Fällt die Geschichte etwas seltsam oder komisch aus, desto besser. Dann wirst du sie und die darin enthaltenen Wörter bestimmt behalten.

Las palabras que tú quieres recordar de esta unidad son:

....
....
....
....
....
....

In dieser Lerneinheit hast du 180 Wörter gelernt und weißt, wie du sie miteinander verbindest, um sie besser zu behalten. Du kannst die Wörter paarweise üben, z.B. mit ihren Antonymen. Je länger die Kette, desto besser.

1 En esta actividad se trata de repasar las formas del pretérito simple (indefinido) regular. Primero agrupa ▶ G | 8.1
todos los verbos regulares que pertenecen a la primera y segunda/tercera conjugación. ¿Qué formas verbales
son iguales en presente de indicativo y pretérito simple? Escribe también el infinitivo del verbo. Después marca
los verbos irregulares.

tomó	hicieron	conocisteis	tuvo	fue	hablaste	describiste	recomendamos	me sentí	me senté	comprendimos	pidieron	estuve	devolví	me divorcié	entregasteis	murieron	permitieron	dijiste	prefirió	pudisteis	salió	abrimos	vimos	se casó	nació	quisisteis	tradujo	di	ganamos	traje	nos mudamos	puso	nos reímos	supimos	se vistieron	nos encontramos	crecí	seguimos	viniste	

Verbos regulares 1ª conjugación	Verbos regulares 2ª y 3ª conjugación	Verbos iguales en presente de indicativo

2 **Ahora es importante repasar las formas de los verbos irregulares. Agrupa todos los verbos que acabas de** ▶ G | 8.2
marcar. ¿Cuál es el infinitivo?

Totalmente irregulares	Cambios vocálicos	Raíz irregular: *sup-; pud-; pus-; tuv-; estuv-*	Raíz irregular *qui-; vin-; hic-; dij-; traj-*	Terminación *-uje*
....	....	....	....	....
....	....	....	....	....
....	....	....	....	....
....	....	....	....	....
....	....	....	....	....

Ahora hay que agruparlos según la persona:

1ª (sing.)	2ª (sing.)	3ª (sing.)	1ª (pl.)	2ª (pl.)	3ª (pl.)
....	....	....	....	....	....
....	....	....	....	....	....
....	....	....	....	....	....
....	....	....	....	....	....

3 **El famoso robo en la casa de los Erasmus.** ▶ G | 7.1 | 8.1
Sigue practicando las formas. Escribe la forma correcta del verbo en pretérito simple o en imperfecto de indicativo.

Empezamos con una descripción:
(ser) .... de noche. No (haber) .... nadie en casa. Alessandra (estar) .... en la biblioteca, Mariluz y Javier –a esa hora– estaban tomando una copa con algunas amigas.

Seguimos con la acción:
Esa noche Alessandra (llegar) .... a casa tarde. (Abrir) .... el portal, (subir) .... las escaleras y ¿qué (ver) .... ?

Otra vez una descripción:
¡La puerta (estar) .... abierta y el piso desordenado!

Avanza la acción. Sandrine y Alessandra toman una decisión:
¿Qué (hacer) .... ? (llamar) ¡ .... a la policía! (Venir) .... la detective Hurtado. Les (hacer) .... muchas preguntas. Después (bajar) .... al primero para hablar con un vecino.

Una descripción más:
El vecino del primero (ser) .... un tipo raro. (Vivir) .... solo. (Tener) .... un papagayo –Sócrates– que (habla) .... muy bien español. (Ser) .... su único amigo. (Hacer) .... mucho tiempo que (vivir) .... juntos. Lo (querer) .... mucho. Él le (contar) .... sus cosas y Sócrates siempre lo (escuchar) .... No (saber) .... muchas palabras. (Poder) .... decir: ¡sí!, ¡no!, ¡ten cuidado! y ¡muy bien, muy bien Felipe! En realidad Felipe, que así (llamarse) .... el vecino, no (necesitar) .... nada más. La noche del robo los dos (estar) .... en casa, como todas las noches.

Más acción:
Después de hablar con Sócrates, la Sra. Hurtado (subir) .... al tercero, al piso de la Sra. Dolores. (Llamar) .... dos o tres veces. Finalmente la Sra. Dolores (abrir) .... la puerta, la (invitar) .... a pasar y le (ofrecer) .... algo para tomar. La detective (decir) .... que no. Juana Hurtado nunca come ni bebe cuando trabaja. Es muy profesional.

Descripción de una situación:

La Sra. Dolores le contó que la noche del robo estaba mirando las noticias. (Ser) .... más o menos las ocho.
Todas las noches (mirar) .... las noticias y (cenar) .... en casa. Nunca (salir) .... a la
calle, (ser) .... peligroso. Antes todo (ser) .... diferente: siempre (sentarse) ....
en la calle las noches de verano a charlar con sus vecinos, nadie (cerrar) .... las puertas ni las ventanas.
Se (poder) .... vivir tranquilo. El problema (ser) .... que la detective Hurtado no (tener)
.... tiempo para charlar aunque a ella le (interesar) .... todos los detalles…

4 **Eduardo Galeano es un autor uruguayo, conocido por un libro que se llama *Las venas abiertas de*** ▶ G | 7.1 | 8.3
América Latina*. Utilizando algunas frases de otro de sus libros, *Patas arriba. La escuela del mundo al
***revés* (1998), primero vas a describir cómo era ese mundo y después puedes soñar con un mundo mejor,**
aunque probablemente ese mundo no sea posible. Recuerda utilizar el subjuntivo.

Había una vez un país donde los economistas (llamar) .... nivel de vida al nivel de consumo, y calidad de
vida a la cantidad de cosas.
El gobierno (estar) .... en guerra contra los pobres y no contra la pobreza.
Una parte del mundo (morirse) .... de hambre y otra (morirse) .... de indigestión, es decir,
(comer) .... más de lo necesario y (enfermarse) ....
Se (tratar) .... a las niñas y niños de la calle como basura porque (haber) .... niñas o niños en
la calle.
La educación (ser) .... un privilegio porque una parte de ese mundo sólo (conocer) .... los
privilegios.
Y a la Iglesia, católica o protestante, le (dar) .... igual, sólo (tener) .... diez mandamientos.
Faltaba uno: "Amar a la naturaleza, de la que somos parte".

Soñemos ahora:

Soñemos con un mundo donde los economistas no (llamar) .... nivel de vida al nivel de consumo, ni
calidad de vida a la cantidad de cosas.
Un mundo donde nadie (morirse) .... de hambre porque nadie va a morir de indigestión.
Donde las niñas y niños de la calle no (ser) .... tratados como basura porque las niñas y niños de la calle no
existen.
Un mundo donde la educación no (ser) .... el privilegio de quienes (poder) .... pagarla.
Donde la Iglesia también (tener) .... otro mandamiento, del que nos hemos olvidado: "Amar a la naturaleza,
de la que somos parte".
Un mundo donde las mujeres y los hombres (ser) .... seres humanos y no sólo recursos humanos.

5 **Problemas de pareja…** ▶ G | 6.3
¿Recuerdas cómo se usa "ser" y "estar"? Completa el texto con los verbos en imperfecto y practica la concordancia.

La noche del robo, la detective Juana Hurtado volvió a casa tarde. Siempre volvía tarde. Hacía mucho tiempo que Alfonso
y ella no cenaban juntos, ni salían los fines de semana, ni tenían tiempo para charlar, ni se iban de vacaciones. Ella tenía
demasiado trabajo, pero ¿cómo combinar la vida privada y la vida profesional?

Juana .... cansad-… y preocupad-… .... una persona optimista y tranquila, pero esa noche
.... bastante nervios-… La comida estaba en el refrigerador, como siempre. El arroz ....
riquísim-… Comió rápido. Alfonso .... un excelente cocinero. Pensándolo bien, Alfonso ....
un hombre abiert-… y alegr-…, pero en las últimas semanas .... de mal humor. Quizás la idea de hacer una
terapia de pareja no .... mal. En realidad .... una idea excelente. La Dra. Calvo le gustaba:
.... una persona agradabl-… y seri-… pero también muy abiert-… A veces no entendía por qué le hacía
tantas preguntas sobre su infancia. Ella quería una solución ahora y no preguntas sobre su pasado. Además, ella era
una maestra en hacer preguntas, ese era su trabajo. Fue al baño y se duchó. Después fue al dormitorio. ¡Qué raro!
.... desordenad-… y sabía perfectamente que su marido .... un hombre muy ordenad-…
Pero lo peor fue otra cosa. ¡Alfonso no estaba en la cama!

6 Marca las opciones gramaticalmente correctas. Escribe la traducción de los adverbios temporales en contexto.

▶ G | 8.5

1. Cuando Valentina llegó a Alemania, en el año 2007, hizo un curso de alemán.
a. Desde que sabe alemán, le encanta viajar por Austria y Suiza.
b. Desde el año 2007 tiene un tándem.
c. Desde estudia alemán tiene mejores contactos personales.

2. No viaja a Italia con frecuencia.
a. Hace que no ve a su familia mucho tiempo.
b. Hace dos años que no ve a su familia.
c. Estuvo en su casa sólo una vez, hace un año, para Navidad.

3. Ahora está haciendo unas prácticas en la universidad, en el Centro de Lenguas.
a. Desde que trabaja allí, habla mucho español.
b. Desde este año hace unas prácticas en la universidad.
c. Desde mucho tiempo quería un trabajo como este.

4. En la universidad conoció a Fernando.
a. Desde que conoce a Fernando, sale mucho los fines de semana.
b. Conoció a Fernando hace un año.
c. Conoce a Fernando desde hace unos años.

7 En este formulario Valentina escribe sobre su aprendizaje de lenguas. Completa el texto con las expresiones adverbiales que conoces.

▶ G | 8.5

PASAPORTE DE LENGUAS Y DOCUMENTOS

Apellidos: Conku

Nombre: Valentina

Lengua nativa: italiano

Lengua meta: español

Aprendizaje y uso de la lengua en el país o región en que se habla oficialmente.

Señalar lo que corresponda

☐ Curso de lengua (en grupo o individual): en la Universidad de Potsdam
☐ Aprendizaje autónomo: tándem, semestre de invierno 2007–2008
☐ Participación en un programa de intercambio (2006–2007)
☐ Estudios y formación en la lengua meta: laurea en Lenguas Modernas (Italia)
☐ Período de prácticas: un mes (Instituto Cervantes de Berlín)
☐ Estancia laboral: ninguna
☐ Vacaciones: en Jaén
☐ Invitación de una familia u otro grupo social: ninguna
☐ Otras posibilidades: *au pair*

Mi nombre es Valentina Conku y soy de Cerdeña, Italia. Vivo en Berlín .... 2007. .... el semestre de invierno 2007–2008 .... el semestre de verano 2008 estudié en la Universidad de Potsdam, es decir que .... varios años .... estudio español. Empecé en la Universidad de Cagliari. .... dos años estuve de vacaciones en Jaén, Andalucía, y ahora estoy trabajando de *au pair* en casa de una familia colombiana que vive en Berlín. .... trabajo allí, practico mucho español. Además hice tres meses de prácticas en el Instituto Cervantes de Berlín, ayudando a la jefa de estudios en la organización de los cursos. .... un año tengo un tándem: es una profesora argentina que quiere aprender italiano. Entre el castellano de Argentina y el colombiano hay algunas diferencias, especialmente en el léxico, pero se entiende igual. Es muy divertido. .... escucho tantas formas diferentes de hablar me doy cuenta de que sólo algunos españoles cecean: en Andalucía muchos sesean igual que en toda América Latina. Este semestre quizás vaya a ir a Tenerife: unos amigos de la familia colombiana me preguntaron si quería cuidar a sus niños durante las vacaciones, ... julio .... septiembre. Pero todavía no sé si voy a ir porque a mí los niños me gustan mucho pero es bastante trabajo. Prefiero trabajar en Berlín, ahorrar dinero y visitar a mi familia: .... mucho tiempo que no la veo.

Escribe la regla:
Desde... hasta: ....
Desde que: ....
Hace... que: ....
Desde hace: ....

8 ¿Identificado o no?

Combina las frases.

1. Acabo de comprar un diccionario muy bueno.

2. ¿Conoces un buen diccionario que contenga las combinaciones de las palabras?

3. La chica que alquiló el piso es de Oslo y es muy simpática. Además no fuma.

4. ¿Sabes de una pensión barata donde pueda vivir unos días?

5. ¿Te acuerdas de aquel bar donde estuvimos la semana pasada? ¡Las tapas eran buenísimas!

6. Necesito un portátil que tenga mucha más memoria.

7. No puedo encontrar ninguna gramática donde se explique bien la diferencia entre subjuntivo e indicativo.

8. Lo que tú creas es importante.

9. Vayamos a tomar una copa, pero a un lugar donde las tapas sean buenas.

10. La chica que alquile el piso tiene que ser simpática y no fumadora. Es igual de dónde sea.

a. Claro. Lo importante es que no fume.

b. ¿Por qué no me lo explicas?

c. No tengo ni idea. Por aquí hay muchísimos donde las tapas son buenísimas.

d. Pues este es un barrio residencial. Muchos bares no hay.

e. Sí. Se llama Kari. Acaba de presentármela Javier ¡Habla muy bien español, ¿verdad?

f. Yo tengo una donde se aclara todo.

g. Puedes llevarte el de Tomás. Está de vacaciones y no lo necesita.

h. Allí aparecen las combinaciones de las palabras. Es muy útil para escribir.

i. Conozco una sola en el barrio, pero no sé si hay habitaciones libres.

j. Acaba de salir uno. Ya está en el Laboratorio de Lenguas.

9 Buscando…

▶ G | 6.5 | 8.3

Escribe preguntas y respuestas de acuerdo al contexto. Tienes que utilizar los pronombres indefinidos y el subjuntivo: se trata de frases relativas inciertas.

1. ● Estoy buscando habitación, ¿conoces a ……………………………………………………………… ?
   ○ Sí, hay una chica en mi curso de Literatura que está viviendo en un piso compartido. A uno de los Erasmus se le ha terminado la beca y hay una habitación libre…

2. ● El mes que viene voy a Córdoba. ¿Sabes de ……………………………………………… ?
   ○ No conozco Córdoba. Pero hay una dirección en Internet con buenas ofertas. Podemos buscar hoteles y pensiones juntas si quieres.

3. ● Tengo una semana de vacaciones y me gustaría ir a Fuerteventura. ¿Sabes de ………………………… ?
   ○ La verdad, no sé nada de vuelos baratos. ¿Por qué no le preguntas a Javier? Hace unos días me contó que su hermana trabaja allí los veranos.

4. ● ¿Conoces ……………………………………………………………………………………… ?
   ○ En la Universidad de Granada hay una facultad de estudios árabes.

5. ● Mira, tengo que irme de mi piso y estoy buscando una habitación por una semana.
   ¿Conoces a ……………………………………………………………………………………… ?
   ○ No sé de nadie, pero si quieres puedes venir a mi casa.

10 **Frases célebres para discutir con tu tándem.**
Ahora puedes dar tu opinión sobre algunas frases célebres. Es mejor que hagas el ejercicio con una compañera o compañero. Usa el vocabulario de esta unidad y las unidades anteriores. No te olvides de los conectores.

> Las mujeres necesitamos la belleza para que los hombres nos quieran, y la estupidez para que nosotras queramos a los hombres.
> *Coco Chanel (1883-1971). Diseñadora de moda francesa y creadora de perfumes.*

> ¿La civilización Occidental? Bueno, sería una excelente idea.
> *Mahatma Gandhi (1869-1948). Político y pensador indio.*

> Estos son malos tiempos. Los hijos han dejado de obedecer a sus padres y todo el mundo escribe libros.
> *Marco Tulio Cicerón (106 AC–43 AC). Escritor, orador y político romano.*

> La gente joven está convencida de que tiene la verdad, pero cuando logra imponerla ya ni es joven ni es verdad.
> *Jaume Perich (1941–1995). Humorista español.*

> A las dictaduras les pasa lo que a las bicicletas; si se paran, se caen.
> *Maruja Torres (1943-). Periodista española.*

> Dime y lo olvido, enséñame y lo recuerdo, involúcrame y lo aprendo.
> *Benjamin Franklin (1706-1790). Estadista y científico estadounidense.*

> El día que la mierda tenga algún valor, los pobres van a nacer sin culo.
> *Gabriel García Márquez (1927-). Escritor colombiano.*

> Las niñas buenas van al cielo y las malas a todas partes.
> *Anónimo.*

> Si los seres humanos han nacido con dos ojos, dos orejas y una sola lengua, es porque se debe escuchar y mirar dos veces antes de hablar".
> *Madame de Sevigné (1626-1696). Escritora francesa.*

11 **"Para"... significa muchas cosas...**   ▶ G | 8.4
Escribe el número de las frases en el círculo correspondiente según las reglas de uso de la preposición "para".

1. No dejes para mañana lo que puedas hacer hoy.
2. En los Andes la mujer tiene que ser fuerte para trabajar en el campo.
3. Tanto el varón como la mujer tienen que demostrar buenas cualidades para vivir juntos y formar una familia.
4. ¡Vaya programa para un domingo!
5. Para mí un cortado, por favor.
6. ¿Qué hacías para Navidad y Año Nuevo?
7. Que no nos olvidemos del pan y de comprar zumo para Macarena que no toma alcohol.
8. Dos personas cuentan lo que para ellas es importante hacer en un viaje.
9. Si el Sirvinacuy fracasa, las consecuencias negativas son para la mujer.
10. El año académico se está acabando y para aquellas personas que han venido como Erasmus ha llegado el momento de decir adiós.
11. Fíjate si no puedes escribir más detalles para que tu texto sea el mejor.
12. Los autobuses para todas las regiones del país salen de la estación central.
13. Para la detective Hurtado, la persona sospechosa no vive en la casa.

Destino o dirección

Localización temporal precisa

Finalidad

Destinataria/-o

12 **Dudas y más dudas... pero no siempre.** ▶ G | 6.1 | 8.3

Escribe la forma correcta del indicativo o subjuntivo.

● ¿Dónde está Camila? ¿Por qué no ha venido a clase?
○ No esoy segura. Puede ser que (estar) .... cansada, o que no (sentirse) .... bien o que no (tener) .... ganas.

● ¿Qué le pasa a Javier?
○ No lo sé. Creo que (estar) .... nervioso porque (tener) .... mucho trabajo.
● Es posible que (tener) .... mucho trabajo, pero trabajo ha tenido siempre.

● ¿Se puede saber por qué Lieve y Bob están buscando piso otra vez? ¿Es que no están bien con las chicas andaluzas?
○ Dudo mucho que el problema (ser) .... las chicas. Lo más probable es que no (poder) .... pagarlo o que no (querer) .... pagar tanto de alquiler.

● El año que viene nos vamos a Extremadura, al campo. Ya no tenemos ganas de estudiar.
○ Dudo que (hacer) .... lo correcto. No creo que (tener) .... que dejar la universidad ahora. Es mejor que (terminar) .... los estudios y después (poder) .... hacer lo que (querer) ....

13 **Repasa los pronombres de objeto directo e indirecto.** ▶ G | 4.2 | 4.3

Cuando los Erasmus terminaron de merendar, pusieron todo en la canasta. Las servilletas de papel .... llevaron a casa. Javier .... dio las botellas a Alessandra y ella .... devolvió al chico del supermercado. Los platos de la tortilla había que llevar .... a la mamá de Mariluz.

Valentina vuelve a su casa después de dos años y quiere llevar regalos para su familia.
● ¿Qué .... vas a regalar a tu mamá?
○ Me gustaría comprar .... una mochila para sus viajes.
● ¿Y a tu hermana?
○ Unos cedes. Voy a regalar .... para su cumpleaños. Todavía no sé qué .... voy a llevar a mi papá. A él .... encantan el jamón y el queso español.
● Eso no .... compres ahora; mejor .... compras en el aeropuerto.

Un favor...
● Si vas a biblioteca, ¿puedes traer .... un libro?
○ Claro, ¿cuánto tiempo .... necesitas?
● Dos semanas.
○ Muy bien, esta noche .... llevo a tu casa.
● No es necesario. Podemos quedar en un bar y .... das allí.

Y ahora son dos personas...
● Si vais a la biblioteca, ¿.............. podéis traer unos libros?
○ Claro, ¿cuánto tiempo .... vas a necesitar?
● Dos semanas.
○ Muy bien, esta noche .... llevamos a casa.
● No es necesario. Podemos quedar en un bar las tres y .... podéis dar allí.

14 Lee el texto y compara luego con las diferentes acepciones que presenta el diccionario de la palabra "light". ¿Cuál de ellas corresponde con la información del texto?

PRODUCTOS LIGHT

En el mercado se pueden encontrar actualmente más 5 000 productos tipo light. La mayor parte de estos productos son de consumo diario como, por ejemplo, la leche, el queso, el yogur, pero también la mayonesa, margarinas, refrescos o comida precocinada. Sin embargo, en la actualidad no existe una definición clara de lo que significa light. El término se suele utilizar con el mismo significado que bajo en calorías, reducido, liviano o diet. Aparentemente no existe ninguna definición científica reconocida. Se pueden encontrar descripciones más bien vagas que subrayan que el producto "tiene menos calorías que los demás de su especie".

PONS

light [laɪt] ADJ GASTR
❶ light *ligero*
❷ light *bajo en calorías*

LECHESAN
descremada "light"

Valor energético:
100 ml = 47 kcal
Grasa: 1,5%
Proteínas: 3,4 g
Hidratos de carbono: 4,9 g

LECHESAN
Producto natural

Valor energético:
100 ml – 64 kcal
Grasa: 3,5%
Proteínas: 3,3 g
Hidratos de carbono: 4,8 g

Hasta el momento, existe sólo un acuerdo del año 1990, en el cual los expertos de la Comisión Interministerial para la Ordenación Alimentaria (CIOA) definen que un producto puede llamarse light si cumple con los siguientes tres requisitos:

- Tiene que existir un producto de referencia en el mercado de tipo "no light" o "normal".
- El valor energético del producto light debe reducirse por lo menos un 30% comparado con el producto de referencia.
- El porcentaje de la reducción de calorías debe indicarse en la etiqueta.

Lo que no se especifica es si la reducción de calorías se logra porque el producto contiene menos grasa, menos azúcar u otros ingredientes.

15 Lee la siguiente biografía y coloca los títulos al lado de los párrafos correspondientes.

- ¿Matrimonio o convento?
- La Iglesia y el trabajo intelectual de la mujer
- Infancia
- Sor Juana: poetisa, científica, administradora

Sor Juana Inés de la Cruz *(1651–1695). Escritora mexicana.*
Juana Inés de Asbaje y Ramírez nació en un pueblo del valle de México, San Miguel de Nepantla, el 12 de noviembre de 1651. Fue hija de madre mexicana y padre vasco. Es reconocida como la mayor figura de las letras hispanoamericanas del siglo XVII.

De niña aprendió náhuatl con sus vecinos. A los tres años sabía leer y escribir y a los ocho escribió su primer poema. Descubrió la biblioteca de su abuelo y así empezó a interesarse por los libros. Aprendió todo cuanto era conocido en su época. Leyó a los clásicos griegos y romanos y la teología del momento.

Aprendió latín como autodidacta en veinte lecciones escuchando a escondidas las clases que recibía su hermana. Se dice que tenía una cultura enciclopédica. Admirada por su talento, a los catorce años fue dama de honor de Leonor Carreto, esposa del virrey Antonio Sebastián de Toledo. Apadrinada por los marqueses de Mancera, brilló en la corte virreinal de la Nueva España por sus amplios conocimientos y habilidad de escribir versos.

Quiso ir a la universidad, incluso pensó en algún momento vestirse de hombre, pero finalmente decidió que era menos problemático hacerse monja. Aunque ya era famosa y admirada, en 1667 ingresó en un convento de las carmelitas descalzas de México y se quedó en él cuatro meses; luego lo abandonó por problemas de salud. Dos años más tarde entró en un convento de la Orden de San Jerónimo, esta vez definitivamente. En realidad la religión no era lo que le fascinaba, pero parece que sor Juana Inés de la Cruz prefirió el convento al matrimonio para seguir gozando de sus intereses intelectuales: quería vivir sola, no tener ocupación que limitara su libertad y el silencio que necesitaba para estudiar.

Su celda se convirtió en punto de reunión de poetas e intelectuales y también del nuevo virrey, Tomás

Antonio de la Cerda, y de su esposa, Luisa Manrique de Lara. Las unió una profunda amistad.
En su celda también realizó experimentos científicos, reunió una amplia biblioteca, compuso obras musicales y escribió una extensa obra que abarcó diferentes géneros, desde la poesía y el teatro hasta tratados filosóficos y estudios musicales. También sirvió como administradora del convento.

El jesuita Antonio Núñez de Miranda criticó mucho su trabajo como escritora. Él pensaba que esa actividad debía estar prohibida para la mujer. Después de recibir otra crítica de parte de la Iglesia, la poetisa hace una apasionada defensa de la labor intelectual de la mujer. Pero poco antes de su muerte, la Iglesia obliga a Sor Juana a deshacerse de su biblioteca y su colección de instrumentos musicales y científicos. En aquella época la Santa Inquisición estaba activa. Muere por una epidemia el 17 de abril de 1695, a los cuarenta y tres años.

a Rellena la ficha de lectura. Los apuntes te pueden servir para presentar la información a otras personas.

Nombre y apellido:	
Fecha y lugar de nacimiento:	
Características que destacan:	
Profesión:	
Tipo de escritos:	
Razón para hacerse monja:	
Actividades laborales:	
Problemas con la Iglesia:	
Su reacción:	
Fecha de defunción:	17 de abril de 1695

Beim Lesen stößt du manchmal auf unbekannten Wortschatz, den du mit den dir bekannten Lesestrategien zu entschlüsseln suchst. Erst wenn das nicht gelingt, solltest du zum Wörterbuch greifen. Aber Vorsicht. Nicht die erste Bedeutungsangabe muß die passende sein. Gehe nochmal zum Text zurück und benutze den Kontext, um die richtige von allen dort angegebenen Bedeutungen auszuwählen.

16 La profesión y la función son una forma de identidad de las personas y de las cosas.
Coloca en la casilla correspondiente estas palabras con sufijo "-era" o "-ero" con su artículo.

	se refiere a una profesión	se refiere a un lugar donde se ponen cosas	no se refiere a ninguna de estas cosas
billetera		*la billetera*	
camarero			
cenicero			
cero			
cocinero			
banquera			
cuero			
enero			
ensaladera			
maletero			
obrera			
papeleras			
rinconero			

a Escribe entre paréntesis la palabra de la que provienen los derivados de la segunda columna con el artículo, por ejemplo: la billetera (el billete). Si no has visto los derivados en contexto y te resulta difícil identificar su significado, puedes consultar un diccionario.

b Observa de nuevo el cuadro y completa la regla:

Generalmente los compuestos son objetos de género .... al de la palabra de la que derivan.
¡Hay excepciones! "Ensaladera" viene de .... y ambos son ....

c Aumenta tu vocabulario usando la regla. ¿Cómo se llama la persona que se ocupa de...?

	femenino	masculino
el jardín		
las cartas		
los enfermos		
los niños		
el reloj		
un reportaje		
los zapatos		

17 Ahora señala las seis palabras más difíciles de esta página e inventa una historia para recordarlas como hiciste en clase. Escríbela aquí.

....
....

Um die 200 Wörter zu behalten, die du in dieser Lerneinheit kennengelernt hast, kannst du mit ihnen eine Geschichte erzählen. Du wirst die Wörter besser behalten, wenn du mit ihnen einen sinnlichen Eindruck verbindest. Es kann die Form, die Farbe, ein Geruch oder auch ein Geräusch sein, und natürlich kannst du auch den Tastsinn hinzuziehen.

Tabla de descriptores para la autoevaluación

Fecha: . . . .

Puedes utilizar la siguiente tabla de descriptores para autoevaluarte (columna 1) o para que te evalúe tu docente (columna 2). Si se trata de actividades de lengua que aún no dominas, pero que te parecen importantes, márcalas como objetivos que quieres lograr (columna 3). Puedes usar los espacios en blanco para añadir descriptores que dominas o que crees que son importantes para este nivel y no se han incluido.

Utiliza los siguientes símbolos:

Columna **1 (yo)** y **2 (docente)**
✓ Puedo hacerlo en condiciones normales.
✓ ✓ Puedo hacerlo bien y sin problemas.

Columna **3 (objetivos)**
! Esto es un objetivo para mí.
!! Este objetivo tiene prioridad para mí.

Si has marcado en la columna 1 (yo) el 80% de los puntos, entonces has alcanzado con bastante probabilidad el nivel A2.

Escuchar •)))	1	2	3
Puedo entender lo que me dicen, especialmente si cooperan conmigo, por ejemplo, repitiendo algunas informaciones.			
Puedo entender el tema de una conversación si las personan hablan claramente.			
Puedo entender frases, si se trata de temas que se refieren a mi experiencia, o también descripciones y biografías en pasado.			
Puedo entender lo esencial de mensajes breves, sencillos y claros.			
Puedo entender lo esencial de una comunicación grabada, por ejemplo las noticias de la radio, si se refieren a un tema previsible o común y corriente, como experiencias de estudiantes en una universidad.			

Leer	1	2	3
Puedo entender lo esencial de artículos de periódicos simples, en los que los nombres y los números son importantes o sobre temas que me son familiares.			
Puedo entender postales o mensajes donde me cuentan hechos de la vida diaria o me preguntan sobre ellos.			
Puedo entender comunicaciones sencillas, por ejemplo, mensajes de mis compañeras o compañeros de piso, o el tablón de anuncios de la universidad.			
Puedo entender lo esencial de folletos de actividades, programas culturales o la carta de un restaurante.			
Puedo comprender los anuncios clasificados, por ejemplo, el precio y las características de un piso o anuncios para encontrar un tándem, etc.			
Puedo entender relatos cortos que hablan de la vida de una persona o que contienen descripciones de personas, lugares, cosas y situaciones.			
Puedo entender recetas de comidas.			
Puedo comprar un billete de tren en Internet.			
Puedo comprender la información más importante de una página web relacionada con una estancia en una universidad latinoamericana o española.			
Puedo comprender la información de un calendario académico, saber qué días son feriados y cuándo hay puente.			

Hablar con fluidez	1	2	3
Puedo describir mi piso, mi familia, el lugar donde vivo y hacer lo mismo en relación a otras personas.			
Puedo hablar de mis experiencias en un país, de los viajes que he hecho y de lo que he visto, y decir lo que me ha gustado más.			
Puedo hablar de experiencias y actividades pasadas o recientes, por ejemplo, este año o el año pasado.			
Puedo utilizar modelos de lengua para iniciar, mantener y finalizar una conversación telefónica.			
Puedo expresar diferentes estados de ánimo de acuerdo a una situación y utilizar la entonación correcta.			
Puedo opinar y comprender opiniones relacionadas con temas que me interesan y expresar acuerdo y desacuerdo.			

Participar en una conversación	1	2	3
Puedo usar los transportes públicos y pedir información sencilla sobre la forma de viajar a un lugar.			
Puedo pedir algo de comer y de beber en un restaurante.			
Puedo hacer compras de alimentos, preguntar por el precio, la calidad y las características de algo que no conozco.			
Puedo pedir y dar informaciones de dirección en la calle o en la universidad con un mapa o un plano.			
Puedo saludar a alguien, preguntar cómo está y reaccionar a las noticias que me dan.			
Puedo participar en una conversación telefónica si me preparo antes, por ejemplo, para pedir información sobre un piso.			
Puedo quedar con alguien o invitarle a tomar algo y entender que me invitan a mí o quieren salir conmigo.			
Puedo aceptar y dar disculpas cuando no puedo hacer algo, por ejemplo, quedarme o aceptar una invitación.			
Puedo expresar lo que me gusta y no me gusta y explicar por qué.			

Estrategias	1	2	3
Si hay problemas acústicos o no entiendo algo, puedo interrumpir y pedir que me lo repitan.			
Puedo concentrarme en los datos importantes que me interesan sin preocuparme si no entiendo todas las palabras.			
Puedo formular hipótesis y comprobar si son correctas.			
Puedo concentrarme primero en las consignas para comprender mejor y así resolver una actividad con más probabilidades de éxito.			
Reconozco a qué familia pertenece una palabra y su función en una frase y así comprendo mejor lo que leo.			
Puedo relacionar informaciones gráficas con el contenido de un texto.			
Activo mis conocimientos del mundo para comprender mejor lo que me dicen o lo que leo.			
Memorizo palabras relacionándolas con un momento en el tiempo y un lugar en el espacio.			
Uso la estrategia de inventarme historias para recordar palabras. Agrego impresiones sensoriales (color, olor, sonido, etc.) para recordar mejor.			

Calidad del lenguaje	1	2	3
Puedo comunicarme con frases memorizadas y algunas expresiones sencillas.			
Puedo conectar frases con conjunciones y conectores sencillos como "y", "porque", "pero", "aunque", "sin embargo", etc.			
Puedo usar correctamente modelos sencillos de textos.			
Tengo vocabulario suficiente para expresarme en situaciones tales como buscar piso, hablar de la universidad donde estudio, contar experiencias durante la estancia en un país, etc.			

Escribir	1	2	3
Puedo escribir notas y cartas sencillas de carácter informal o un anuncio para el periódico.			
Puedo describir un hecho con frases simples diciendo qué pasó o qué me ha pasado a mí.			
Puedo escribir sobre una experiencia diaria con frases sencillas, por ejemplo, para hablar de mi vida cotidiana.			

Portfolio Europeo de las Lenguas ELC/CEL © Consejo de Europa/Council of Europe/Conseil de l'Europe

	Puntos:	Tu resultado:
Comprensión lectora **Texto: La sobremesa prolonga la jornada laboral española** • Puedo entender lo esencial de noticias o de artículos de periódicos sencillos si tratan temas conocidos. **Estrategias:** • Infiero el significado de palabras desconocidas a partir de palabras de la misma familia (por ejemplo, *hora-horario*). • Pongo atención a los conectores para entender las relaciones lógicas.	15	
Comprensión auditiva **Texto: El mercado de La Paz** • Puedo entender en un texto largo información puntual en la que me concentro durante la audición. **Estrategias:** • Activo mis conocimientos del mundo sobre el tema de la audición. • Si tengo la posibilidad de escuchar el texto muchas veces, me concentro cada vez en un aspecto concreto.	20	
Expresión escrita • Puedo describir un hecho con palabras sencillas. • Puedo contar lo que pasó. • Puedo autocorregir mis errores.	35	
Expresión oral • Puedo hablar a estudiantes de otros países sobre mis experiencias como estudiante. • Puedo pensar en las posibles preguntas que me van a hacer, prepararlas y contestar con ayuda de un esquema.	30	

Total: 100

Para aprobar el nivel A2 se necesita el 67% de los puntos.

100 → 97% = 1,0	96 → 94% = 1,3	93 → 91% = 1,7
90 → 87% = 2,0	86 → 84% = 2,3	83 → 81% = 2,7
80 → 77% = 3,0	76 → 74% = 3,3	73 → 71% = 3,7
70 → 67% = 4,0		

Comprensión lectora

1 Lee el texto y decide si las siguientes afirmaciones son correctas o falsas. Explica tu decisión citando las frases correspondientes del texto.

La sobremesa prolonga la jornada laboral española

El eslogan turístico *Spain is different* llega hasta el estómago[1] de las empresas. Y es que hasta en las comidas somos distintos. El presidente de la Comisión Nacional para la Racionalización de los Horarios Españoles, Ignacio Borqueras, asegura que el horario que cada empleada/-o dedica a las comidas de mediodía es único en Europa.

¿Por qué si el horario de entrada a la oficina es el mismo en toda Europa, España prolonga la salida hasta tres horas más que en otros países? Los expertos aseguran que la duración de la comida es uno de los mayores obstáculos para conseguir una jornada laboral más corta. En Gran Bretaña, Alemania y Francia, se descansa a mediodía poco más de media hora para comer algo. Sin embargo, la sobremesa de los españoles puede alcanzar hasta dos horas y media y es causa, según la Comisión, de la baja productividad española y de las largas jornadas laborales.

Si el resto de europeos no come más que un sándwich, en España siempre se come primero, segundo, postre y café. "Representa casi la mitad de las calorías consumidas por día y la digestión es lenta", explica la Sociedad Española de Dietética (SEDCA) comentando las comidas laborales *made in Spain*. Pero ¿cuáles son los síntomas de una comida abundante? Sobre todo cansancio y mala combinación para continuar la jornada. El presidente de la SEDCA, Jesús Román, lamenta que las empresas españolas "no cuenten con los servicios de un dietista" que les permitiría aumentar la producción de la segunda parte de la jornada laboral. Independientemente del lugar donde se coma a mediodía, las características comunes que las empresas deberían aplicar a sus menús o explicar a sus empleadas/-os son las siguientes: combinación de verduras, legumbres y frutas y nada de alcohol.
"En las grandes ciudades es más probable comer fuera de casa", señalan desde la empresa BuenMenú.
Hace una década las empresas ya iniciaron el cierre de sus comedores, con cocina incluida, que usaba el 90 % del personal de estas compañías, según Comisiones Obreras.
El secretario de Acción Sindical, Simón Rosado, niega cualquier relación entre productividad y lentitud en abandonar la mesa, "es más una obsesión empresarial y visión errónea. La productividad no es una cuestión de trabajar más horas. Pero las jornadas partidas- antes y después del almuerzo- hacen más lentos todos los procesos, incluida la hora de comer", afirma.

[1]dt. Magen

Texto adaptado. Fuente: www.eleconomista.es

1. En España la jornada laboral no es tan larga como en el resto de Europa. ☐
....

2. Según la Comisión Nacional para la Racionalización de los Horarios Españoles,
la larga sobremesa es responsable de la baja productividad española. ☐
....

3. Después del almuerzo las y los empleados están muy cansadas/-os. ☐
....

4. A mediodía se come sólo un sándwich. ☐
....

5. La Sociedad Española de Dietética recomienda comer verdura y no tomar alcohol. ☐
....

6. En la actualidad muy pocas empresas tienen comedores y la gente prefiere comer en restaurantes y bares. ☐
....

7. Es imposible reducir la jornada laboral sin acortar la pausa al mediodía. ☐
....

Comprensión auditiva

2 **Vas a escuchar un reportaje sobre el mercado de La Paz (Bolivia).** 🎧 www.klett.de/condinamica Track 2

a. ¿Hay mercados en tu ciudad? ¿Cómo son? Haz una lista de las cosas típicas que se pueden comprar en un mercado de tu ciudad.
b. Escucha ahora el reportaje. ¿Qué se vende en el mercado de La Paz? Haz una lista y compara esta lista con la del mercado de tu ciudad. ¿Hay diferencias?
c. Este mercado es especial por tres cosas:
 • Es un mercado negro, es decir, ilegal.
 • El mercado no es sólo para vender y comprar. Es una forma de vida social.
 • Se vende de todo, también la hoja de coca.
d. Escucha el reportaje una segunda vez y completa la siguiente información.

Es un mercado negro, es decir, ilegal. Los vendedores ....
....

El mercado no es sólo para vender y comprar. Es una forma de vida social, por ejemplo, ...
....
....

Se vende de todo, también hojas de coca. Estas se venden ....
....

Expresión escrita

3 **Escribe un texto sobre tu vida. Este texto es parte de tus documentos para solicitar una beca. A la comisión no le interesan tus estudios, sino otros aspectos de tu vida: tus experiencias como estudiante, tus experiencias interculturales, tus ideas y sueños. No todo lo que escribes tiene que ser verdad, puedes inventar información.**

Escribe unas 300 palabras. Usa conectores e intenta no repetir muchas palabras. Tienes que hablar de los siguientes puntos, pero no es necesario seguir el mismo orden.

1. Fecha y lugar de nacimiento. Describe el lugar donde naciste.
2. Utiliza adjetivos que te describan como niña o niño y lo que más te gustaba hacer. No hables de la escuela.
3. Cuenta un viaje que para ti fue muy importante.
4. Explica: el lugar que visitaron, cómo era y por qué fue una experiencia importante.
5. Habla de tu vida actual: la ciudad donde vives y la universidad donde te gustaría estudiar.
6. Descríbete a ti misma/-o: ¿en qué has cambiado?
7. Cuenta una experiencia reciente (que no se relacione con la universidad) y que te ha cambiado la vida. Explica por qué.

Expresión oral

4 **Imagina que participas en una teleconferencia. Tienes que hablar de tus experiencias con otros estudiantes de diferentes países en tu país (5 minutos). Aquí tienes un par de consejos:**

¡Importante!
Primero escribe una serie de notas que vas a utilizar para tu exposición.
Piensa que sólo puedes hablar cinco minutos.
Trata de imaginar unas cinco preguntas que te van a hacer y escríbelas.
Escribe palabras clave que te permitan responderlas de forma clara y sin demasiados detalles.
Calcula un minuto por respuesta.

Haciendo memoria

1 **Completa con una forma adecuada del verbo según los siguientes criterios:** ▶ G | 6.2 | 7.1 | 9.2

a. Acciones que tienen importancia en el momento que estamos hablando, aunque se refieran al pasado.
b. Acciones pasadas anteriores a otras acciones pasadas.
c. Acciones habituales en el pasado.

Este año Valentina (hacer) .... un curso de español en Antigua, Guatemala.
Le (parecer) .... muy interesante porque no sólo (aprender) ....
gramática sino muchas cosas sobre el país. Además (conocer) .... muchísima
gente de otros países. Nunca (estar) .... en América Latina. Piensa volver el
verano que viene. Me lo ha dicho hoy.

Un día normal durante el curso era así: (levantarse) .... temprano, a eso de las ocho. (desayunar)
.... y (tomar) .... el autobús que la (llevar) .... a la escuela. Las clases (empezar)
.... a las 9.30. La profesora (traer) .... el periódico y les (leer) .... las noticias del día
y las comentaban. Libros no tenía, pero sí una gramática que le (regalar) .... Fernando en el aeropuerto.
En la primera página (decir) .... : "Para Valentina, para que todos los días pienses en mí". Para entonces,
Valentina todavía no (decidir) .... si Fernando (ser) .... un romántico incorregible u otra cosa
peor.

La profesora (hablar) .... un castellano muy claro y lento y por eso Valentina (comprender) ....
todo lo que (decir) .... Sus primeras clases de español, en cambio, (ser) .... totalmente
diferentes: su profesora (creer) .... que se (aprender) .... escribiendo y por eso (tener)
.... que escribir todos los días textos larguísimos sobre temas que no le (interesar) ....

2 **Busca en el texto los pronombres de objeto directo e indirecto y explica a qué se refieren.** ▶ G | 4.3

3 Completa el texto como en el ejemplo. Se trata de una acción en proceso interrumpida por otra acción. Mira el ejemplo:

▶ G | 9.1

La señora mayor, que vive en la misma casa de los estudiantes Erasmus, estaba mirando las noticias cuando oyó un ruido en la escalera.

Carlos y Pilar tenían una beca para estudiar en Dinamarca. Tenían muchos problemas. No podían acostumbrarse al clima y no les gustaba la comida. Un buen día (decidir) .... cambiar de país e irse a Portugal.

Nuria estaba muy contenta en Alemania. Tenía muchas amigas, la universidad era interesante y cada vez hablaba mejor alemán. Cuando (volver) .... a su país comenzó a ver las cosas con otros ojos.

Michelle Bachelet estaba estudiando Medicina en Berlín cuando (recibir) .... la noticia de que podía volver a Chile.

Antes del golpe militar en Chile, (haber) .... un gobierno de izquierda en el poder. Después vino Pinochet y comenzó la dictadura.

4 Nevena es de Serbia y todavía tiene muchos problemas con los tiempos del pasado. Ayúdala a escribir bien las formas y explica qué tiempos no son correctos y por qué. ¡Ojo con "ser" y "estar"!

▶ G | 6.2 | 7.1 | 9.2

Me llamo Nevena y tengo 24 años. Había nacido en Serbia y cuando tenía 17 años mi familia emigraba a Alemania. Durante cuatro años iba a una escuela alemana y terminé el bachillerato en 2006. En la escuela había aprendido español y por eso, al terminar, quise hacer unas prácticas en Caracas. Mis padres no estaban de acuerdo: decían que era muy joven para viajar sola e ir tan lejos. Discutíamos durante meses y finalmente aceptaron que yo ya era bastante grande para saber lo que quería hacer. Un día de febrero de 2007 tomé el avión a Venezuela. En el aeropuerto de Caracas me estuvieron esperando unos chicos del proyecto "Manos solidarias". Era realmente contenta de haber llegado y vivir una experiencia diferente. Yo nunca estaba en América Latina. Claro que cuando fui pequeña había viajado con mis padres: conocía algunas ciudades de Europa pero Venezuela era otra cosa. Al principio no fue fácil pero con el tiempo empecé a acostumbrarme. Dos meses después, cuando terminaron las prácticas, no quise irme pero había que volver. Mis padres me escribían que tenía un lugar de estudios en la universidad. Entonces decidí volver.

5 Cosas que antes no existían...

▶ G | 7.1

Mis abuelos nacieron en 1936. Cuando eran jóvenes, como yo ahora, no existían muchísimas cosas que hoy son normales. Completa las frases.

1. Cuando mis abuelos eran jóvenes…
2. En aquella época…
3. Tenían teléfono pero…
4. Compraron el primer televisor en 1950. Antes…

5. Ahora tenemos Internet, pero hace sesenta o setenta años…
6. Había aviones, claro. Sin embargo…
7. Tampoco tenían…

6 Antes y después... Fernando se ha enamorado... y dice así:

▶ G | 9.1

a. Antes de conocerte mi vida (ser) .... un poco aburrida pero el día que te (conocer) .... (cambiar) .... totalmente.

b. Yo era un chico poco sociable, sólo (hablar) .... con Sócrates, mi loro. Pero tú me (enseñar) .... qué es la felicidad. Contigo (aprender) .... a reírme de todos mis problemas. Mucho más: estoy seguro de que ya no tengo problemas.

c. Yo, que nunca he leído poesías de amor, ni he escrito cartas románticas, pero desde que te (ver) .... (empezar) .... a ver el amor con otros ojos. Salgo a la calle y pienso en ti, voy a la biblioteca y me acuerdo de ti, me duermo y me despierto pensando en ti. Antes sólo (pensar) .... en mi futuro: ahora mi futuro es presente.

7 **Seguramente te acuerdas del texto *Diarios de motocicleta*.**

Este diario cuenta la historia de dos jóvenes argentinos, Ernesto Guevara y Alberto Granado, que en 1952 comenzaron un viaje por América Latina. Vuelve a escribir el texto desde la perspectiva del pasado. Cambia los verbos que están en negrita.

> Los dos amigos **dejan** Buenos Aires en una antigua motocicleta Norton de 500cc del año 1939, «La poderosa». La moto **se rompe**, pero los viajeros **continúan** en autostop. Poco a poco, **van** tomando contacto con una Latinoamérica diferente, a través de las personas que **encuentran** en su viaje. Su ruta los **lleva** hasta Machu Pichu, donde las majestuosas ruinas y la extraordinaria presencia de la cultura Inca los **impresionan** profundamente. Cuando **llegan** a San Pablo, un lugar en la selva amazónica donde había un asilo de leprosos, se **quedan**, **ayudan** a tratarlos y **pasan** un tiempo con ellos. En ese momento los dos viajeros **comienzan** a cuestionar el valor del progreso, como lo definían algunos sistemas económicos. Sus experiencias en el trabajo con los leprosos **despiertan** en ellos los hombres que iban a ser en el futuro. Allí se **define** el camino ético y político de sus vidas.

....
....
....
....
....
....
....
....

8 **¿Cómo era? ¿Qué pasó?** G | 8.1 | 8.2

Alessandra, una de las chicas que comparte el piso con otros Erasmus, está en la comisaría. La detective Hurtado le hace preguntas. Completa el diálogo con las formas del imperfecto y del indefinido adecuadas al contexto.

● = Detective (tutea a Alessandra) ○ = Alessandra (no tutea a la detective)

● ¿Tu nombre, por favor?
○ Alessandra Jadebole.
● ¿Carné de identidad?
○ F 234978.
● ¿Nacionalidad?
○ Italiana.
● Bien… cuéntame dónde estabas la noche del robo.
○ En la biblioteca, estudiando. A las ocho menos cuarto (levantarse) .... , (tomar) .... mis cosas y (volver) .... a casa con Sebastián.
● ¿Quién es Sebastián?
○ Uno de los chicos que comparte el piso.
● ¿(ir) .... directamente a casa?
○ No. (pasar) .... antes por el supermercado, (comprar) .... algo para comer y…
● ¿Y después?
○ (entrar) .... al bar que está enfrente a tomar una cerveza.
● ¿Por qué no (subir) .... directamente al piso?
○ (ser) .... una noche estupenda, (hacer) .... calor, (tener) .... ganas de estar en la calle… ¿A usted no le gustan las noches de verano?
● Las preguntas las hago yo. ¿A qué hora (subir) .... al piso?
○ Más o menos a las diez.
● ¿Y entonces?
○ Cuando (llegar) .... , la puerta (estar) .... abierta, la luz encendida y todo muy desordenado.

- ¿Y después? ¿Qué (hacer) .... ?
- ○ Poner un poco de orden… Y así (darse) .... cuenta de que (faltar) .... muchas cosas: el dinero, una maleta, la bicicleta de Sandrine.
- ¿Dónde estaba?
- ○ ¿Quién? ¿Sandrine?
- No, la bicicleta.
- ○ En el balcón, con la maleta, es que acabamos de cambiarnos de piso y…
- ¿Cuánto dinero (haber) .... ?
- ○ Unos 300 euros.
- ¿Y por qué (tener) .... dinero en casa?
- ○ (querer) .... hacer una fiesta.
- Bien. Aquí tienes el certificado para tu seguro. ¡Que pase el siguiente!

9 Sigue repasando el pluscuamperfecto de indicativo y el pretérito perfecto.

▶ G | 6.2 | 9.2

a. Una persona le cuenta a otra cómo ha pasado las vacaciones y por qué no le ha ido nada bien. Lo que importa ahora son todas las cosas que le han pasado y no cuándo.

"(estar) .... en una playa llena de gente. .... (comer) muy mal y .... (pagar) precios altísimos. (vivir) .... en un piso carísimo y ruidoso, donde muchas veces (faltar) .... el agua".

"(dormir) .... malísimamente mal por las fiestas de los vecinos y (salir) .... de copas con gente muy aburrida que sólo hablaba de dinero".

b. Y ahora cuenta tú lo que les pasó a estas personas durante las vacaciones. Empieza así:

Al volver de sus vacaciones, Josep y Pilar estaban bastante desilusionados. Habían…

....
....
....
....
....
....

10 Sigue repasando el pluscuamperfecto pero ten cuidado con los participios. Algunos son irregulares.

▶ G | 9.2

Anoche te llamé por teléfono. Alguien me dijo: "Salió".
Anoche, cuando te llamé por teléfono, alguien me dijo que habías salido.

1. Les comenté a los chicos que tenía ganas de ver esa película. Me dijeron: "La vimos".
2. Le pregunté a Sebastián si necesitaba ayuda con el cambio. Me contestó: "Ya lo hicimos".
3. Le dije a Verena que estaban buscando estudiantes para trabajar en la biblioteca. Me comentó: "Les dieron el trabajo a dos chicas inglesas".
4. Le comenté a Valentina que estaba buscando mi pasaporte. Me dijo: "Lo puse en la mochila".
5. Le expliqué que había que escribir las cartas y mandarlas enseguida. Me contestó: "Las escribí".
6. Le comenté que teníamos que hablar con los vecinos y decírselo. Alguien me dijo: "Se lo dijimos".

11 Fíjate en la diferencia: cuando + indefinido (acción terminada)/cuando + imperfecto (acción en desarrollo). ▶ G | 9.1

Cuando <u>llegué</u> a casa me di cuenta de que había dejado las llaves en el coche. (Ya estaba en casa.)
Cuando <u>iba</u> al supermercado me di cuenta de que había dejado la billetera en casa. (Todavía no había llegado al supermercado.)

Ahora completa las frases utilizando la forma adecuada del verbo.

1.
a. La semana pasada, cuando (ir) .... a la universidad, me encontré con Pablo. Hacía mucho tiempo que no nos veíamos. Fuimos a tomar un café. Me contó de su vida. De pronto me di cuenta de que era tardísimo y que iba a perder mi clase.
b. La semana pasada, cuando (ir) .... a la universidad, las puertas estaban cerradas. Había olvidado que era domingo y que no había clase.

2.
a. Cuando (subir) .... al autobús y me senté, una señora que estaba a mi lado me preguntó si vivíamos en el mismo edificio. La verdad, yo nunca la había visto antes.
b. Cuando (subir) .... al autobús me acordé de que había dejado la puerta de casa sin llave. Entonces decidí volver y tomar el próximo.

3.
a. Anoche, cuando (volver) .... a casa, encontré una billetera en la escalera. Era de mi vecina. Cuando se la di, una de la mañana.
b. Anoche, cuando (volver) .... a casa, encontré el pasaporte. Creía que lo había perdido. Estaba sobre la mesa. Lo había dejado allí por la mañana.

12 Corrige las siguientes afirmaciones y repasa los pronombres. Mira el ejemplo. ▶ G | 4.3

● *Yo nunca te recomendé esa película.*
○ *Sí que me la recomendaste.*

1. Tú nunca me dijiste que estabas casada.
2. Ustedes nunca le prestaron el coche.
3. Nunca les contaron la verdad.
4. Vosotras nunca nos disteis ese dinero.
5. Tú nunca me explicaste lo que pasaba.
6. Tú nunca le preguntaste cómo se sentía.
7. Ustedes nunca les dieron una explicación.
8. Ellas nunca contestaron mis correos.

13 ¿"Ser" o "estar"? Completa las frases utilizando los verbos en imperfecto de indicativo. ▶ G | 6.3

1. .... una persona muy ordenada. "Cada cosa en su lugar y un lugar para cada cosa", decía.
2. La cena me gustó mucho. .... riquísima.
3. No podía salir con nosotras. .... muy ocupada.
4. Vivía en un piso antiguo que .... muy bien comunicado.
5. Alguien te ha llamado por telefóno pero no dijo quién ....
6. Sebastián es un chico nervioso pero ayer .... más nervioso que nunca.
7. Cuando los chicos llegaron al piso, la puerta .... abierta.
8. Me contó que .... preocupado porque tenía un examen muy importante.
9. Le pregunté cómo .... y me contestó que mucho mejor.
10. Le pregunté cómo .... y me contó que nunca había visto una persona tan reservada.

14 ¿"Estaba" o "estuvo"? Completa las frases según la forma adecuada al contexto.   ▶ G | 9.1 | 7.4

Anoche <u>estaba leyendo</u> en la cama cuando alguien llamó por teléfono. La novela era tan interesante que no me levanté a contestar.

Me regalaron una novela buenísima. <u>Estuve leyendo</u> toda la noche hasta que la terminé.

1. .... (cenar) tranquilamente en casa cuando alguien llamó a Roberto por teléfono. No quiso decirnos quién era. Se disculpó y colgó enseguida. Un día después llamó su madre y nos preguntó si sabíamos dónde estaba. Dijo que lo .... (esperar) hasta muy tarde pero que no había vuelto a casa a dormir. Estaba preocupada.
2. Nosotras también nos preocupamos un poco. .... (llamar) a su móvil todo el día pero no contestaba. De pronto sonó el teléfono y era él. Nos explicó que tenía un amigo con problemas y que .... (tratar) de buscarle un piso. La verdad es que nos pareció una explicación absurda.
3. Unos días después yo .... (tomar) un café en el bar de la facultad y lo vi con una chica. .... (hablar) hasta que yo me fui. Yo pensé que no era un buen momento para preguntarle qué le había pasado. Todo parecía muy normal.

15 Describe o cuenta lo que pasó. Utiliza las palabras que aparecen en el recuadro.   ▶ G | 9.1
Tú tienes que pensar en los verbos más adecuados al contexto.

1. ¿Cómo era tu primer piso?

Estaba en una calle muy tranquila.
.... poco: unos 200 euros.
.... ni ascensor ni Internet.
.... en buen estado pero .... un poco oscuro.

2. ¿Cómo conociste a tu primer amor?

Fue en la escuela, un día de invierno.
(Ese día) .... muy tarde.
Después de la clase, ella/él me .... en la parada y tomamos el mismo autobús y .... hasta mi casa.
En la puerta me .... y me .... si tenía ganas de salir con ella/él. Teníamos quice años.

3. ¿Cómo era tu amiga/primer amigo/primer amigo de la escuela?

Se llamaba Özlem y era turca.
.... gafas y no .... rubia como nosotros.
Sus padres .... un supermercado pero no hablaban muy bien el idioma alemán.
.... siempre juntas/-os.
.... muy inteligente. Pronto .... la primera de la clase.

16 ¿Indicativo o subjuntivo?   ▶ G | 6.1
Tengo una hermanita que todavía cree en los Reyes Magos: Melchor, Gaspar y Baltasar. Todos los años, en diciembre, les escribe para que le traigan las cosas que mi papá y mi mamá no quieren comprarle. Esta es la carta. Tú escribes los verbos. Mira bien las frases donde aparece "que". Fíjate en los verbos y en "para que".

Queridos Reyes Magos:
Los libros que me (traer) .... el año pasado no me gustan nada, por eso quiero que me (traer) .... otra cosa, por ejemplo, una computadora. Si todavía (poder) .... tener otro deseo, entonces me gustaría un coche, para que mi papá me (llevar) .... a la escuela todos los días y no (tener) .... que ir a pie o en autobús porque van muy llenos de gente.
También les escribo para que no se (olvidar) .... de mi hermano Javier, que ya va a la universidad. Creo que (necesitar) .... muchos libros. A mi mamá es muy difícil hacerle regalos pero yo sé que le (gustar) .... viajar. Es mejor que le (poner) .... dinero en los zapatos. Seguro que le encanta. Y también hay que pensar en los abuelos que viven en Mallorca. A ellos les gusta que les (regalar) .... chocolate o entradas para el teatro. Pero si ustedes no pueden no es problema. No creo que (ser) .... tan importante. Siempre (decir) .... que no necesitan nada.
Muchos besos para los tres.
PD. ¿Los camellos necesitan algo?

17 **¿Subjuntivo o indicativo?**

▶ G | 6.1

Este es el correo electrónico que le escribe una chica de Berlín a su amiga Julia (catalana) que viene a visitar la ciudad mientras ella está de vacaciones en otro lugar.

Enviar   Chat   Adjuntar   Agenda   Tipo de letra   Colores   Borrador   Navegador de fotos   Mostrar plantillas

☰▾ Asunto:

Querida Julia:

Me encanta que (venir) .... a Berlín. (Sentir) .... mucho no estar aquí el mes que viene pero antes de irme (querer).............. darte un par de consejos para que no (tener) .... problemas. Tú ya (saber) .... dónde vivo. Las llaves se las (dar) .... a la vecina. Tú ya la conoces. Es la chica que estuvo con nosotros en la playa el año pasado. Si (tener) .... problemas con la ducha, la calefacción o esas cosas, habla con ella: (saber) .... bastante español y le gusta practicarlo.

Berlín es una ciudad segura pero es mejor que (tener) .... un poco de cuidado. También es conveniente que no (salir) .... con mucho dinero.

Bueno… ¡Que te lo pases bien!

Un abrazo, Heike

18 **Completa estos diálogos con los ponombres que faltan.**

▶ G | 4.3

1. (yo / tú / mí / me / te)

● Daniel, ¿dónde están las llaves?
○ Las tienes .... las acabo de dar.
● .... no las tengo. A .... no .... has dado nada.
○ ¿Pero cómo que no las tienes?

2. (nosotros / nos / él / le / se)

● Nuria, Sebastián, os han dejado un paquete.
○ ¿Para .... ?
● Sí. Está sobre la mesa de la cocina.
○ Ah, sí… .... lo ha mandado Julián. Son unos libros que .... hemos pedido.
● Pero no lo ha traído .... sino una chica y .... lo ha dado a Juan, que en ese momento salía de casa.

3. (le / ella / la / se)

● Mira, ... he comprado esta mochila a Susana.
○ ¿Cuánto .... has pagado?
● Fue muy barata. .... compré en el mercado.
○ ¿Te parece que .... va a gustar?
● Seguro que sí. .... no es como tú.............. encanta viajar.
.... voy a regalar para su cumpleaños.

19 El texto que vas a leer trata de uno de los temas principales de nuestra época: la migración. Un aspecto relevante es la migración de mujeres por razones económicas. ¿Qué sabes de ese tema? ¿Qué trabajos desempeñan las mujeres migrantes? ¿En qué condiciones viven? Tómate tiempo para reflexionar sobre estas preguntas y escribe luego qué otras informaciones te gustaría encontrar en el texto.

....
....
....

a Lee el texto, busca la información que se refiere a las siguientes afirmaciones y subráyala:

1. La información de este texto se basa en un informe escrito por una mujer.
2. Más o menos el 50% de las personas migrantes del mundo son mujeres.
3. Muchas de ellas viven en condiciones precarias.
4. La mayoría de las mujeres migrantes trabajan como empleadas domésticas.
5. Un problema es la falta de leyes que las protejan.
6. Del dinero que ganan, las mujeres envían a sus familias una parte más grande que los hombres.
7. Entre las personas migrantes hay un porcentaje considerable de jóvenes, menores de edad.
8. La ayuda al desarrollo de los países ricos es menor que la suma que envían las personas migrantes.
9. Según el informe, cruzar la frontera de México a Estados Unidos significa un enorme riesgo.
10. El número de muertes al cruzar las fronteras va en aumento.
11. No sólo personas con un bajo nivel de formación emigran. El informe también habla de la emigración de profesionales a los países ricos.

Mujeres, la mitad de los migrantes

Informe revela que son los pilares de la economía de sus países de origen.

Casi la mitad de los migrantes del mundo son mujeres que, en su condición de remitentes de remesas, se han convertido en pilares fundamentales tanto de las economías de sus países como de las comunidades donde se asientan, reveló ayer el informe más reciente del Fondo de Población de las Naciones Unidas (UNFPA), "El estado de la población mundial 2006".

En su rol de operarias de fábricas, pizcadoras de frutas y hortalizas, recamareras, prostitutas, enfermeras, oficinistas, domésticas, profesionales y refugiadas, las mujeres son la cara desconocida, y poco reconocida, de las migraciones que tienen lugar en la actualidad, hace ver el documento que a la vez subraya la falta de protección en que se encuentran aquellas.

En ese contexto, indica que una de cada cinco mujeres inmigrantes en Estados Unidos vive en condiciones de pobreza y frecuentemente son víctimas de maltratos físicos y sexuales.

"La migración puede ser una situación en la que todos ganan, los países de origen y los de destino, pero para eso hace falta que se protejan unos derechos que ahora mismo no se están respetando", dijo la autora del informe, María José Alcalá, durante una teleconferencia en Washington, D.C.

El informe señala también que aunque las sumas totales que envían las mujeres a sus familiares en sus países de origen suelen ser inferiores a las que envían los hombres, aquellas mandan una proporción más alta de sus ingresos. (...)

En un capítulo dedicado a la migración juvenil, se destaca que en 1997, un 15% de los mexicanos que buscaban empleo en Estados Unidos eran adolescentes. La información cita encuestas hechas en albergues temporales ubicados en las rutas migratorias en

México y Centroamérica que informan que un 40% son adolescentes de entre 14 y 17 años. (...)

Según el examen global de la UNFPA, presentado cada año por el organismo, la cantidad de dinero que las personas migrantes enviaron a sus países de origen tan sólo en 2005 ascendió a 232 mil millones de dólares, una cantidad que sobrepasa la ayuda oficial para el desarrollo proveniente de las naciones ricas.

(...) El libro anual de las migraciones de la ONU menciona también los crecientes riesgos que representa emigrar de forma no autorizada: tan sólo en la frontera Estados Unidos-México más de tres mil personas, la mayoría de ellas ciudadanos mexicanos, murieron o se encuentran desaparecidas al intentar el cruce al norte. Como destino de las migraciones ilegales, Estados Unidos presenta, según el informe, la proporción más alta entre muertes y arrestos por las policías fronterizas. Entre 1992 y 2002, esa cifra aumentó de 15 por cada 100 mil a 35 por cada 100 mil, lo que parece reflejar el proceso de militarización de la frontera sur, que ha obligado a los migrantes a buscar puntos ciegos en áreas del desierto.

En España, el país europeo que tiene la tasa más alta, la proporción era de 3 muertes por cada 100 mil arrestos en 2000.

Las trabajadoras domésticas conforman casi un 69% de todos los migrantes internos e internacionales que se originan en América Latina, según el informe del Fondo de Población. Un buen porcentaje de estas acaba en Europa y América del Norte.

Paralelamente se produce otro fenómeno: el éxodo de profesionales. Según los investigadores, los países más pequeños y más pobres son los que con mayor probabilidad pierden a sus individuos mejor preparados.

b ¿Cuál es el vocabulario temático de este texto? Escribe una lista de unas 10 palabras y expresiones.

Bevor du zu lesen anfängst, nimm immer eine positive Haltung dem Text gegenüber ein. Freue dich auf die Arbeit am Text und entscheide, was du genau erreichen willst. Du kannst z.B. entscheiden, ob du alles oder nur das Wesentliche verstehen willst, ob du dir Wörter und Wendungen herausschreiben willst, die du dann für andere sprachliche Aktivitäten verwenden kannst. Setze dir klare Ziele. Dies hilft dir bei der Ausführung der Aufgabe.

ENTRE DOS MUNDOS

Novela en 7 capítulos   Lourdes Miquel

Capítulo 1 *Olvidar, irse*

En algún sitio había leído que para superar el dolor de un amor fracasado se tenía que aprender una lengua extranjera o hacer un viaje. Y Elsa acababa de decidir lo segundo.

Unos meses antes, el día que terminó la carrera, también terminó su relación con Eduardo, al que había conocido el primer día de la universidad… Cinco años de relación y, de repente, inesperadamente, Eduardo dijo que no podía seguir, que quería estar solo para pensarse su vida. En la puerta de la Facultad de Arquitectura, Elsa se encontró con las notas finales de su carrera, con su título de licenciada, y con el principio de la vida sin Eduardo.

Durante muchas semanas, Elsa no sintió la alegría de ser la arquitecta que siempre había querido ser, sino que sólo pensaba en Eduardo, sufriendo el dolor de la pérdida del gran amor de su juventud y sin lograr imaginar el futuro sin él.

Hasta que una tarde de julio, la llamó su abuela y la invitó a merendar en su casa. Para Elsa, su abuela Mercedes era una de las personas más importantes de su vida. Era una mujer no muy alta, de pelo blanco, muy elegante y tremendamente positiva y optimista, llena de pasión por la vida, dispuesta siempre a disfrutar. Le gustaba comer bien, beber buenos vinos, fumar algún cigarrillo de vez en cuando a escondidas de sus hijos y tomar un vaso de buen güisqui a las ocho en punto de la tarde. Pero lo que más le gustaba en la vida era hablar con sus nietos y reírse. Y nunca hablaba de cosas tristes. Por eso, a sus nietos nunca les había hablado de la Guerra Civil, ni de cómo su familia había estado dividida en los dos bandos de la guerra, ni de su hermano muerto, ni del exilio de parte de los suyos, ni de los problemas que todos tuvieron en la posguerra…

– Así que estás triste porque Eduardo te ha dejado… – le dijo la abuela a Elsa mientras se servía una taza de café y un trozo del pastel de chocolate que había hecho Norma, la chica ecuatoriana que la cuidaba.

– Sí, abuela, tristísima.

– Y eso, angelito – la abuela siempre la llamaba "angelito" – es normal… ¿Pero cuánto va a durar esta tristeza? ¿Vas a desaprovechar todo este tiempo por un hombre… Bueno, no sé si decir un "hombre" o un "muchacho" inmaduro… En fin, ¿vas a desaprovecharlo todo por un tipo inestable e inseguro que no sabe lo que quiere…? Tienes mucha vida por delante, Elsa. Toda la vida por delante. Olvídalo. Hay muchos hombres en el mundo. Viaja. Vete lejos. Conoce mundo. Pon tierra por medio[1]… Y también puedes poner "mar"… ¿No te gustaría estudiar fuera? No sé…, en México, por ejemplo.

¿México? ¿Cómo se le había ocurrido eso a la abuela? La verdad es que Elsa no había pensado en nada parecido, pero al oír la palabra "México" en boca de su abuela pensó que podía ser un buen sitio para olvidar.

Mientras caminaba por la calle de vuelta a su apartamento, empezó a pensar que estudiar un posgrado ahí podía ser una buena idea. Ya en su casa, desordenada, caótica, sin comida ni bebida por la depresión de los días de antes, Elsa conectó el ordenador, abrió Google, buscó "posgrados en México" y consiguió un montón de páginas web para consultar. "Internet, maravilloso Internet", dijo en voz alta.

Al segundo o tercer *link* llegó a la sección de posgrados de la Universidad Nacional Autónoma de México (UNAM) y allí encontró lo que estaba buscando: una Maestría[2] en arquitectura con una serie de créditos para realizar en cuatro semestres… "Dos años es un tiempo razonable", pensó Elsa, "ni mucho ni poco. Suficiente para olvidar y suficiente para no desconectarme demasiado de mi entorno".

---

[1]La expresión "poner tierra por medio" significa alejarse al máximo de algo o de alguien.

[2]En España se llama Master, en algunos países de Hispanoamérica, Maestría.

Pedían una nota mínima de 8 en la Licenciatura y ella tenía un 9,5. "Bien, la cosa va bien", pensó.

Mientras miraba toda la información del posgrado, se empezó a ilusionar con la idea: "Sí, poner mar por medio, como dice la abuela, poner todo un océano, descubrir otro país, otra cultura, aprender…". Y, entonces, le pareció increíble no haberlo pensado antes.

Los días siguientes los pasó preparando toda la documentación para presentar su petición de ingreso en el Programa de Posgrado de la Universidad Nacional Autónoma de México. Normalmente a Elsa le molestaba terriblemente la burocracia pero, en este caso, pidió certificados, actualizó su currículum vitae, fue al juzgado a pedir su acta de nacimiento y se informó de todos los trámites para su estancia legal en México, sin protestar, sin molestarse, todo con gran alegría e ilusión.

Cuando ya tuvo reunidos los papeles, los mandó y pidió una entrevista con el responsable del "campo de conocimiento", como decían en la UNAM, que más le interesaba: arquitectura mexicana colonial. Al cabo de unos veinte días, recibió una carta certificada que ponía:

Distinguida Señora:

Tenemos el gusto de comunicarle que, después de estudiar su documentación, ha sido usted aceptada para realizar una entrevista con el profesor Dr. Juan Emilio Salgado. La esperamos en nuestra facultad el día miércoles 28 de octubre próximo. Si usted es admitida, podrá comenzar el curso en el segundo semestre.

Atentamente,

El coordinador de los Programas de Posgrado

Después de leerla se sintió alegre, alegre como hacía tiempo que no se sentía. Salió a la calle a comprarse una buena guía de México, después fue a una floristería donde compró una docena de rosas y fue directamente a casa de su abuela:

– Sabía que iban a llamarte, angelito. Tenían que llamarte. Ya verás cómo lo mejor está por llegar. Y si te dan la plaza en México, igual me animo y te hago una visitita… Nunca es tarde, ¿verdad? Anda, ponme un güisquicito…

Esa era la abuela que a ella le gustaba, la abuela que le daba cariño y alegría, la abuela que le enseñaba que la tristeza no la llevaba a ninguna parte. Eduardo empezó a alejarse de su cabeza.

20 "Anti-" y "contra-" son prefijos con valor de oposición, pero se utilizan con un significado ligeramente diferente.

a   Empareja.

1. contrarrevolucionario	a. Se opone a todo lo que sea cambio drástico de valores. Es conservador.
2. antirrevolucionario	b. Quiere obtener resultados opuestos, pero actuando con un plan revolucionario.
3. contracultura	c. Rechaza una determinada cultura y propone otra.
4. anticultura	d. Rechaza todos los productos culturales.
5. antiterrorismo	e. Terrorismo de signo opuesto.
6. contraterrorismo	f. Movimiento legal que rechaza el terrorismo.

b   Ahora que has comprendido cómo se forman estas palabras, explica qué quieren decir estas otras.

....   antifranquismo   ....
....   contrafranquism   ....

....   anticonceptivo   ....
....   contraceptivo   ....

c   En el último de los casos anteriores el producto medicinal es el mismo, pero en la lengua se usan las dos palabras. ¿Cuál crees que es más correcta? Usa el diccionario monolingüe y luego explícalo.
....

d   Piensa en dos palabras con "contra" y "anti" que existan en tu lengua o en otra lengua que conozcas (¡en las lenguas europeas hay muchísimas!). ¿Existen en español? Búscalas en el diccionario.

21   Tacha lo que no corresponda.

La Segunda República (1931–1939) intentó dar una solución a los problemas de España la reforma legal/agraria, la separación/autonomía de algunas regiones y la leyes sociales, pero era un mal momento para la democracia: la Gran Depresión y las ideas totalitarias/democráticas del comunismo soviético, del fascismo italiano y del nacionalsocialismo alemán hicieron imposible una salida anárquica/democrática. Las reformas económicas y sociales de los gobiernos republicanos dividieron al país en dos bandos opuestos/aliados. Los tres últimos años de la República se convirtieron en una guerra civil (1936–1939). En 1936 nacieron las dos Españas. La Iglesia/el Ejército trató de terminar con la República a la que habían jurado defender. El golpe se defendió diciendo que se había hecho para salvar al país de los marxistas y católicos/ateos que querían un gobierno basado en el comunismo, la democracia/anarquía y el separatismo. Para la otra España había que luchar para defender la democracia y terminar con el fascismo que se extendía por toda Europa.

a   Ahora haz una lista con todos los conceptos políticos del texto, los tachados también, y agrega diez más de los que recuerdas de las actividades de léxico del libro para la clase.

b   Aplica la técnica de categorización e intenta realizar un mapa mental como el que se hizo en clases anteriores, pero utilizando unas categorías diferentes. Tu profesor/-a lo puede corregir.

In dieser Lerneinheit hast du ungefähr 100 neue Wörter gelernt und sie in den Übungen wieder verwendet. Es ist wichtig, dass du sie in Kategorien einteilst, weil manche nicht mit mentalen Bildern verknüpft werden können. Auch können sie nicht immer paarweise mit Synonymen oder Antonymen verbunden oder in einer Zeitachse angeordnet werden. Bei abstrakten Begriffen, ist es einfacher die Strategie der Kategorisierung anzuwenden, um sie besser zu behalten.

1 Lee este texto y complétalo con "hasta que", "después de (que)", "antes de (que)". Se trata de una historia ▶ G | 10.1
que ya conoces: un conflicto familiar producido por la actividad política de la hija, que lucha contra la dictadura
franquista.

.... llegar a casa, la madre discute con su hija porque esta ha llegado tarde o ha dormido
en otro lado. En opinión de la madre y la abuela, la hija era una chica normal .... empezó
la universidad. Desde ese momento cambió; ya no es la misma.
Está claro que la chica está en una situación complicada, pero la madre no quiere saber nada de lo
que está pasando y prefiere esperar .... llegue el padre para solucionar el problema. La
chica trata de explicarle a su madre que tiene que esconderse .... sea demasiado tarde
y que no puede esperar a que llegue el padre.
.... escuchar muchas preguntas, la chica finalmente cuenta que tiene problemas con
la policía. .... la chica les cuenta la verdad, tanto la madre como la abuela están muy
sorprendidas.

2 Elige la forma correcta del verbo y explica el significado de "cuando", en cada caso. ▶ G | 10.1

Cuando
- llegas/llegues a casa, llámame por teléfono y quedamos para salir.
- tenga/tengo tiempo, me encanta hacer excursiones a la sierra.
- los padres compraban/compraron una casa en la playa, todavía no había muchos turistas.
- terminé/terminaba la escuela, comprendí que lo único que quería era estudiar Medicina.
- comprendéis/comprendáis lo que ha pasado, es posible que cambiéis de opinión.
- tenemos/tengamos más dinero, vamos a comprar una casa más grande.
- llegue/llegué a casa, encontré un mensaje de Pablo. Decía que no podía venir.
- comprendamos/comprendimos lo que pasó, ya era muy tarde para ayudarles.
- terminéis/termináis de hacer los ejercicios, podéis comenzar con la traducción.
- tenía/tengo tiempo, me gustaba quedarme en casa leyendo y escribiendo.

3 ¿"Para" o "para qué"? Completa las frases y escribe la forma correcta del verbo. ▶ G | 10.1

Las estrategias de lectura sirven <u>para comprender</u> mejor textos auténticos, sin utilizar el diccionario.
(a todo el mundo)
Las estrategias de lectura <u>me</u> sirven <u>para comprender</u> mejor textos auténticos, sin utilizar el diccionario.
(a mí)
<u>Para que comprendan mejor</u> los textos tienen que aplicar estrategias de lectura. Así se hacen más
independientes del diccionario. (otras personas)

1. Isabel tiene una niña que empieza a caminar. Todo el día tiene que estar muy atenta · · · · · · · · · · · · · no · · · · · · · · · ·
   (comer) las plantas, no · · · · · · · · · · · · · (caerse), no · · · · · · · · · · · · · (tomar) el detergente, no · · · · · · · · · · · · · (molestar)
   al gato y no · · · · · · · · · · · · · (poner) las manos donde no debe ponerlas.
2. · (ser) feliz hay que aprender a ver las cosas negativas desde diferentes puntos de vista y
   pensar que son momentáneas.
3. Os he traído estos textos · · · · · · · · · · · · · los · · · · · · · · · · · · (leer), · · · · · · · · · · · · · (practicar) el nuevo vocabulario
   y si es posible · · · · · · · · · · · · · (divertirse) un poco.
4. Imagínate esa situación: las diosas y los dioses se reúnen en el paraíso · (crear) a la
   mujer y al hombre y · · · · · · · · · · · · · no · · · · · · · · · · · · · (ser) iguales a ellos, deciden quitarles algo que llaman felicidad y
   esconderlo. ¿Te parece una buena idea?
5. Aquí tienes algunos consejos · (sentirse) mejor: duerme por lo menos ocho horas, camina
   mucho, cree que la felicidad es posible y aliméntate bien. No te olvides de cuidar a tus amistades.
6. · (aprender) palabras, las escribo en mi glosario e invento una historia · · · · · · · · · · · · · · · ·
   · · · · · · · · · · · · · (ponerlas) en un contexto y recordarlas mejor. Tú puedes hacer lo mismo · · · · · · · · · · · · · no se te
   · · · · · · · · · · · · · · · · · · · (olvidar).
7. Mira, · · · · · · · · · · · · · no · · · · · · · · · · · · · (perder) tiempo vamos a hacer lo siguiente: mientras tú vas al supermercado,
   yo limpio la casa. Y · · · · · · · · · · · · · la cena · (estar) lista a las ocho, vamos a llamar a
   Sebastián, · · · · · · · · · · · · · nos · (ayudar) a poner la mesa.
8. Te presento a Pilar; es una chica Erasmus: ha venido a nuestra universidad · (aprender)
   alemán y escribir su tesis. ¿Por qué no le muestras la facultad? Y · (saber) dónde hay buen
   ambiente, llévala a tomar un café y a dar un paseo por la ciudad. ¿De acuerdo?
9. A Hannes le encanta bailar el tango. Le he traído un DVD de Buenos Aires · (tener) una
   idea cómo lo bailan allí y · · · · · · · · · · · · · se lo · (mostrar) a sus amigas. No es fácil bailar el tango
   bien y · (bailar) hay que practicar mucho.
10. En este ejercicio has visto cómo se usa "para" y "para que". Y · · · · · · · · · · · · · no · · · · · · · · · · · · · · · · · · · (olvidarse), puedes
    volver a la gramática y mirar los ejemplos, eso · (repasar).

4 Une las frases utilizando "como", "porque", "no sólo... sino también", "sino que". ▶ G | 10.1

a. Ha dormido mal. Está muy cansada.　　　　　*Como ha dormido mal, está muy cansada.*
b. Está muy cansada. Ha dormido mal.　　　　　*Está muy cansada porque ha dormido mal.*
c. No está cansada. Está muy nerviosa.　　　　　*No está cansada sino muy nerviosa.*
d. No está cansada. Tiene muchas preocupaciones.　*No está cansada sino que tiene muchas preocupaciones.*

1. De niña, Michelle Bachelet fue a la escuela en Chile y en Estados Unidos. Su padre era agregado cultural en
   Washington. Vivió algún tiempo allí. Habla muy bien inglés.
2. Su padre no había apoyado el golpe de Pinochet (1973). Lo torturaron y murió en la cárcel. Michelle Bachelet y su
   madre se exiliaron en Australia y en la República Democrática Alemana.
3. Michelle Bachelet pudo volver a Chile recién en 1979. No se dedicó a la vida política. Terminó la carrera de Medicina.
   Su carrera política comienza en los años noventa.
4. Michelle Bachelet ha estudiado Medicina. Ha estudiado también Estrategia Militar.
5. Los años sesenta y setenta trajeron algunos cambios importantes a la España franquista. Muchos emigrantes
   e intelectuales ya habían vuelto al país. Ya conocían el desarrollo de algunos países democráticos. La sociedad
   española comienza a cambiar.

5 Completa estas frases con una justificación y agrega una justificación más.
▶ G | 10.1

¿Por qué no has ido a la fiesta de los Erasmus? (hacerse tarde/no sentirse muy bien).
Es que se me hizo tarde y además no me sentía muy bien.

1. ¿Qué le pasa a Tobías? ¿Está de mal humor? (no gustar mi regalo/ya tener el libro).
2. ¿Por qué te has quedado en casa sola? (tener mucho que hacer/querer ver una película en la tele).
3. ¿Por qué no quieres ir al cine? (ya ver la película/no gustar mucho las comedias musicales).
4. ¿Y si esta noche no salimos? (quedar con Susana/ser su cumpleaños).
5. Te invito a cenar al Rocinante. Tienen una carne excelente. (ser vegetariano/hacer dieta).

6 Une las frases con "así que" donde sea posible.
▶ G | 10.1

1.	No teníamos ganas de cocinar y además el refrigerador estaba vacío,	a.	pedí una beca y ahora estoy en Ámsterdam y me encanta.
2.	Juan Carlos estudia en Salzburgo desde hace algunos meses,	b.	si tienes ganas, vente con nosotras, que para ti siempre hay un lugar.
3.	Elena no pudo adaptarse al ritmo de trabajo francés,	c.	sólo falta que te decidas, los rellenes y los mandes.
4.	La semana que viene nos vamos en coche para Francia,	d.	si quieres practicar lenguas, lo mejor que puedes hacer es alquilar una habitación aquí.
5.	En un viaje de estudios conocí a una chica que me gustó mucho;	e.	volvió a Madrid después de unos meses. De todas formas, no se arrepiente de haberlo intentado.
6.	La residencia de estudiantes donde vivo parece Babel,	f.	decidimos pedir pizza por teléfono. Por una vez…
7.	Ya tengo todos los formularios que necesitas para la beca,	g.	todavía no se ha adaptado a la comida, sus padres le mandan queso y jamón del pueblo.
8.	Yo siempre quise estudiar en el extranjero,	h.	nos enamoramos y nos fuimos a vivir juntos por un tiempo.

7 ¿Qué había pasado antes?
▶ G | 9.2

Este es un eje cronológico. Mira las fechas y los acontecimientos y completa las frases como en el ejemplo.

En 1992, Isabel y Javier se casaron. Se habían conocido en una fiesta.

Luego escribe tus propias frases.

```
        1.|     2.|     3.|     4.|     5.|     6.|     7.|     8.|     9.|
1990                            1995                            1999
```

1. Fines de 1990: Isabel y Javier se conocen en una fiesta.
2. 1991: Se enamoran y empiezan a salir.
3. 1992: Se casan y se van a vivir a Estocolmo.
4. 1993: Nace la primera hija: Sophie.
5. 1994: A Isabel le ofrecen un puesto de trabajo en Barcelona y deciden volver.
6. 1995: Javier no encuentra trabajo y empiezan los problemas.
7. 1996: Isabel se queda embarazada otra vez. No quiere otro bebé.
8. 1997: Javier vuelve a Estocolmo porque le dan un puesto en la universidad.
9. 1998: Isabel va a visitar a Javier. En el avión conoce a Olaf…

1. Cuando se fueron a vivir a Estocolmo, Sophie todavía no ....
2. Un año después del nacimiento de Sophie,, Isabel y Javier volvieron a Barcelona porque a Isabel le .... un trabajo.
3. Como Javier no tenía trabajo en Barcelona y la relación no iba bien, decidió volver a Estocolmo, donde leun puesto de .... profesor en una universidad.
4. Cuando Isabel volvió a Estocolmo ya estaba enamorada de Olaf. Lo .... en el avión cuando iba a visitar a Javier.

8 Comenta las frases utilizando los siguientes recursos. Pon atención al verbo. ▶ G | 6.1

Para algunas personas…
Mucha gente cree que…
Es cierto que…
A veces se dice que…
Hay gente que afirma que…
Casi todo el mundo piensa que…
Mi amigo Peer está convencido de que…
Se sospecha que…

Pero para mí…
Yo no creo que…
A mí no me parece que…
No es verdad que…
Es bastante posible que…
A mí no me parece probable que…
Yo no estoy segura de que…
Yo no estoy convencida de que…

Para algunas personas la felicidad es sinónimo de triunfar en la vida, pero yo no creo que la felicidad se pueda definir. Estas son las frases:

Estas son las frases:
1. La felicidad consiste en tener salud y mala memoria.
2. La felicidad que da el dinero está en no tener que pensar en él.
3. Sólo sabemos lo que es la felicidad cuando se ha ido.
4. La manera de conseguir la felicidad es haciendo felices a las personas que queremos.
5. La felicidad no es hacer lo que queremos sino no hacer lo que los demás quieren que hagamos.
6. La felicidad consiste en no conocer la envidia.
7. La felicidad y el deseo no pueden ir juntos.
8. El 40% de la felicidad depende de los genes.

9 ¡Para que no te olvides de las formas del pasado simple o indefinido! ▶ G | 8.1
Agrupa los verbos que te damos en cuatro categorías y después completa las frases. Algunos verbos aparecen en los recursos gramaticales de la unidad 8. Los otros los encuentras en los textos de las unidades 9 y 10. Cuando hayas completado la tabla, fíjate qué verbos regulares en indefinido no son regulares en presente de indicativo y cuáles tienen cambios ortográficos.

aislarse | andar | asesinar | caber | cantar | casarse | comenzar | complicarse | conducir | conseguir | consumir | convertirse | crear | creer | cruzar | dar | decidir | decir | declarar | dedicarse | defenderse | demostrar | desaparecer | despertarse | detener | dividir | dormir | empezar | enamorarse | entender | entrar | escribir | establecer | estar | estudiar | explicar | exponer | extenderse | haber | hacer | imponer | influir | intentar | interrumpir | ir | irse | lograr | manejarse | mentir | meterse | morir | nacer | oír | pasar | pedir | pensar | poder | poner | producir | quedarse | querer | recomendar | reducir | regalar | requerir | resolver | robar | romper | saber | salir | ser | servir | solicitar | suponer | tener | terminar | traducir | traer | triunfar | utilizar | venir | ver | vestirse | viajar | vivir | volver | votar

Verbos regulares	Verbos totalmente irregulares
....	....
....	....
....	....
....	....

Verbos con irregularidades en la raíz	Verbos con irregularidades vocálicas
....	....
....	....
....	....
....	....

a Y ahora practica las formas. Recuerda: todos los verbos van en indefinido. ▶ G | 8.1 | 8.2

Ayer fue un mal día para el director del Banco Gibraltar. Cuando .... (levantarse) .... (tener) un mal presentimiento. Al llegar al banco no .... (ver) ni .... (oír) nada raro. La secretaria le .... (traer) el café, como todos los días, pero esta vez él no .... (decir) nada ni le .... (dar) las gracias. A las 9.05 .... (sonar) el teléfono. El director .... (responder) con monosílabos.
.... (salir) de su oficina sin mirar a nadie y tampoco .... (contestar) a los "Buenos días" de los empleados. .... (bajar) al sótano y los .... (ver): el mal presentimiento .... (convertirse) realidad.
Los ladrones .... (ser) muy amables. Le .... (pedir) las llaves y .... (abrir) la caja fuerte. Tranquilamente, ... (poner) todo el dinero dentro, le .... (dar) la mano al salir y .... (despedirse) cortésmente, en inglés, y .... (irse).

b Sigue practicando las formas del indefinido en contraste con el imperfecto y pluscuamperfecto: ▶ G | 9.1 | 9.2
Recuerda: muy pocos verbos tienen un imperfecto irregular. Subráyalos.

ser | dar | creer | ir | crear | ver | pedir | estar | traer | empezar | tener

c Mundeta, la joven protagonista de *Ramona adiós* cuenta, en primera persona, lo que pasó cuando quiso explicarle a su madre que tenía que irse de casa. Escribe los verbos en indefinido y pluscuamperfecto.

Esa mañana mi madre entró en mi habitación gritando. Pensaba que no .... (dormir) en casa, cuando yo, en realidad, acababa de despertarme. Se lo .... (explicar), pero ella no quería entender. Y para peor, la abuela también .... (comenzar) a opinar. Ya sabes que mi abuela es muy católica y que se pasa horas y horas rezando el rosario y no me deja dormir. Mi madre no hacía otra cosa que protestar, diciendo que la universidad me .... (cambiar), que ya no era la misma. Yo intenté contarles que quería irme de casa por unos días, pero no había manera.
Mi abuela tenía miedo. Me .... (preguntar) si yo .... (hacer) algo feo, que es su manera de saber si yo estaba embarazada. Yo .... (seguir) insistiendo, pero no había forma de convencer a mi madre, no quería escucharme y solamente repetía que había que esperar a mi padre. Finalmente, no .... (poder) hacer otra que explicarles la verdad. Ya no tenía ganas de escuchar todo lo que .... (hacer) por mí, que si me .... (comprar) todos los vestidos que quería, que si me .... (mandar) a Inglaterra a estudiar...
Así fue que les .... (decir) simplemente que tenía que irme porque la policía podía venir a buscarme.

10 **¡Noticias! Coméntalas, utilizando los recursos gramaticales que te ofrecemos:**

▶ G | 10.2

Si te da mucha alegría puedes decir:
Me alegra muchísimo que… / ¡Qué alegría que… ¡ / Me parece fenomenal que… / Me hace feliz que…
Si lo que ha pasado tiene un efecto negativo para ti puedes utilizar:
Me molesta que… / Me aburre que… / A mí no me gusta que…
Si algo te resulta indiferente puedes decir:
No me importa que… / Me da igual que…
Si algo te da pena puedes usar:
Es una lástima que… / Es una pena que… / Siento mucho que…

1. ● ¿Sabes qué? Lena tiene un coche nuevo.
   ○ ………………………………………, realmente lo necesitaba.

2. ● La chica francesa de mi clase quería venir a la fiesta pero está enferma.
   ○ ………………………………………, pero quizás el fin de semana se sienta mejor y venga.

3. ● La próxima semana hay clase el sábado.
   ○ A mí ………………………………………, es el único día de la semana que puedo hacer un poco de deporte.

4. ● Javier y Paula vienen a vernos este fin de semana y se quedan a dormir en casa.
   ○ ……………………………………… pero tienen que saber que estoy preparando exámenes y no tengo mucho tiempo para salir.

5. ● La computadora no funciona y el técnico está de vacaciones en Canarias.
   ○ ¡ ……………………………………… o en Mallorca! Lo único que quiero es que alguien venga a arreglármela.

11 **Hay una teoría que afirma que se puede aprender a ser feliz. Con el resultado de esta encuesta vamos a ver ahora si tú necesitas aprender o no. Al mismo tiempo, fíjate en todas las palabras en negrita: son pronombres. Di qué función tienen y a qué se refieren. ¿Por qué a veces se usa la preposición "a"?**

▶ G | 4.2 | 4.3

		SÍ	NO
a.	**Le** dedicas mucho tiempo a la vida social: **a** tus amistades, **a** la familia, **a** hablar con tus vecinas/-os.		
b.	Estudias una carrera que **te** parece útil e interesante.		
c.	Tienes una vida bastante organizada. El caos **te** molesta.		
d.	Si tienes mucho que hacer, **lo** sientes como un caos negativo.		
e.	Si estás de mal humor, tratas de pensar en algo positivo. En general, piensas que **la** vida es bella y la disfrutas.		
f.	Pensar en el pasado o en el presente no es importante para **ti**. **Lo** que vale es el presente.		
g.	Piensas cómo tener una personalidad atractiva y si no **la** tienes piensas cómo cambiar**la**.		
h.	Cuando conoces **a** alguien piensas en dar**le** una buena impresión.		
i.	Cuidas **a** tu pareja, porque es lo más importante para **ti**.		
j.	**Te** sientes feliz, **lo** sabes y **lo** disfrutas.		
k.	**Te** gusta tener muchas actividades y estar siempre ocupada/-o.		

Según los resultados de un estudio, las características principales de una persona feliz son las que aparecen en la página siguiente. Compáralas con tus resultados de la tabla.

Es una persona que valora la felicidad.
Es activa y tiene ocupaciones y actividades.
Dedica más tiempo a la vida social que al trabajo.
Sabe organizarse.
No se siente fácilmente deprimida porque tiene mucho que hacer.
En su trabajo o estudios es mejor que la mayoría.

Desarrolla un pensamiento positivo y optimista.
Está centrada en el presente.
Desarrolla una personalidad atractiva.
Es lo que es. No simula ser otra cosa.
Las relaciones íntimas son la principal fuente de felicidad para ella o él.

12 **¿Te acuerdas de cuándo usamos "ser" o "estar"? Escribe el número de las frases que corresponden a cada categoría.** ▶ G | 6.3

Estado   ....
Lugar   ....
Horas, meses, fechas ....
Característica   ....
Identificación ....
Color   ....
Definición   ....
Origen, nacionalidad ....

1. La felicidad de las personas no depende siempre de tener buena o mala salud, de **estar** sano o en enfermo.
2. **Es** fundamental que las personas establezcan redes sociales: la amistad y la familia **son** relevantes.
3. Isabel Allende **es** chilena y posiblemente la más conocida de las escritoras latinoamericanas
4. En el prefacio de su diario de viaje, el Ché Guevara escribe: "No **soy** yo, por lo menos no **soy** el mismo yo interior".
5. Un estudiante Erasmus que ha estado en Inglaterra comenta que el paisaje inglés **es** verde, siempre verde, y que por eso le parece un poco aburrido.
6. ¿Dónde **estaba** usted la noche del robo?
7. Ten cuidado con esa silla. **Está** rota y te puedes caer.
8. Miguel **está** muy enamorado y como **es** muy apasionado ha empezado a escribir una poesía de amor.
9. "Peatonal" **es** un tipo de calle donde no se puede ir en coche, sólo a pie.
10. El gerente del banco **está** muy cansado últimamente; no tiene ganas de salir con su mujer, habla poco y **está** siempre de mal humor.
11. La clase de hoy **es** por la tarde, pero mañana **es** de 9.00 a 11.00.

13 **Vuelve al ejercicio 9a. La mujer del gerente le cuenta a una amiga lo que ha pasado esta mañana. Fíjate en las palabras en negrita.** ▶ G | 6.2

○ ¡Ha ocurrido algo terrible! Ya sabes que Paco es gerente en el Banco Gibraltar. **Esta mañana** .... (levantarse) temprano, como **todos los días**, ... (ducharse) y .... (salir) a desayunar, porque a él no le gusta tomar el desayuno en casa. Dice que necesita tiempo para pensar antes de entrar al banco.

● Mira, **últimamente** Paco .... (cambiar) bastante. Me parece que está bastante nervioso, no quiere salir por las noches.

○ Ese no es el problema. Paco **siempre** .... (tener) mucho que hacer y muy sociable no es… Ya sabes… de la casa al trabajo y del trabajo a casa. Y piensa que **todavía** no .... (pagar) la hipoteca de la casa y acabamos de comprar un coche… Pero no era eso lo que quería contarte. Es que **hoy** .... (entrar) ladrones al banco y ¡se .... (llevar) todo el dinero!

● ¡Qué horror! Y él está bien? ¿Le .... (hacer) algo?

○ ¿A él? ¡No! Me .... (contar) que eran unos tipos muy educados y antes de irse le .... (dar) la mano y ¡le .... (saludar) en inglés!

● ¡Cómo .... (cambiar) este país! ¡Si hasta los ladrones hablan lenguas extranjeras!

14 Hace unos 25 años, la cantante alemana Ina Deter decía en su famosa canción ("Neue Männer braucht das Land") que el país necesitaba hombres nuevos. ¿Qué querría decir con esa expresión? ¿Y cómo interpretas el título del texto que aparece abajo?

a Antes de leer piensa: ¿Qué características atribuye la sociedad a los hombres, tradicionalmente, por el hecho de nacer varones? ¿Cómo es un hombre así? Escribe algunas de esas características:

....
....
....

b ¿Esas características tradicionales todavía se ven como valores positivos en tu sociedad?

c Lee ahora el texto y subraya la información que contesta las siguientes preguntas: ¿Por qué hay, según el texto, más hombres que mujeres que mueren entre los 20 y los 25 años? ¿Ha cambiado, realmente, la mayoría de los hombres?

El hombre nuevo tarda en llegar

Las mujeres se han sacudido su rol tradicional y ocupan el terreno masculino antes. Pero sus compañeros no han cambiado al mismo ritmo

Normalmente, cuando se habla de género, pensamos en una mujer... Pero el género masculino también existe, es decir, todas aquellas características que la sociedad tradicionalmente atribuye a los hombres por el hecho de nacer varones. Ese modelo de masculinidad con el que aún hoy crecen muchos niños (juegos agresivos, "los niños no lloran", y otros detalles mil veces más sutiles pero igual de determinantes) está obsoleto. Y está dificultando el desarrollo de una sociedad más igualitaria, que les reporte beneficios, pero sobre todo, que les aleje de su peor enemigo: ellos mismos.

La igualdad no es una utopía

Marina Subirats, catedrática de Sociología, ha buscado algunos "datos empíricos" para demostrar cómo el hombre se agrede a sí mismo por seguir un modelo de masculinidad. "¿Por qué los hombres se mueren antes que las mujeres?" Eso ocurre en todas las edades y en todos los países, salvo en dos, Níger y Zimbabue, donde los embarazos, los partos y algunas enfermedades todavía terminan con la vida de las mujeres muy temprano.

En España, la mayor diferencia entre las muertes de hombres y mujeres se da entre los 20 y los 25 años. Hay causas claras para ello: accidentes de tráfico y deportes de riesgo, drogas, suicidios y homicidios. "Por cada mujer se mueren entre tres y cuatro hombres a esa edad", dice Subirats. Y explica que es el modelo de masculinidad lo que les lleva a adoptar "esas actitudes de peligro, de desafío, de falta de temor, de riesgo", que no abundan en las mujeres, más prudentes porque nadie les ha enseñado que hay que demostrar ardor guerrero. Por eso, dice Subirats, "los hombres matan a las mujeres, pero se matan más entre ellos, y esa debe ser una razón poderosa para cambiar".

Algunos medios de comunicación incluso refuerzan los estereotipos

Sin embargo, como han subrayado algunas expertas, las series televisivas, que tanto han favorecido la aceptación social de las parejas gays y lesbianas, por ejemplo, o incluso de la mujer incorporada al ámbito laboral en terrenos que le eran propios al hombre, no han modificado sustancialmente los estereotipos masculinos. "En el ámbito del ocio, la creatividad, los medios de comunicación, todavía se transmiten muchos estereotipos masculinos, incluso se refuerzan", opina la filósofa Alicia Miyares. "Creo que la educación tiene que hacer mucho por cambiar esto, porque es ahí donde se trasladan todos esos roles. Aunque los grandes avances en igualdad han venido por la visibilidad pública y política de la mujer, el reto ahora es la relación entre ambos sexos y es ahí donde los hombres deben hacer su trabajo. Eso depende en gran medida de la pedagogía", añade Miyares.

Cambios cosméticos

El delegado para la Violencia de Género en el Ministerio de Igualdad, Miguel Lorente, está convencido de que los modelos tradicionales de masculinidad han de modificarse, pero alerta de la resistencia que se está mostrando entre los hombres, de forma muy indirecta en ocasiones. "Hace ya muchas décadas que las mujeres hicieron una crítica analítica del papel que les había tocado jugar como mujeres y reaccionaron contra esa injusticia. Los hombres, sin embargo, han ido simplemente adaptándose a las exigencias que les llegaban. Empezaron minusvalorando el movimiento feminista, sin darse cuenta de que era una reflexión crítica y analítica. Simplemente dijeron, 'dejadlas, si quieren trabajar que trabajen'. Pero no se dieron cuenta de que no eran caprichos aislados sino un trabajo histórico por romper injusticias con las mujeres", dice Lorente. "Y ahora existe lo que llamo posmachismo y que nace en los años setenta, cuando la mujer consigue su liberación sexual gracias a los anticonceptivos y también a las medidas de divorcio sin culpa en Estados Unidos. Ya no dependían de un hombre ni su función era simplemente la de procrear. Por otro lado, el feminismo llegó a las instituciones y las mujeres fueron ocupando puestos de responsabilidad. Ahí es donde los hombres se dieron cuenta de que la cosa iba en serio", prosigue Lorente.

En realidad, según Lorente, salvo excepciones de hombres que sí han caminado hacia una revisión crítica de la masculinidad tradicional, "pocos se han adaptado a duras penas, y sus cambios han sido muy cosméticos. "Que hay que lavar los platos, yo los lavo, que hay que cambiar al bebé, yo lo cambio, pero no han perdido su poder, que es lo que le daba valor a la figura del hombre. Han cambiado para seguir igual", dice Lorente.

Y se les sigue educando para ser guerreros que no pueden manifestar temor ni sensibilidad. Pero, dice Marina Subirats, "esa masculinidad ya no tiene sitio en los tiempos de hoy".

El País. Carmen Morán (texto adaptado)

---

d Utiliza la información del texto para describir el concepto de lo femenino y masculino en la sociedad en la que vives.

....
....
....

e Según la autora, ¿qué tiene que cambiar?

....
....
....

Am Anfang dieser Übung wurdest du aufgefordert, dir Gedanken über einen Aspekt des Lesetextes zu machen. Damit konzentriertest du dich auf seinen Inhalt, nahmst eine bestimmte Position ein und aktiviertest gleichzeitig deine thematischen Kenntnisse, die du dem Textinhalt gegenüberstelltest. Nach dem Lesen kann es interessant sein, Vergleiche anzustellen zwischen der im Text geschilderten und einer dir bekannten Realität. Du kannst sie auch schriftlich gegenüberstellen und dabei den im Lesetext verwendeten Wortschatz wieder aufgreifen. So behältst du die Information und die verwendeten sprachlichen Mittel besser. Dieses Verfahren ist besonders geeignet bei Texten die soziokulturelle Gesichtspunkte behandeln.

Capítulo 2 *Embarcarse, volar*　　　　　　　　*Novela en 7 capítulos*　*Lourdes Miquel*

Después de muchos días preparando la entrevista y el viaje, Elsa, rodeada de su maleta, el ordenador y una mochila llena de cosas para soportar el largo vuelo, recibió un sms que le anunciaba la llegada del taxi para ir al aeropuerto.

Estaba nerviosa. Alguien dijo que viajar y enamorarse eran lo mismo: una promesa y un peligro. Durante los días anteriores, Elsa sólo había pensado en la promesa: un nuevo país, nuevas costumbres, comidas distintas, disfrutar de lo diferente… Pero, desde hacía unas horas, sólo pensaba en los peligros: alejarse de lo suyo, de sus conocidos, de sus rutinas. "¿Por qué tengo siempre este miedo antes de los viajes?", se preguntó. "Miedo a los viajes, miedo a los exámenes… ¡Qué desastre!". Se propuso pensar con claridad: estaba segura de que, una vez en el avión, todos los miedos iban a desaparecer. O, al menos, el miedo a viajar.

Había sacado su tarjeta de embarque por Internet y había conseguido un buen asiento: ventanilla y en las primeras filas del avión. Al dejar su mochila en el suelo del avión, se le cayó el neceser, se abrió y se rompió un espejo pequeñito que llevaba… "¡Oh, no!", pensó atemorizada. "Un espejo roto son siete años de mala suerte… Esto no está empezando nada bien". Elsa sabía que eso era irracional, que no estaba basado en nada objetivo, que era una simple superstición, pero, a veces, no podía impedir sentir ese miedo, que, en el fondo, le daba mucha vergüenza.

Intentó tranquilizarse, pero entonces descubrió que era martes.[3] "¡Dios mío, qué día! Embarcando en martes… Espejo roto, viaje en martes… Tengo que distraerme", pensó mientras se tocaba el anillo que le había regalado su abuela cuando cumplió dieciocho años, que era de su tatarabuela, y que, desde entonces, Elsa llevaba siempre como un amuleto.

– Hola – le dijo sonriendo un chico muy guapo, alto, atlético y con mirada inteligente, mientras se sentaba en el asiento junto al suyo.

– Hola – le dijo Elsa mientras pensaba: "Sí, creo que voy a distraerme y no precisamente con el Ipod… Quizá no está empezando tan mal…".

En cuanto el avión despegó, a Elsa, como siempre, se le pasaron todos los males y decidió que le encantaba estar en las nubes[4]. Durante la primera parte del viaje hizo sudokus, crucigramas, escuchó sus canciones preferidas, leyó algunos capítulos de una novela que se llamaba *Entre dos mundos* y que trataba sobre una mujer que cambia de vida por amor. "Muy adecuada para mí", pensó. Y, después, muerta de cansancio por la tensión y las idas y venidas de los días anteriores, se durmió profundamente. Apenas habló con su estupendo compañero de viaje porque él dormía cuando ella estaba despierta y estaba despierto cuando ella dormía. Pero lo miraba a menudo y se admiraba de lo mucho que le gustaba.

Se despertó con la metálica voz de la azafata que anunciaba el inmediato aterrizaje en Ciudad de México: "Dentro de unos minutos llegaremos Aeropuerto Internacional de la Ciudad de México, Benito Juárez. Rogamos desconecten sus aparatos electrónicos, pongan sus asientos en posición vertical y su mesa plegada y se abrochen los cinturones de seguridad".

Elsa miró por la ventanilla: ya estaban sobrevolando la Ciudad de México y así estuvieron veinticinco minutos más. Le pareció una ciudad interminable, infinita.

"Y allí estaré yo estos días, como una hormiguita insignificante, decidiendo mi vida para los próximos años", estaba pensando Elsa cuando su guapísimo compañero de viaje le preguntó:

---

[3]Hay un refrán español que dice: "En martes 13 ni te cases ni te embarques". Para los españoles, y también para otros muchos hispanoamericanos, el martes es el día de la mala suerte. El origen de esta creencia está en que el martes es el día de Marte, dios romano de la guerra. El peor día, en las supersticiones, españolas es el martes y 13.

[4]"Estar en las nubes" significa, también, estar distraído, ausente de lo que está pasando en la realidad.

– ¿A qué vas a México?

– Voy en busca de la felicidad – le contestó Elsa y enseguida pensó que parecía muy cursi y que tal vez lo era, pero se parecía a la verdad. Para ella, en ese momento de su vida, olvidar a Eduardo, borrarlo de su vida, y empezar una vida nueva, llena de sorpresas, era lo más parecido a la felicidad.

Su compañero no le dijo nada más. Era difícil decir algo después de la frase de Elsa. La miró intensamente y le sonrió. Elsa sintió un escalofrío.

Aterrizaron, recogió su maleta, que llegó sin problemas, y tomó un taxi al hotel, que estaba relativamente cerca del campus de la UNAM[5]. Durante el trayecto, Elsa contemplaba el paisaje de la ciudad lleno de grandes avenidas repletas de coches y de sonidos de claxon. Una vez en el hotel, se instaló en su habitación, que resultó ser tranquila y cómoda, y empezó a pensar en el día siguiente: "No sé si es una buena idea tener una entrevista, que, en el fondo, es más, mucho más que un examen, un día después de un viaje tan largo y con jet-lag…".

Puso todas las alarmas posibles para asegurarse de que iba a despertarse con tiempo suficiente para llegar relajada a la entrevista y se acostó. Antes de dormirse pensó un momento en su familia y se preguntó por qué su abuela Mercedes le había propuesto México con esa tremenda seguridad y determinación.

Cuando se despertó, tenía una extraña sensación en el cuerpo: se sentía desorientada, con poca energía, y no sabía si tenía sueño, hambre o estaba medio enferma… Desayunó mucho y le gustó todo lo que probó, sobre todo la fruta, tan distinta a la española, tan jugosa y sabrosa…

Después tomó un taxi y llegó al campus, que le pareció muy agradable, lleno de edificios rodeados de inmensos y fantásticos árboles, lleno de flores y de espacios para caminar. "Un oasis donde poder respirar en esta ciudad", pensó.

Entró en la Facultad de Arquitectura y se dirigió a la tercera planta, al cubículo[6] 40, tal como le dijeron en el mostrador de información, ya que en la carta que le habían mandado no decían dónde era la entrevista. En la tercera planta había una serie de administrativos:

– Buenos días. Busco al profesor Salgado, tengo una entrevista con él.

– Tome asiento. En un ratito[7] viene el profesor.

Elsa se preparó para esperar bastante tiempo, pero enseguida se dio cuenta de que "rato" no significaba lo mismo que en España porque, dos minutos después, salió el profesor Salgado a recibirla:

– ¿Elsa Esteve? Ya puede pasar.

Elsa se levantó, cogió su cartera con la documentación y el portátil y pensó como Julio César: la suerte está echada. Su bioritmo no parecía estar alterado en ese momento.

[5]Siglas de Universidad Nacional Autónoma de México.
[6]"En México se utiliza la palabra "cubículo", en España "despacho".
[7]En España "un rato" significa un espacio de tiempo algo prolongado. En estas situaciones, en español peninsular se diría "enseguida", "en unos minutos", pero nunca se usaría la palabra "rato".

15   Recuerda las frases "Martes 13: no te cases ni te embarques" y "Tocar madera".

a   Describe la situación en cada foto poniendo el verbo en infinitivo, como en el ejemplo.

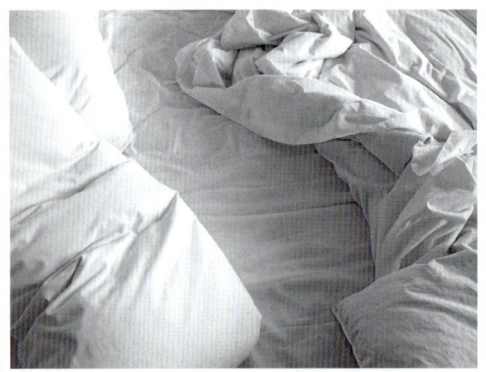

Ver un gato negro.

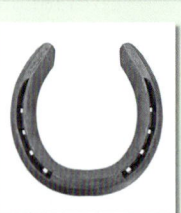

b   ¿Cuáles de estas frases son sinónimos de la expresión "Tocar madera"?

....
....
....
....

In dieser Lerneinheit hast du ca. 120 Wörter gelernt und weißt, wie du sie mit einem Beispiel verbinden kannst. Du kannst auch mit einem Assoziogramm arbeiten. Diese sind sehr nützlich, wenn du Mitschreiben musst und nur Stichpunkte aufschreiben kannst.

1 **Repasa las formas de los verbos en futuro.**

▶ G | 11.1

a. Los turistas del futuro .... (ser) personas que no sólo .... (disfrutar) sino también ....
(cuidar) la naturaleza. .... (pasar) sus vacaciones en lugares ricos en diversidad cultural. ....
(viajar) para conocer otros lugares, otra gente y nuevas costumbres. Está claro que también .... (buscar)
sol y playas pero .... (interesarse) también por el paisaje, las comidas típicas y el arte de la región.

b. Marlén va de Erasmus a Barcelona. ¿Qué predicciones hace su amiga Simone?
Seguro que antes .... (comprar) un buen mapa de la ciudad. .... (buscar) alojamiento en un piso
compartido, porque así todo .... (ser) más barato y divertido. .... (ponerse) en contacto con su
tutora o tutor y así .... (saber) a qué cursos debe ir. También .... (conseguir) un pase estudiantil
para moverse por la ciudad con comodidad y sin gastar demasiado dinero.

c. Y ahora me lo cuentas tú en primera persona. Comienza así:
Si voy de Erasmus a España, seguro que antes compraré...

d. Paloma e Ignacio se han enamorado. ¿Cómo se imaginan su futuro?
Ya no viviremos en Salamanca ni en Fuerteventura sino que .... (tener) una casa en Berlín y otra en un
pueblo de Castilla. Cuando ya vivamos en Berlín, ... (hacer) una gran fiesta e .... (invitar)
a toda la gente amiga. Estamos seguros de que .... (ser) felices.

e. La famosa adivina María Celeste le ha echado las cartas a mi amigo Julio y le ha dicho lo siguiente:
" .... (tener) amor pero poca suerte".
" .... (conocer) a una mujer que te hará muy feliz".
" .... (salir) con ella por un tiempo pero después se irá de tu vida como ha venido".
" .... (estar) muy triste y .... (sentirse) muy solo".
" .... (seguir) buscando a la mujer de tus sueños y un día la .... (encontrar), pero se casará con
otro".
Julio salió de la casa de la adivina pensando que sería mejor consultar a otra.

f. Y ahora, para practicar la segunda persona del plural, imagínate que Julio no fue solo a la adivina sino con su
hermano gemelo. Comienza así:
Tendréis/tendrán amor pero poca suerte...

2 Completa el diálogo.

Un grupo de personas tiene que resolver una situación un poco complicada. Pasa lo siguiente: Ana y Nuria habían alquilado un piso en La Moncloa pero se querían cambiar. Encontraron otro más grande y lo alquilaron. Les habían dicho que podrían cambiarse a principios de septiembre. Llega septiembre y el piso no está libre, porque los chicos que viven allí, Fabio y Antonio, todavía no saben qué van a hacer con su vida, si se quedarán en Madrid o volverán a Italia.

Ana y Nuria: ¡Hola! Os queríamos preguntar si ya podemos llevar algunas cosas. Mañana es 30 de septiembre y nos .... (gustar) cambiarnos.

Fabio y Antonio: Es que tenemos un problema. Todavía no sabemos cuánto tiempo nos vamos a quedar en Madrid y la verdad es que no sabemos adónde ir…

Ana y Nuria: ¿Pero es que no tenéis otro piso?

Fabio y Antonio: Quizás .... (poder) ir a casa de unas amigas, pero sólo por el fin de semana…

Ana y Nuria: Lo que pasa es que nosotras tenemos que dejar el apartamento. Habíamos pensado que este .... (estar) vacío y que .... (traer) nuestros muebles por la mañana si un par de amigos nos ayudan…

Fabio: Mira… si vosotras nos dejáis dormir aquí un par de noches, nosotros os .... (ayudar) a subir vuestras cosas…

Ana: ¿Y dónde vais a dormir? Aquí no hay lugar para cuatro personas.

Antonio: Vosotras no os preocupéis. Les .... (pedir) unas bolsas de dormir a unos amigos nuestros. Y por los muebles nuestros no os hagáis problemas. Ya los hemos vendido. Vendrán a buscarlos en unas horas.

Nuria: Vale, un par de días no es el fin del mundo, pero ¿qué haréis después? Aquí no podréis quedaros mucho tiempo más.

Fabio: .... (irnos) a una residencia de estudiantes o a una pensión… ¡Qué sé yo!

Ana: Yo tengo otra idea. ¿Por qué no preguntáis si nuestro piso todavía está sin alquilar? Nosotras .... (venir) aquí y vosotros .... (cambiarse) allí. Quizás os lo alquilen por uno o dos meses.

Antonio: .... (poder) intentar… Pero por unos días .... (dormir) aquí. ¿Vale?

Nuria: Vale… vale…, si es sólo por unos días.

3 ¡Dolores está bastante cansada!

▶ G | 11.3

Últimamente Dolores está teniendo muchos problemas con su hijo. Tomás tiene treinta años y no quiere irse de casa, no ha terminado la carrera y no tiene la menor intención de trabajar. Ella le dice:

Si sigues (presente) así, te cerraré (futuro) las puertas de casa.

1. Si no .... (buscar) trabajo, no .... (hacerte) más de comer.
2. Si no .... (terminar) tus estudios, ... (tener) que buscarte otro piso donde vivir.
3. Si no .... (poner) orden en tu habitación, ... (cerrarla) con llave.
4. Si .... (seguir) trayendo chicas a dormir, ... (decirles) que los libros y otras cosas te las compren ellas.
5. Si .... (querer) seguir viviendo en esta casa, ... (hacer) la compra por lo menos dos veces a la semana.
6. Si me .... (pedir) el coche, ... (devolvérmelo) limpio y con gasolina.

¿Y sabes lo que le contesta él?

1. Si no .... (hacerme) la comida, nunca más .... (ayudarte) con el ordenador.
2. Si no .... (dejarme) traer chicas a casa, no .... (prestarte) mi cámara digital.
3. Si no .... (prestarme) el coche, yo ya no .... (bajarte) películas de la red.
4. Si no .... (dejarme) en paz, yo no .... (dejarte) en paz a ti.

4 ¿Tienes problemas con el ordenador? Mira el ejemplo.

▶ G | 11.3

Si tienes (presente) problemas con el ordenador, cierra (imperativo) todo y empieza (imperativo) de nuevo.

1. Si tú .... (querer) hablar gratis, ... (bajarse) un programa que se llama Skype.
2. Si tú .... (necesitar) un video para tus clases, ... (buscarlo) en YouTube.
3. Si vosotras no .... (querer) perder documentos, ... (almacenarlos) en el disco duro.
4. Si tus textos .... (tener) muchas faltas de ortografía, ... (instalar) un buen programa de corrección.
5. Si tú .... (tener) miedo de los virus, ... (comprarse) un buen programa antivirus.
6. Si tú .... (buscar) un sinónimo de una palabra, ... (irse) a la opción Thesaurus.
7. Si vosotros no .... (saber) el significado de una palabra, ... (consultar) la edición digital de la Real Academia de la Lengua Española.
8. Si tu ordenador no .... (reaccionar), mejor .... (llamar) a un técnico.
9. Si usted no .... (puede) leer sus correos electrónicos, ... (controlar) la conexión.
10. Hoy ya nadie puede vivir sin ordenador, pero si ustedes .... (pasar) muchas horas trabajando frente a la pantalla, ... (pensarlo) bien. Cada dos o tres horas .... (descansar) un poco y .... (caminar) por la habitación o .... (salir) a dar un paseo.

5 ¿Qué harías en una situación así?

▶ G | 11.2

Encuentras una billetera con dinero y documentos personales. ¿La devolverías?

1. Tienes problemas de dinero. ¿ .... (ir) a jugar al casino o .... (pedir) dinero a una buena amiga?
2. Uno de tus amigos tiene problemas de alcohol. ¿ .... (aconsejarle) una terapia?
3. Son las doce de la noche. Estás cocinando y te falta un ingrediente. ¿ .... (llamar) a la vecina de al lado?
4. En el edificio donde vives hay personas extranjeras. Tienen muchos niños que hacen muchísimo ruido y los fines de semana organizan grandes fiestas. ¿ .... (quejarse) a la policía o .... (hablarías) primero con ellos?
5. Quieres ir de vacaciones a un país que practica la caza ilegal de ballenas. ¿No .... (importarte) pasarlas allí?

6 **Rosa está embarazada. Va a tener un bebé que nacerá a fin de año.**

▶ G | 11.1

Rosa está contenta pero a veces se hace algunas preguntas. Mira el ejemplo y después completa las frases.

La familia de Rosa se preocupa por cosas que a Rosa no le preocupan para nada. Siempre le preguntan:

¿Será niña o niño? ¿Tendrá los ojos azules como su papá? ¿Será inteligente como su mamá?

¿Cómo .... (ser) mi vida cuando nazca? ¿ .... (poder) seguir estudiando? ¿ .... (saber) cuidarlo bien? Si alguna noche quiero salir, ¿ .... (haber) alguien que me lo cuide?

Su compañero siempre la tranquiliza diciendo: No te preocupes, nuestra vida .... (cambiar) pero .... (vivir) una experiencia inolvidable. Tú .... (seguir) estudiando, como siempre. Y cuando el bebé tenga un mes o dos, ... (poder) llevarlo a la universidad. Yo los .... (llevar) en coche, a ti, al bebé y todo lo que necesites. Cuando vuelva del trabajo, ... (ir) a buscarlos y .... (volver) a casa. Tú (preparar) .... la comida y yo .... (jugar) con él, después le .... (dar) de comer y lo .... (acostar) y después de la cena tú todavía .... (tener) tiempo para seguir estudiando.
Rosa no entiende por qué su compañero siempre dice "el bebé" cuando en realidad no saben todavía si será niña o niño.

7 ¿Te acuerdas de la niña de la página 191 del libro *Con dinámica*? Cuando tenía siete añitos decía... ▶ G | 10.1 | 11.1
Mira el ejemplo y completa las frases con un verbo en presente, futuro o en subjuntivo.

Cuando __sea__ grande voy a ser médica, trabajaré en América Latina y ayudaré a la gente.
¿Cuándo __podré__ terminar la universidad y viajar a América Latina? ¡Tengo muchas ganas de ir!
Cuando __pienso__ que todavía tengo que estudiar un año más, me pongo muy nerviosa.

> Recuerda:
> Cuando + subjuntivo → futuro
> ¿Cuándo + futuro? → conjetura (cuándo con acento)
> Cuando + presente/imperfecto de indicativo → acciones habituales

1. ● ¿Cuándo .... (venir) a verme?
   ○ Cuando .... (tener) tiempo.
   ● Tú nunca tienes tiempo. Cuando .... (tener) cosas que hacer, ... (olvidarse) de tus amigos.

2. ● ¿Cuándo .... (estar) las notas de los exámenes?
   ○ La semana que viene, cuando .... (terminar) de corregirlos.

3. ● Cuando .... (poder), ... (corregir) estos exámenes y mándame las notas por correo electrónico.
   ○ ¿De acuerdo?

4. ● Cuando Andrés .... (despertarse) tarde y .... (salir) sin desayunar, ... (ponerse) de mal humor.
   ○ Cuando .... (estar) así, ... (ser) mejor no hablar con él.

5. ● ¿Cuándo .... (prohibir) la caza comercial de ballenas?
   ○ Pronto, y cuando la .... (prohibir), se reproducirán y volverán a su ambiente natural.

8 Una persona está haciendo conjeturas que se refieren al pasado. Supone que algo fue así pero ▶ G | 11.1 | 11.2
no está muy segura.

Anoche ocurrió algo raro. No recuerdo muy bien la hora. __Serían__ más o menos las once.

a. Como te decía, no estoy muy segura de la hora que era. Frente a la casa de los Erasmus había un taxi con dos personas jóvenes. .... (tener) unos veinte años. Me pregunté qué .... (estar) haciendo, porque pasaba el tiempo y ellos seguían allí. Media hora después, la chica subió y a la media hora volvió a bajar con una maleta. La .... (llenar) de cosas porque parecía muy pesada. Casi no podía con ella.

La misma persona está mirando por la ventana y hace conjeturas. Supone que algo es así pero no está segura.

¿Qué __pasará__ en la casa de los Erasmus? ¿Se __estarán__ cambiando otra vez?

b. ¿Qué .... (estar) haciendo ese taxi? Hace media hora que está allí y no se va. ¿Y esos chicos?
   ¿ .... (ser) amigos de Alessandra? ¿Alessandra .... (querer) cambiarse de casa otra vez?
   ¿ .... (tener) algún problema?

9 Recuerda que cuando hablamos de acciones anteriores a otras acciones pasadas usamos el pluscuam-perfecto. Completa el texto con este tiempo y a veces con el indefinido o el imperfecto.

▶ G | 8.1 | 8.2 | 9.1 | 9.2

- El verano pasado fuimos al Cabo de Gata. Nunca .... (estar) allí y nos gustó muchísimo. ....
  (estar) en un apartamento cerca de la playa, en un pueblito que se llama Las Negras. Unas amigas ....
  (pasar) las vacaciones allí el año anterior y nos contaron que .... (ser) muy tranquilo.
- Eso será en invierno, porque nosotros conocemos el lugar y tranquilo, tranquilo, realmente no es. ¿Cuándo
  .... (estar) vosotras?
- En septiembre ya no .... (haber) mucha gente.
- Pues nosotros .... (ir) en agosto y pensamos que media España .... (tener) la misma idea
  que nosotros.
- Es que no se puede ir a España en verano…
- Claro, pero yo no puedo elegir las vacaciones. Cuando las niñas sean grandes y no vayan a la escuela, será
  diferente, pero por ahora…

10 Explica a qué se refieren las palabras en negrita.

El 15 de octubre de 2008, la presidenta de Chile, Michelle Bachelet, firmó una ley que declara a Chile zona libre de caza de cetáceos. **Esto** representa el éxito de la campaña "Chile 2008: santuario de ballenas". **La** organizaron grupos defensores del medio ambiente. Gracias a esta ley se protege a 43 especies de cetáceos que habitan las aguas chilenas, en una extensión de más de 5.3 millones de kilómetros cuadrados. **Algunos de ellos**, como la ballena azul, están en peligro de extinción. **Allí** se prohíbe la caza comercial y científica. No solamente se protege la conservación del ciclo de vida de los cetáceos sino también su hábitat natural, a largo plazo. Al mismo tiempo, se apoya el ecoturismo responsable. **Esto** beneficia a las poblaciones de la costa que viven de **eso**. Así **lo** explica Elsa Cabrera, directora del Centro de Conservación Cetácea. Es una manera de combinar actividades socioeconómicas con la protección de la naturaleza.

11 Transforma las frases como en el ejemplo.

▶ G | 11.3

Firmando leyes contra la caza comercial y científica de los cetáceos, se garantiza el ciclo de vida y su hábitat natural.

Si se firman leyes contra la caza comercial y científica de los cetáceos, se garantiza el ciclo de vida y su hábitat natural.

1. Desarrollando el ecoturismo, se beneficia a las poblaciones de la costa.
2. Organizándose, la ciudadanía puede lograr muchas cosas buenas, como lo demuestra la campaña "Chile 2008: santuario de ballenas".
3. Declarando una zona de protección para las especies, se garantiza su ciclo de vida y hábitat natural, a largo plazo.
4. Protegiendo a las ballenas de la caza comercial y científica, estas vuelven a sus lugares originales de alimentación y reproducción.
5. Controlando la salmonicultura, se evita utilizar sustancias tóxicas para el suelo marino.
6. Trabajando por la conservación de la ballena azul, se crea una plataforma para concientizar a la población sobre otros temas ambientales.

12 Une las frases utilizando expresiones temporales, finales, causales y consecutivas. ▶ G | 10.1

Empezó la caza comercial de ballenas. En la actualidad sólo existe un 1% de las ballenas que existían antes.
En la actualidad sólo existe un 1% de las ballenas que existían <u>antes de empezar</u> la caza comercial.

1. Dos investigadoras chilenas organizaron una campaña. El objetivo de la campaña era la creación de un santuario de ballenas.

2. Comenzó la campaña. La ciudadanía tomó conciencia, no sólo del problema de la ballena azul, sino también de otros temas ambientales.

3. La salmonicultura intensiva utiliza productos *antifouling*. Quieren evitar el crecimiento de algas en las jaulas.

4. No existía en Chile mucha conciencia sobre el peligro de extinción de la ballena azul y otros cetáceos. Fue así que se organizó una campaña que logró la firma de una ley que prohíbe la caza comercial y científica en las costas de Chile.

5. La salmonicultura intensiva utiliza muchos antibióticos. Por eso las aguas están contaminadas.

6. Hay que controlar la producción intensiva del salmón. Hay que tener leyes que prohíban el uso de productos tóxicos.

7. Bárbara Galetti y Elsa Cabrera no comenzaron a investigar y cuidar a la ballena azul. Antes no sabíamos mucho sobre el ciclo de vida y sus rutas de alimentación en las aguas chilenas.

8. Como las autoridades no habían establecido controles sobre la salmonicultura intensiva, muchas especies marinas están en peligro.

13 ¿"Estuvo" o "estaba" + gerundio? Completa los diálogos con la forma correcta del verbo. ▶ G | 7.4 | 9.1

<u>Estuvo leyendo</u> toda la noche y al día siguiente no se pudo levantar hasta el mediodía.
<u>Estaba leyendo</u> tranquilamente cuando oí un ruido extraño.

1. ● ¿Dónde está Sebastián?
   ○ No sé, lo .... (esperar) una hora, pero ni vino ni llamó.

2. ● ¿Dónde está Sebastián?
   ○ No sé, cuando llegué, ... (leer) en la biblioteca, después ya no volví a verlo.

3. ● ¿Qué hiciste el fin de semana pasado? Te llamé varias veces...
   ○ .... (ayudar) a unos amigos que se cambiaron de casa. Y cuando .... (subir) los muebles, que eran muy pesados, me caí y tuve que ir al hospital.

4. ● ¿Sabes algo de Manuela?
   ○ No mucho, el semestre pasado .... (venir) a mis clases de español, pero creo que ya volvió a Colonia.
   ● ¡Ah...! Yo creía que todavía .... (hacer) prácticas en el museo...

5. ● ¡Fíjate lo que me pasó ayer! .... (esperar) el autobús y de pronto vi a Javier. Hacía mucho tiempo que no nos veíamos.
   ○ ¿Y dónde había estado?
   ● .... (trabajando) un año en Chiloé, en el sur de Chile.
   ○ ¡Qué interesante!

6. ● ¿Qué te pasó anoche que no viniste a la fiesta? Te .... (llamar) al móvil desde las diez de la noche...
   ○ Es que me olvidé completamente. Estaba tan cansada que a esa hora ya .... (dormir).

14 Repasa algunos de los tiempos que ya conoces. Completa el texto con la forma adecuada del verbo. Lee primero todo el texto. Tendrás que buscar algunas palabras en el diccionario.

Las ballenas también se enamoran

El descubrimiento ha llegado "por sorpresa", según el profesor Hof, después de 15 años de estudiar el cerebro de los cetáceos. La "célula del amor" se ha encontrado en cuatro especies de ballena de gran tamaño y su presencia significa que los primates no fueron los primeros en desarrollarla. Según el artículo, las ballenas la han desarrollado durante 30 millones de años, el doble de tiempo que los seres humanos. Además cuentan con tres veces más células de este tipo que los humanos.

En los humanos, estas células ayudan a procesar las emociones y activan la interacción social. Aunque son las que permiten a los humanos sentir el amor, ... (hacer) falta en el futuro profundizar si las ballenas .... (sentir) el enamoramiento de la misma manera.

Hasta ahora .... (saber) que .... (poder) cantar y que .... (sentir) pena cuando .... (morir) una compañera o compañero. Ahora (poder) .... estar seguros de que los cetáceos también .... (enamorarse). Esto de acuerdo a un estudio realizado por dos científicos del Consorcio Neoyorquino para la Primatología Evolucionaria, Patrick Hof y Estel van der Huft, quienes .... (detectar) que el cerebro de las ballenas cuenta con un tipo de células que hasta ahora .... (creerse) que sólo existían en humanos y grandes primates. Las células en cuestión permiten experimentar amor y emociones.

El informe .... (publicarse) en la revista especializada *The Anatomical Report* (2006). El diario británico *Independent on Sunday* .... (comentar) que el descubrimiento "..............
(poder) cambiar la visión que tenemos sobre las ballenas", las cuales siguen siendo aniquiladas por países como Japón, Islandia y Noruega con supuestos fines "científicos" y comerciales.

15 Completa el texto con una preposición: a(l), de, hasta, por, sin, para, con, en.

Esta es la vida de una persona un poco caótica. Nunca se levanta temprano, aunque tiene clases .... (ubicación en el tiempo) las mañanas, ... 8.00 .... 12.00 (principio y fin: límite temporal). Sale siempre corriendo, ... (lo contrario de "con") tomar el desayuno y cuando llega .... trabajo (destino), después de tomar dos autobuses, ya está cansada. Además duerme poco, porque se queda viendo películas .... (límite temporal) muy tarde. Como no sabe organizarse, siempre se olvida cosas .... (lugar) casa. A veces, ... (finalidad) no olvidarse de nada, hace largas listas que escribe .... (lugar) un cuaderno que, por supuesto, no lleva al trabajo. .... (simultaneidad + infinitivo) llegar a casa, se deprime porque el refrigerador está vacío y sale otra vez corriendo .... (destino) supermercado, que muchas veces, a esa hora, ya está cerrado.
Todos los años, ... (localización temporal precisa) el 31 de diciembre, siempre dice que va a cambiar y que va a poner orden en su vida pero .... (destinatario) mí, no va a cambiar nunca.

Una noche la llamé .... (medio) teléfono, porque estaba mirando un programa, donde una psicóloga explicaba una nueva terapia .... (destinatario) gente caótica. Fue muy amable. Me dio las gracias .... (causa) el llamado y me explicó que había descubierto el origen de su problema: la mala memoria. Había empezado a tomar una droga y los resultados eran maravillosos. El único problema era que no se acordaba para qué era, pero se despidió diciendo que, si se acordaba, me iba a llamar en seguida para darme el nombre.

16 **Lo que hay que comer: tendencias, modas, consecuencias.**
Antes de comenzar a leer, piensa en todo lo que sabes acerca del tema "alimentación", en lo que has escuchado últimamente sobre lo que es comer bien y alimentarse de una manera sana. Apunta tus ideas y asociaciones.

1. Lee ahora atentamente los tres textos que encontrarás a continuación y complétalos con las palabras que faltan. Se trata de comprender las razones, los fines y las consecuencias de hechos y acciones.

2. Vuelve a leer el primer texto y subraya la información que explica
   a. por qué se elige una forma determinada de alimentación.
   b. cómo se consigue producir alimentos a precios moderados.
   c. cuáles son las consecuencias positivas del criterio de proximidad.

LAS COOPERATIVAS DE COMIDA ECOLÓGICA VIVEN UN "BOOM"

BIO Un grupo de personas cada vez mayor mantiene una discreta rebelión contra el actual sistema industrial de cultivo, distribución y consumo alimentario. En Cataluña, cerca de 2 500 familias han decidido auto-organizarse en cooperativas .... asegurarse de que todos los alimentos que comen son ecológicos, cumplen con unos requisitos éticos y de sostenibilidad .... conservan intactos todos sus sabores naturales.

Actualmente hay entre 40 y 50 de estas cooperativas en Cataluña, ... en los últimos cinco años el fenómeno vive un "boom" que les hace crecer a un ritmo de cien familias al año, según cuenta Oriol Martí, de la asociación Ecoconsum, que integra a 20 de estas agrupaciones. Las cooperativas acostumbran a tener un límite de 50 núcleos familiares para mantener un tamaño acorde con el espíritu que las impulsa: todo el mundo trabaja y nadie cobra.................. se consigue que entre el productor y el consumidor no haya ni un solo intermediario y que la comida ecológica conserve un precio similar al de los alimentos que se cultivan y venden de forma industrial.

El fenómeno de las cooperativas es más fuerte en las ciudades grandes y medianas que en el resto de poblaciones .... en las poblaciones próximas a áreas rurales es más fácil conseguir directamente y de forma individual este tipo de productos. Otro de los criterios basado en la sostenibilidad es el de proximidad: de ser posible, siempre es preferible que el producto proceda de la comunidad donde uno vive, ... ahorrar desplazamientos innecesarios y favorecer los vínculos sociales.

3. Bio, *light*, dietético, integral, transgénico… ¡qué estoy comiendo!

Subraya ahora los argumentos que contestan a esta pregunta: ¿por qué un producto sano no garantiza que al mismo tiempo ayude a adelgazar?

En todos los grandes supermercados hay una sección de dietética

Según Loles Vives, experta en nutrición, "la mayoría de la gente que llega a la sección de dietética de los supermercados piensa que todo lo que hay sirve para adelgazar, ... no es así. Dietético significa equilibrado, y .... esta sección incluye algunos productos bajos en calorías, la mayoría son, simplemente, alimentos elaborados de forma más natural, integrales o para personas con problemas: sin azúcar para diabéticos, sin sal para hipertensos… Respecto a los productos integrales, Loles Vives advierte que "el pan, las galletas, la pasta, los cereales o las magdalenas integrales tienen las mismas calorías que los productos refinados. Eso sí, son más sanos y saciantes .... contienen fibra y más minerales y vitaminas, ... eso no significa que adelgacen".

Leer bien la etiqueta
Por otra parte, antes de comprar un alimento *light* hay que leer bien la etiqueta y no engañarnos a nosotros mismos: una bolsa de patatas fritas *light* tiene algunas calorías menos que una normal, ... sigue teniendo muchísimas calorías. Y que el azúcar haya sido sustituido por fructosa no quiere decir que tenga menos calorías. La fructosa es simplemente el azúcar de la fruta y además muchos de estos productos suelen contener más grasas o aceites, lo que puede incluso aumentar su valor calórico.
.... no tienes ningún problema de salud, comer a base de alimentos dietéticos o de diseño te puede salir muy caro. Los productos sustitutivos de las comidas, como las barritas y batidos de farmacia, no pueden utilizarse de forma continuada, ... como recurso de un día de mucho estrés o como un plan de reducción de peso de un par de días de duración.

4. En el tercer texto, lee y subraya
   a. la razón por la cual muchas personas eligen una forma de alimentarse que les produce daño.
   b. la definición del término ortorexia.
   c. la razón por la cual esa manera de alimentarse aísla socialmente.

OBSESIÓN POR LA COMIDA SANA

La alimentación está cambiando en la actualidad. Se han introducido al mercado alimentos naturistas, *light*, modificados biológicamente, ecológicos… Cada vez escuchamos más en los medios de comunicación de cómo debemos alimentarnos. ………… el exceso de información – que no siempre es del todo veraz – provoca que muchas personas opten por un tipo de alimentación que puede ser más perjudicial que beneficioso y que genera complicaciones.

A la anorexia y la bulimia se acaba de sumar una nueva enfermedad relacionada con la alimentación: la ortorexia. Su nombre se deriva de *orthos* (correcto, verdadero) y *orexia* (apetito, hambre). Se trata de una enfermedad muy de moda en Estados Unidos y que desafortunadamente también se presenta en México, ………… todavía no con tanta frecuencia, pero seguro comenzaremos a oír hablar de ella cada vez más.

Las personas con ortorexia son aquellas que se obsesionan por comer alimentos sanos (naturales). Así eliminan, por ejemplo, carne, grasas y alimentos tratados químicamente con conservantes o herbicidas, exagerando en elegir aquellos alimentos que ellas consideran "puros", y hasta prefieren pasar hambre a comer alimentos que no aporten ningún tipo de nutriente esencial para el cuerpo. En ocasiones, dejan de ir a casas de amigos y familiares o a restaurantes, por miedo a no poder controlar con precisión lo que comerán ahí.

Pero la verdad es que esas fuertes restricciones de alimentos pueden producirles falta de vitaminas, hipotensión y hasta osteoporosis. Todavía no está lo suficientemente estudiado, ………… ya existen criterios diagnósticos para catalogar a una persona como ortoréxica. Son los siguientes:

1. ¿Pasas más de tres horas al día pensando en tu dieta sana y en lo que debes comer?
2. ¿Te preocupas más por la calidad de los alimentos que por sentir placer al comerlos?
3. ¿Te sientes culpable cuando te olvidas de tu programa dietético, y te castigas con mayores limitaciones y hasta con ayunos más estrictos?
4. ¿Planificas militarmente lo que vas a comer mañana?
5. ¿Tu manera de comer te aísla socialmente?
6. ¿Estás obsesionada con lo que comes?

Si tu respuesta fue sí a alguna de las anteriores preguntas, puede ser que necesites ayuda profesional.

Texte über ein und dasselbe Thema beinhalten einen Wortschatz, der sich einerseits wiederholt, anderseits aber auch bestimmte Begriffe spezifiziert. Du kannst dir eine thematische Wörterliste daraus erarbeiten, die du immer weiter verfeinern kannst und beim Lesen zu diesem Thema zur Hand hast. Du kannst aber auch diesen Wortschatz mit einem Assoziogramm so organisieren, dass du das Thema anderen vortragen und erläutern kannst. So versetzt du dich in die Lage, das Gelesene zu kommunizieren.

Capítulo 3 *Entrevistarse, dejarse llevar*   *Novela en 7 capítulos*   *Lourdes Miquel*

La entrevista se realizó con dos profesores, Esther Rosa Gordillo y Juan Emilio Salgado, y fue bastante larga y agradable. Los profesores hicieron lo esperado: comentaron su currículum, analizaron los estudios que había realizado, las prácticas que había hecho en la facultad y en un estudio de arquitectos de Barcelona, revisaron los certificados que tenía y hablaron de planes de futuro…, pero también fueron cálidos y acogedores.

– ¿Por qué le interesa este postgrado? – le preguntaron casi al final de la entrevista.
Elsa pensó: "Para olvidar al cretino de mi ex novio", pero eso no podía decírselo. O sea que les dijo:

– Bueno, es una cuestión fundamentalmente estética. La arquitectura mexicana colonial me parece hermosa y muy racional. Y me encantaría poder aplicar algunos de sus principios en la construcción de chalés modernos. Y, además, me interesa estudiar las casas de Coyoacán[8], más modernas, pero que ya integran aspectos de esa arquitectura.

– ¿Cómo imagina usted la arquitectura del futuro? – le preguntó la profesora Gordillo.

– Bueno, no soy adivina, pero estoy convencida de que las casas tendrán que ser ecológicas y sostenibles. Y, además, tendremos que crear núcleos urbanos más pequeños, más humanos y vivibles, con todos los servicios necesarios para no tener que desplazarse de punta a punta de la ciudad como ahora. Habrá que volver a la idea de barrio totalmente autosuficiente.

– Ojalá sea así… Bueno, pues eso es todo. ¿Cuándo regresa a España?

– El próximo domingo.

– Como sabe, ahora tenemos que entrevistar a otros aspirantes. Dentro de unas cinco semanas, a finales del mes que viene, le daremos una respuesta.

– Estupendo. Muchas gracias.

– Ah, y un consejo si me permite… Pasee mucho por Coyoacán estos días y, si puede, dése una escapada[9] a Puebla para ver arquitectura colonial. Y, así, se va ambientando.

Eso a Elsa le sonó como un buen presagio, casi como la certeza de que lo había hecho bien. Salió contenta y relajada. Y, por primera vez desde que había llegado, tuvo la sensación de estar de vacaciones. México: todo para ella. Le quedaban casi cinco días en México y decidió disfrutarlos intensamente. Fue a ver el edificio de la Rectoría para contemplar el mural de Siqueiros[10]. Mientras lo estaba mirando pasó un grupo de estudiantes. Uno de los chicos la miró y le dijo:

– Chao, Elsa.

Elsa se quedó mirándolo, pero no lo conocía. Lo volvió a mirar, pero ya estaba lejos para verlo bien. "¿De qué me puede conocer este chico? ¿Y cómo puede saber mi nombre si yo no conozco a nadie aquí?", pensó muy sorprendida. Pero no se atrevió a correr para acercarse al chico. Pensó que, seguramente por el cansancio, la tensión de la entrevista y el desorden horario, lo había entendido mal.

Decidió tomar el metro. Y se fue a Coyoacán.

Le encantaron los dibujos para identificar las estaciones del metro. Cada estación tenía un dibujo distinto, puesto especialmente para la gente que no sabe leer. Le pareció una idea muy inteligente, que nunca había visto en ninguna ciudad.

Pasó el resto de la mañana paseando por Coyoacán y se quedó maravillada de los colores y de la vida de ese barrio, que le pareció casi un pueblo aparte, distinto totalmente al resto de la ciudad. O, al menos, al resto que había visto en el taxi de ayer y en el de la mañana

---

[8]Coyoacán es uno de los barrios más emblemáticos de la Ciudad de México, lleno de vida y color. Allí se puede encontrar la Casa Museo de Frida Kahlo y numerosas casas unifamiliares.

[9]En el español de México se utiliza "darse una escapada" mientras que en el español de España se utiliza "hacer una escapada".

[10]David Alfaro Siqueiros (1898–1974). Pintor mexicano, figura máxima, junto a Diego Rivera y José Clemente Orozco, del arte mural mexicano.

desde el hotel. Vio todo lo que pudo: la Casa Colorada de La Malinche, la casa de Diego Ordaz, la Casa Municipal[11] y una serie de casas privadas llenas de color y con patios interiores, imposibles de ver desde fuera, repletos de árboles y plantas. Estuvo un rato en el Jardín Hidalgo contemplando la vida del barrio. Después se dio una vuelta por el mercado y decidió que tenía que pasar una mañana exclusivamente en ese mercado para mirar la comida, tan distinta a la española, aprenderse los nombres, fotografiarlo todo…

Tenía hambre y decidió sentarse en una pequeña taquería[12] en una plaza cerca del Museo de Frida Kahlo. Y allí, cómodamente, se sentó a comer.

– Estos tacos que están comiendo esos señores de allá, ¿son muy picantes?

– No, mi reina – le dijo el camarero– . No pican. Estos son muy ligeritos[13].

Así descubrió una de las mentiras que dicen los mexicanos: Elsa casi se muere al probarlos. Con lágrimas en los ojos y toda la boca ardiendo, sin poder respirar, bebió y bebió agua mientras los mexicanos de alrededor se reían de ella. La verdad es que picaba, pero era delicioso. Y poco a poco se fue acostumbrando al sabor.

Después de beberse dos litros de agua para superar el ardor del picante y de tomarse dos cafés para superar el sueño y el cansancio, se tomó un helado en una nevería[14] y fue al Museo de Frida Kahlo[15], esa magnífica casa de un azul intenso y vital. Le gustaron muchísimo los cuadros, pero lo que más le impresionó fue la casa: las habitaciones, la decoración, el jardín integrado en el interior, los árboles… y se imaginó a ella misma viviendo en esa casa de audaces colores. "Este tipo de casas son las que yo quiero construir en el futuro".

A la salida del museo, se sentó un rato en un banco en una placita con un jardín centenario. Al cabo de un poco se le acercó una niña morena, muy guapa, que no tendría más de diez años y le preguntó si podía leerle la mano. Elsa aceptó pensando que le diría lo típico: que se casaría y que tendría muchos hijos. Pero la niñita le dijo otras cosas:

– Vivirás aquí, en este barrio, dentro de unos meses. Además encontrarás a alguien muy importante para ti. No, no, no encontrarás a una persona, no. Encontrarás a muchas: una que ya conoces y otras que no conoces de nada. Y descubrirás algo.

Elsa se sorprendió un poco, pensó que a todos los turistas les debía decir lo mismo y le dio unos pesos, seguramente bastantes porque la niña se fue muy contenta.

Pasó un coche por delante del bar y el conductor empezó a tocar el claxon. Era un hombre de unos cuarenta años que sacó medio cuerpo por la ventanilla y dijo:

– *Quiúbole*[16], Elsa. A ver si nos vienes a ver pronto, que hace mucho que no te vemos.

Elsa se preguntó si los efectos del jet-lag o el exceso de picante le estaban provocando espejismos.

---

[11]La Casa Colorada, o casa de La Malinche, la mandó construir Hernán Cortés, en la llamada época virreinal (siglo XVII) y es la más antigua del barrio. La casa de Diego Ordaz es del siglo XVIII y tiene la fachada decorada con estilo mudéjar. La Casa Municipal es también del siglo XVIII.

[12]Así se llaman los restaurantes en los que se comen "tacos", uno de los platos más populares de la comida mexicana. Están hechos de una tortilla de maíz o de trigo en la que se ponen diferentes rellenos y se sirven con variadas salsas. Se suelen comer con la mano, como un bocadillo.

[13]En México usan el adjetivo "ligero" para decir que no es picante. En español peninsular se dice "suave".

[14]En México se llaman "neverías" a los lugares que venden helados. En España se llaman "heladerías".

[15]También llamada la Casa Azul. Allí vivió y murió la famosa pintora mexicana (1907–1954). Es su museo desde 1958. La casa es de principios de siglo y su gran colorido recuerda el de la pintura de la artista.

[16]Expresión popular mexicana que, a veces, se emplea como saludo.

17 En el ejercicio 14 de la unidad 11 del libro *Con dinámica: competencias y estrategias* asociaste a tu destino preferido una serie de sensaciones. Ahora tienes que vincular las cosas que puedes encontrar allí dentro de este mapa mental. En algunos casos una palabra puede incluirse en categorías diferentes.

árboles | piedras | piscina | estar bajo la sombrilla | ovejas | escalar | esquiar | tomar sol | estancias | puentes | dormir al aire libre | buscar alojamiento | aparcar el coche | rascacielos | ir en metro | estudiar Arqueología | practicar atletismo | barco | biblioteca | encender la calefacción | respirar aire puro | ver un lobo | bañarse en el mar | fincas | comer empanadas | cultivar aguacates | laderas

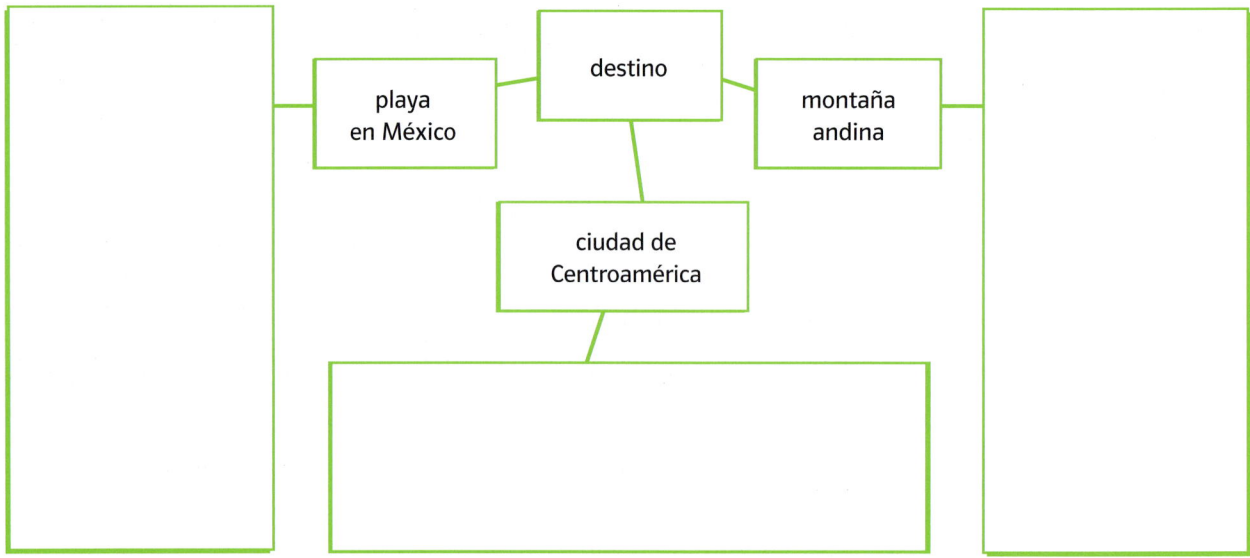

destino

playa en México

montaña andina

ciudad de Centroamérica

a Termina la serie agregando otras tres cosas que puedes encontrar y tres conductas ecológicamente correctas que puedes mantener en cada destino. Puedes ayudarte releyendo los textos de las actividades 1 a 3 de *Con dinámica: competencias y estrategias.*

....
....
....

18 En un mundo en el que tú decides, ¿en qué condiciones estarían estos elementos de nuestro planeta? Describe el estado de cada elemento.

los océanos ....
las playas ....
los ríos ....

In dieser Lerneinheit hast du mit ca. 150 neuen Wörtern gearbeitet. Du hast Wortschatz aus vergangenen Lerneinheiten wiederholt und mehrfach wieder verwendet, indem du ihn mit neuen grammatischen Strukturen benutzt und zu einem neuen Thema angewandt hast. Du hast gelernt, dass man Wörter, Dinge und Situationen besser behalten kann, wenn man sie mit Sinneseindrücken verbindet, das heißt, mit allen fünf Sinnen erfasst. Dies gilt nicht nur für uns gut bekannte Orte, sondern auch für die Welt der Vorstellung.

1 Reemplaza la parte en verde de la frase por una perífrasis. No las podrás usar todas en este ejercicio:

▶ G | 12.3

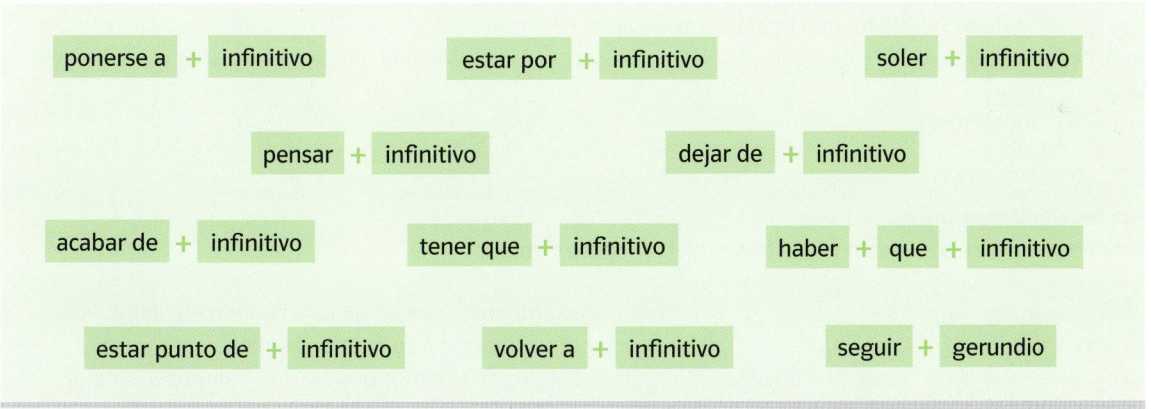

| ponerse a + infinitivo | estar por + infinitivo | soler + infinitivo |

pensar + infinitivo   dejar de + infinitivo

| acabar de + infinitivo | tener que + infinitivo | haber + que + infinitivo |

estar punto de + infinitivo   volver a + infinitivo   seguir + gerundio

El tiempo libre es una de las prioridades de la gente joven: a veces se queda sin dormir para disfrutar de la noche.

Mucha gente joven tiene la costumbre de encerrarse en su habitación y relacionarse con gente desconocida a través de Internet.

El porro casi reemplaza al tabaco en las preferencias de mucha gente joven y no tan joven.

Las actividades culturales todavía son las menos elegidas a la hora de salir los fines de semana.

Es necesario tener en cuenta que las actividades de tiempo libre están relacionadas con las posibilidades económicas.

Si usas una y otra vez los mismos videojuegos, después de un tiempo te cansas de ellos y es un poco caro comprar todas las semanas uno nuevo.

2 En este ejercicio se trata de practicar el presente de indicativo y las perífrasis "ir a + infinitivo",   ▶ G | 2.8 | 12.3
"estar + gerundio", "seguir + gerundio", "tener que + infinitivo".

a. Andrea llama por teléfono a Verena porque tiene ganas de salir:
● Hola Vere, soy Andrea. ¿Qué ....?
○ Lo mismo de siempre. Estudiando para el examen.
● ¿No tienes ganas de dar una vuelta o tomar un café?
○ De verdad no puedo, tengo que ....
● ¡Pero si ya lo .... todo!
○ Mejor .... otro día. Además, Pablo me ha dicho que .... con un amigo, para que estudiemos un rato juntos.
● Vale, vale… Entonces nos vemos otro día…

b. Haciendo planes…
● ¿Qué ....(hacer) en el puente de la Constitución?
○ Nos vamos a París.
● Nosotras .... (pensar) viajar a Londres. Hay ofertas buenísimas, pero no lo hemos decidido todavía.
○ Si .... (pensar) os quedaréis sin billetes. Muchísima gente va a Londres para estas fechas…
● Lo sé, lo sé… Pero Mónica .... (trabajar) ahora en una nueva empresa y no sabe si le darán vacaciones…

c. Pilar quiere cambiarse de casa… Hace semanas que está buscando…
● ¿Todavía .... piso?
○ Sí… y ya no sé qué hacer… No .... nada que me guste.
● ¿Ya has intentado en la página de "Hogar, dulce hogar"?
○ Lo he intentado todo, pero los pisos que me .... no los puedo pagar. He pensado que .... un aviso en el periódico, a ver si tengo suerte…
● Los avisos son muy caros… , pero ¿sabes qué? En el edificio donde vivo hay unas chicas Erasmus. Como siempre hay gente que va y viene, quizás tengan una habitación libre. Les ....
○ De verdad me harías un favor. Ya sabes que .... desde hace meses y a mí me encantaría vivir con gente de otros países.
● Vale, ... ahora mismo.

3 Relaciona las siguientes frases.   ▶ G | 7.1 | 7.4
Además, fíjate en el uso del imperfecto en las frases de la primera columna.

1. El avión acababa de salir	a. Sin embargo, cambié de idea cuando me llamó Pedro para invitarme a su casa de la playa.
2. Como vimos que iba a haber un huracán	b. cuando escuchamos unos gritos. Salimos a ver qué pasaba y eran unos chicos que salían del bar.
3. Pensaba quedarme el fin de semana en casa trabajando.	c. pero como Paco se enfermó, tuvieron que quedarse en casa.
4. Estábamos cenando en casa con unos amigos	d. Al principio sí. Pero no nos dieron la beca. Entonces cambiamos de plan y fuimos a Guatemala.
5. La semana pasada, estaba por subir al autobús, cuando alguien me robó la billetera.	e. El problema fue que no le dieron un contrato de trabajo y tuvo que volver a Montevideo.
6. Iban a pasar el fin de semana en la sierra	f. cuando la dueña del piso nos escribió que se lo había alquilado a un hermano suyo.
7. ¿No pensábais estudiar un año en Costa Rica?	g. decidimos no salir de picnic e ir a ver una exposición que acaban de poner en el museo.
8. Ángel tenía la intención de quedarse a vivir en Barcelona. Pensaba alquilar una casa en Gracia.	h. pero tuvo que volver al aeropuerto porque había un problema con un motor.
9. Estábamos a punto de firmar el contrato de alquiler	i. cuando se dio cuenta de que la habitación que había alquilado no estaba en La Moncloa sino cerca de Barajas.
10. Susana acababa de llegar a Madrid con una beca Erasmus	j. Bajé y lo corrí. Pero fue más rápido que yo. La billetera la encontraron, pero estaba vacía.

G | 8.1 | 8.2 | 9.1

4 Tacha la forma incorrecta del verbo.

Cosas que pasan...

Un hombre entró con su novia a un restaurante de tenedor libre, de esos en los que uno puede llenar su plato todas las veces que quiera. Ella estuvo/estaba mirando unos minutos las ensaladas, la carne y los pescados, pero no encontró nada de su gusto. Para acompañar hubo/había margaritas, cuba libre, pisco, mojito, piña colada, ron, tequila, pero era temprano para tomar alcohol. Además, acababa de levantarse/acabó de levantarse y ya había tomado el desayuno.

El hombre, en cambio, tenía hambre: se sirvió un plato grande de ensalada y volvía/volvió a servirse otra vez. La mujer, probablemente aburrida, probó un tomate del plato de su compañero. Cuando este iba/fue a pagar con un billete de diez euros (el almuerzo costaba siete), le dijeron que tenía/tuvo que pagar dos almuerzos porque su novia también había comido.

El hombre, que solía/solió comer en el restaurante todos los fines de semana y nunca había tenido ningún problema, trató de convencer al dueño de que ella realmente no había comido. Volvía/Volvió a explicarle que ella sólo había probado un tomate y seguía/siguió insistiendo en que en ningún lado había carteles para prohibir a la gente comer del plato de otra persona.

Llamaron a la policía y cuando estaba/estuvo a punto de llegar, la mujer empezó a sentirse mal. Como, según el dueño del restaurante, había que pagar dos almuerzos, estaba claro que ella también había comido. El hombre dejó/dejaba de discutir por el número de los almuerzos y prefirió denunciar al restaurante por haber servido comida que quizás estaba en mal estado...

5 Mira el ejemplo y completa los diálogos.

G | 12.1

- ● *¿Tú cómo te llamas?*
- ○ *Adolfo. La verdad que no es <u>un nombre</u> muy bonito.*
- ● *El <u>mío</u>, en cambio, siempre me ha gustado. Me llamo Malena.*

- ● ¿Cabrán todas las cosas en este coche tan pequeño?
- ○ Vamos a intentarlo. Pongamos mi mochila a la derecha y .... encima, así caben las dos.

- ● No recuerdo dónde he dejado la bolsa de los cosméticos.
- ○ Hay una sobre la mesa de la cocina...
- ● Esa es roja. .... es violeta.

- ● Acabo de comprar las tres entradas para el concierto. Esta es la mía.
- ○ ¿Y dónde están ....?
- ● Esta es .... y esta otra la de Pilar.

- ● ¡Pablo y Carmen han comprado un piso!
- ○ ¡Qué bien! ¿Y cómo es?
- ● No es tan grande como .... y el mío, pero tiene mucha luz.

- ● Mira, me he comprado estos pantalones en una tienda de segunda mano.
- ○ Yo también he salido de compras...
- ● A ver... ¡Vaya! Mis pantalones serán nuevos, pero .... son mucho más bonitos...

- ● Este es mi hermano.
- ○ ¡Qué guapo es! ¿Y cuántos años tiene?
- ● Cinco.
- ○ Yo también tengo un hermano, pero .... no es tan pequeño.

- Estos mapas son para ti y tu novio y los otros me los quedo yo. ¿De acuerdo?
- Vale. ¿Y ya podemos llevarnos . . . .?
- Sí claro, sólo necesito . . . .

- Oye, Ana. ¿No sería mejor ir a la fiesta en un solo coche?
- Ningún problema. Si a ti no te importa conducir, vamos en . . . . y dejamos . . . . en tu casa y así puedo beber.

6 Más posesivos.

▶ G | 12.1

- ¿Sabes qué? ¡Han entrado ladrones al piso de al lado!
- ¿Y quién te lo ha dicho?
- Una vecina . . . . , la señora mayor que vive en el tercero.

- Alicia y yo vamos a pasar el verano en los Pirineos.
- ¿Y dónde vais a vivir?
- Una amiga . . . . nos ha dejado su casa.

- Antonio quiere hacer un viaje con un compañero . . . . y necesita una bicicleta.
  ¿Esa bicicleta . . . . que está en el garaje, ¿todavía se puede usar?
- ¡Claro!

- ¿Quién es ese tipo que está sentado cerca de la ventana?
- No lo sé , pero me parece alguien conocido.
- Creo haber visto una foto . . . . en el periódico de ayer.
- Puede ser…

- Jordi y Julia tienen unos vecinos terribles. Ponen música toda la noche y el fin de semana, arreglan la casa y limpian a la hora de la siesta.
- La verdad es que yo he tenido muchísima suerte con los vecinos . . . . Parece que nunca están en casa.

- Chicas, he encontrado ropa . . . . en el coche. ¿Es para lavar?
- No es . . . . Es de Antonia y es para regalar. Le queda pequeña.

- ¿Sabes dónde está Pilar?
- Ni idea. Pero hay un par de cosas . . . . en la oficina, así que todavía no se ha ido a casa.

- ¿Qué le pasa a Carmen, que está tan preocupada?
- Un hermano . . . . no está nada bien. Lo han llevado al hospital.

7 Cuéntale a otra persona lo que te han contado a ti.

▶ G | 12.2

Me llamo Juan Carlos. He venido con una beca Erasmus. Estoy bastante contento. Las clases me gustan mucho. A la comida todavía no me he acostumbrado. ¿Tú qué haces en Aarhus? ¿Ya conoces mucha gente?

Me contó que se llamaba Juan Carlos y había venido con una beca Erasmus. Comentó que estaba bastante contento y que las clases le gustaban mucho. Agregó que todavía no se había acostumbrado a la comida y me preguntó qué hacía en Aarhus y si conocía mucha gente.

Nuria en Holanda:

Si hay algo que me admira es que aquí todo el mundo habla inglés o alemán o español. Los holandeses tienen gran facilidad para los idiomas. Vivo en una residencia de estudiantes que parece Babel. Estoy muy contenta, aunque echo de menos a mi gente. Sé que de aquí me llevaré una experiencia para contarla toda la vida.

Juan Carlos en Salzburgo:

¡Vosotros no sois los únicos que sentís frío! Estoy en Salzburgo con una temperatura de tres grados bajo cero de máxima, así que la mínima no os la digo. Respecto al precio de las cosas, esta es la ciudad más cara de toda Europa. Todavía no me he acostumbrado a la comida. No hay nada como el jamón, los churros, el queso y el chorizo español.

Elena en el norte de Francia:

A mí me ha resultado bastante complicado este último año. He ido al norte de Francia, donde es bastante difícil hacer amistades, porque nadie tiene tiempo. No he conseguido adaptarme al ritmo de trabajo francés. De todas formas, no me arrepiento de nada de lo que hecho hasta ahora y creo que me sirve para apreciar mucho más a mi país.

8 **A las chicas que viven en un piso compartido les parecen mal algunas cosas que hacen las otras personas,** ▶ G | 6.1
aunque no todas las cosas les molestan. Escribe los verbos en presente de subjuntivo o infinitivo.
En algunos casos tienes que agregar "que".

A Ana le parece mal que Lars siempre .... (salir) los fines de semana y nunca ....
(compartir) las comidas con nadie.
A Lars, en cambio, le parece perfecto que todo el mundo .... (hacer) su vida.
A Daniela le parece una buena idea .... (cocinar), pero no le parece bien que ella siempre
.... (tener) que hacer las compras.
Hannele no soporta que Javier .... (fumar) tanto, y le parece normal .... (bajar) a la calle
para fumar.
A Ana le encanta .... (escuchar) música bien fuerte, pero que Javier .... (ponerse) a bailar,
cuando ella escucha música, le molesta bastante.
A Daniela no le importa que Ana .... (practicar) sus obras de teatro en casa y que ....
(venir) todos sus compañeros del teatro. Pero Javier piensa .... (escuchar) a toda a esa gente durante
varias horas es realmente un horror.
Casi todos piensan .... (vivir) juntos no ha sido una mala idea, pero a veces creen ....
(tener) una casa un poco más grande, no estaría nada mal.

9 **¿Te acordabas? El presente de subjuntivo se usa para referirnos a cosas o personas no identificadas.** ▶ G | 8.3

Estoy buscando unos pantalones que sean originales pero que no cuesten mucho.
Me he comprado estos pantalones. Son baratos y muy originales. ¿Te gustan?

a. Estoy buscando un piso que no .... (ser) muy caro y que .... (estar) cerca de la universidad.
   ¡Finalmente he encontrado piso! No .... (ser) barato, pero .... (estar) cerca de la universidad.
b. Estoy aprendiendo a bailar el tango, pero todavía no tengo pareja. ¿Conoces a alguien que .... (querer)
   practicar conmigo?
   Conozco mucha gente que baila el tango. Seguro que alguien .... (querer) practicar contigo. Les daré tu
   teléfono.
c. Necesitamos personas que .... (saber) alemán, francés e inglés. Habrá un congreso y se buscan buenas
   traductoras.
   Si vosotros .... (saber) varias lenguas, podéis trabajar como intérpretes. No pagan mal.
d. ¿Puedes recomendarme a alguien que me .... (enseñar) a bailar salsa?
   ¿Tienes ganas de aprender salsa? Te .... (recomendar) a Nancy. He aprendido con ella y me parece una
   excelente profesora.

10 **¿Te acuerdas de las preposiciones? Escribe las que faltan.**

El sábado pasado fuimos a una cena organizada por el Erasmus Student Network. La habían organizado .... que los compañeros y compañeras .... programa de intercambio se conozcan mejor. Cada estudiante llevó una comida típica .... su país. No era importante la comida sino pasarlo bien .... todos.

Te voy a explicar cómo llegar .... mi casa. Lo mejor es que tomes el metro. Tienes que cambiar .... Sol y seguir .... Catedral. Sales .... metro y giras .... la izquierda. Verás un edificio grande que dice Automóvil Club. Mi casa está .... lado .... ese edificio.

¿Conoces .... Ágnes? Es la estudiante nueva .... Budapest. ¿Por qué no la invitas .... tomar algo? Está aquí .... aprender castellano y catalán y todavía no conoce .... nadie.

El tren .... Alicante está a punto de salir y tú todavía estás ...... casa. .... mí me parece que tú no tienes ganas .... viajar…

¡El horario de Marta es un horror! Se levanta .... las seis de la mañana. .... ocho .... una va a la universidad. Tiempo .... comer no tiene porque trabaja .... la tarde, ... las nueve de la noche. Llega .... casa sobre las diez. Si no hay nada en la nevera, vuelve .... salir para comer algo en el bar .... la esquina.

11 **Mira el ejemplo y repasa el imperativo. No te olvides de los acentos.** ▶ G | 5.3

- ● *¿Qué te parecen estos zapatos?*
- ○ *Si te gustan, pruébatelos (probarse).*

- ● Esta camisa ¿me quedará bien?
- ○ .... primero, aunque me parece que te quedará grande. (probarse)

- ● Estos zapatos me encantan…
- ○ .... entonces, que no son muy caros. (llevarse)

- ● ¿Le gustarán a Manuel las flores?
- ○ .... , a todo el mundo le gustan las flores. (llevar)

- ● ¿Por qué no te pones este vestido?
- ○ Es que me queda un poco pequeño.
- ● .... primero, a ver qué tal te queda. (ponerse)

- ● Andrés es muy pequeño para vestirse solo. Aquí están sus pantalones .... , por favor. (ponerse)
- ○ Vale, ya lo visto.

a **Y ahora, en situaciones parecidas, puedes dar tu opinión, recomendar, dar consejos…**

- ● *¿Qué te parecen estos zapatos?*
- ○ *Son bonitos, pero es mejor que te los pruebes. (probarse)*

- ● Esta camisa ¿me quedará bien?
- ○ No está mal, pero es mejor que .... (probarse)

- ● Estos zapatos me encantan.
- ○ A mí no me parece bien que .... Son demasiado caros. (llevarse)

- ¿Le gustarán a Manuel las flores?
- No está bien que . . . . En este país, a los hombres, no se les regalan flores. (llevar)

- ¿Por qué no te pones este vestido?
- Es que me queda un poco pequeño...
  Quiero que . . . . primero, a ver qué tal te queda. (ponerse)

- Andrés es muy pequeño para vestirse solo. Aquí están sus pantalones.
- ¿Quieres que . . . . ? (ponerse)
- Sí, por favor.

12 **Combina las frases. Hay una sola posibilidad. A veces hay que hacer pequeños cambios.** ▶ G | 3.7 | 4.5 | 10.1

Según las estadísticas, el consumo de drogas en España ha descendido. El 58% de la gente joven bebe habitualmente alcohol.
- [ ] porque
- [ ] sin embargo
- [ ] aunque

Las actividades culturales se consideran, en general, relacionadas con los estudios y no con el tiempo libre; pocos jóvenes van a lecturas o exposiciones los fines de semana.
- [ ] además
- [ ] como
- [ ] porque

El consumo de alcohol es habitual entre la gente joven. Parece que no es posible la fiesta y el pasarlo bien sin algún tipo de droga.
- [ ] aunque
- [ ] además
- [ ] pero

Esta es la primera generación que dedica más tiempo a las nuevas tecnologías que a la televisión. La industria de los videojuegos ha hecho y seguirá haciendo ganancias millonarias.
- [ ] si
- [ ] por eso
- [ ] como

Romina, una joven argentina de 21 años, cuenta que los viernes por la noche sale con sus amigas. Si no hay dinero, entonces se quedan en casa mirando televisión o charlando; nunca usa la computadora para jugar.
- [ ] porque
- [ ] pero
- [ ] así que

Roberto, de Venezuela, cuenta que usa la red para descargar música, videos y software. Usa el correo electrónico como todo el mundo.
- [ ] así que
- [ ] como
- [ ] además

La hermana de Fernando dice que los videojuegos son aburridos. Todas las mujeres tienen un rol pasivo y secundario y eso le molesta.
- [ ] porque
- [ ] aunque
- [ ] como

A la chica cubana le gusta la natación. No piensa hacer una profesión de eso, como muchos cubanos, que lo hacen para poder viajar.
- [ ] aunque
- [ ] como
- [ ] porque

13 **En esta unidad hemos tratado el tema del tiempo libre. Una de las actividades preferidas de las y los jóvenes es navegar en la red. De eso trata también el texto que vas a leer, que emplea un vocabulario específico.**

Antes de leer el texto relaciona las expresiones de la columna izquierda con sus explicaciones en la columna derecha.

1.	Generación interactiva	Esta pantalla funciona siempre. Su funcionamiento no se interrumpe nunca, ni para dormir.	a
2.	Ciberadolescencia	Algo que tengo cerca, por ejemplo en casa, que puedo usar en todo momento.	b
3.	Pantalla	Persona que navega por Internet.	c
4.	Medio de comunicación	La televisión, la computadora, el celular y los videojuegos tienen una. Allí aparecen las imágenes o la información escrita.	d
5.	Está al alcance de la mano	Edad en que las y los jóvenes que navegan en la red usan el correo electrónico, juegan a videojuegos y utilizan el celular o teléfono móvil.	e
6.	La pantalla que nunca se apaga	Se trata de la radio, la televisión, los periódicos, el teléfono, Internet.	f
7.	Internauta	Personas que usan un programa que permite un diálogo entre la computadora y el usuario.	g

1.	2.	3.	4.	5.	6.	7.

a Lee el texto y subraya el vocabulario de las nuevas tecnologías y sus productos para completar la ficha de la página siguiente.

Internet ya le gana a la TV entre chicas y chicos latinoamericanos
LA NACIÓN: por Cynthia Palacios

Un estudio de la empresa Telefónica, realizado tanto entre niñas y niños como adolescentes de siete países de América Latina, presenta hoy las cifras relacionadas con las costumbres de una generación interactiva. El 95% de las personas de entre 10 y 18 años usa habitualmente Internet, el 83% declara tener un teléfono móvil y el 67% juega a videojuegos.

Empiezan muy temprano a usar las nuevas tecnologías: seis de cada diez personas encuestadas tienen su primer teléfono móvil a los 12 años, edad que marca el momento de entrada en la "ciberadolescencia". El 82,8% de las chicas y chicos de entre 10 y 18 años dice tener un teléfono celular. Tenerlo significa, para este público, conseguir independencia y libertad.

"Generaciones interactivas en Iberoamérica. Niños y adolescentes ante las pantallas" se llama el estudio que realizó Telefónica, en colaboración con la Universidad de Navarra y el programa Educared de la Fundación Telefónica, con encuestas a 25 000 chicas y chicos,

de entre 6 y 18 años, de Argentina, Brasil, Chile, Colombia, México, Perú y Venezuela. Se analizaron cuatro pantallas: la televisión, la computadora, el celular y los videojuegos. Aunque la televisión siempre los acompaña, y cerca del 40% de los adolescentes la ve más de dos horas diarias, Internet es el medio de comunicación preferido. El 45% de las niñas y niños de 6 a 9 años prefiere Internet a la TV. La posibilidad de conectarse en casa hace que nueve de cada diez mayores de 10 años utilicen Internet más de dos horas al día. Pero navegar por Internet quita tiempo a las actividades sociales y, sobre todo, a los estudios.

La tecnología está al alcance de la mano: el 65% de las chicas y chicos entre 10 y 18 tiene computadora en su casa, y el 40% la tiene en su dormitorio. Argentina es el primer país de la región: aquí el 79% tiene una computadora.

Las chicas son más consumidoras: usan más el celular que los chicos, con un 85,6% frente a un 79,9%. Es la pantalla que nunca se apaga, "tampoco para dormir", declara el 82% de las personas consultadas. La función principal es comunicarse, sobre todo con mensajes de texto.

Muchas veces la escuela permite el primer contacto con la tecnología. Por ello, si uno de los fundamentos de la educación y del aprendizaje es la observación de modelos, el personal docente debe ofrecer ejemplos de buenas prácticas en el uso de Internet, recomiendan. Pero la influencia actual es limitada: el 44% del profesorado no usa ni recomienda Internet como algo útil para el estudio.

"¿Qué estás haciendo?"

La influencia de la madre o del padre cuando los hijos están navegando en la red es relativa: el 46% de los chicos dijo que le preguntan qué hace, el 36% de los padres "no hace nada" y el 27% "sólo mira un momento". El 9% contestó "hacemos algo juntos" y sólo el 5% "miran mi e-mail" o "controlan por dónde navegué".

La casa, con el 49%, y el colegio, con el 46%, son los lugares de acceso a la red más habituales para las personas menores de 10 años. En el caso de chicas y chicos adolescentes, un lugar adicional es el cibercafé. "Acceder fuera de casa puede ser peligroso porque significa hacerlo sin la posibilidad de control o ayuda", explica el estudio.

La primera que "pierde" contra Internet es la televisión. Pero con diferencias según el sexo: ellas dejan de ver TV para navegar, y ellos, para descargar y jugar videojuegos.

La autonomía es una característica de la navegación en Internet: el 70% de las y los adolescentes se conectan solos a Internet y la mitad de los jóvenes de 10 a 18 años se declaran autodidactas. Un 18% de las personas encuestadas dijo haber aprendido a navegar en el colegio e indica que el 56% de sus docentes realiza algún tipo de recomendación sobre Internet, mientras que tan sólo un 13% reconoce que sus padres contribuyeron a su aprendizaje.

¿Para qué se conectan?

"Los menores internautas usan varias de las posibilidades que ofrece Internet. El 70% usa la red para comunicarse (Messenger, chat, mensajes de texto); el 59% para informarse; el 43% para compartir fotos y videos; igual cantidad para divertirse, y sólo un 6% para comprar online. El Messenger y el correo electrónico están muy de moda entre los internautas argentinos".

Vocabulario temático

✔ nuevas tecnologías
✔
✔
✔ navegar por Internet
✔ .... a Internet
✔ teléfono .... teléfono celular
✔ videojuegos
✔
✔ mensajes de texto
✔ online
✔ e-mail o ....
✔ internauta

---

b Ahora que has leído el texto, prepárate para presentarlo. Ordena la información según subtemas y organízala dentro de un organigrama. Otra opción es preparar las fichas para una presentación audiovisual. Pídele a tu profesor/-a que te dé unos 7 minutos para presentar el tema.

In einem entspannten Zustand kannst du am besten lernen und verstehen. Deshalb solltest du dir zum Lesen Zeit nehmen, d.h. ohne Zeitdruck arbeiten. Gehe mit Vertrauen ans Lesen, deine Erfahrung hat dir gezeigt, dass du schon viel verstehst. So wirst du das Gelesene auch besser behalten. Überfliege zunächst den Text, fasse danach das, was du verstanden hast in Stichpunkten zusammen und entscheide, zu welchem dieser Punkte du mehr erfahren möchtest. Lies dann diese Abschnitte noch einmal im Detail.

Capítulo 4 *Disfrutar, sorprenderse*   *Novela en 7 capítulos   Lourdes Miquel*

El 29 de octubre amaneció con sol y con buena temperatura. Elsa no había dormido bien entre el cambio horario, los nervios de la entrevista y la altura, que le daba un poco de dolor de cabeza. Pero cuando se despertó y vio el maravilloso día que hacía, decidió ir al Museo Nacional de Antropología[17] y aprovechar para pasear por el bosque de Chapultepec.

Antes de entrar, admiró la arquitectura del edificio, pero ya en el museo se quedó fascinada por la organización y por la cantidad de salas que podían visitarse. Decidió entrar en la sala de los toltecas, entre otras cosas porque le encantaban los nombres: *Chichimeca, Teotenango, Xochitécatl*… Al cabo de un buen rato, ya en la sala de los mexicas[19], llegó a la impresionante y monumental Piedra del Sol[20]. Mientras la estaba mirando, alguien le tocó el hombro y le dijo:

– ¿Qué tal la felicidad? ¿Ya la has encontrado?

Elsa pensó que era una alucinación. Otra más. Pero al darse vuelta, vio que allí estaba su compañero de avión: ese hombre guapísimo con el que apenas había intercambiado unas frases. Y allí, en medio de las momias y los protectores dioses y diosas de los toltecas, aztecas, mexicas, mayas y demás civilizaciones, empezaron a hablar.

Él le explicó que era antropólogo, español pero de origen mexicano, que estaba haciendo la tesis doctoral sobre los instrumentos y herramientas que utilizaban los mexicas. También le contó que pasaba largas temporadas en México para hacer el trabajo de campo y que luego volvía a España para escribir con calma los capítulos de la tesis. Y Elsa le explicó sus planes de estudiar la maestría y su entrevista del día anterior.

– ¿Y qué te parece si, en lugar de hablar aquí, entre tantos dioses que nos vigilan, vamos al bosque y tomamos algo cerca del lago? – le propuso el chico.

– Perfecto. Encantada. Pero antes de hacer algo juntos, estaría bien saber cómo nos llamamos, ¿no? Yo me llamo Elsa.

– ¿Elsa? ¡Qué nombre tan bonito! ¿Por qué te lo pusieron?

Y Elsa le contó que a su abuela le encantaba la ópera y, especialmente, Wagner, y que, cuando ella nació, fue su madrina y eligió el nombre de Elsa porque era la protagonista femenina de *Lohengrin* y porque, además, empezaba por "e" igual que sus apellidos.

– ¡Qué interesante! Pero suerte que no te puso Isolda.

– Muy gracioso… Bueno, ¿y cómo te llamas tú? – le preguntó Elsa.

– Eduardo.

Se quedó sin respiración. "¡Oh, no! Otro Eduardo en mi vida, nooooooooo". Pero, tuvo buenos reflejos, sonrió y no hizo ningún comentario. Un nombre no significaba nada. O eso suponía.

Después de almorzar en un lujoso restaurante junto al lago, se despidieron:

– Tengo que seguir trabajando en el museo para acabar de estudiar y de fotografiar algunas piezas. ¿Quieres que nos veamos esta noche?

Elsa aceptó y Eduardo le dijo que la recogería en el hotel.

Por la tarde Elsa siguió paseando por la ciudad. Fue a visitar la catedral y el Zócalo[21] y se dio cuenta de que toda la ciudad se estaba preparando para la gran fiesta del día 2, el Día de

---

[17]Considerado el mejor museo de antropología del mundo.

[18]Civilización surgida en la ciudad de Tula, en el año 950. Hay una leyenda que los describe como una tribu que viene del norte conducida por un rey llamado Miscoatl.

[19]Civilización que parece que procedía de una parte de los aztecas y que fundaron la ciudad de Tenochtitlan o México, que ahora es la Ciudad de México.

[20]La Piedra del Sol es una escultura que ilustra el calendario azteca, compuesto por meses de 20 días. Tiene jeroglíficos y símbolos del sol, como rayos y piedras preciosas.

[21]Es la principal plaza de la Ciudad, en realidad llamada Plaza de la Constitución, aunque todo el mundo la llama Zócalo. Es una de las plazas más grandes del mundo.

los Muertos[22]. Había un mercadillo al aire libre especial para eso, lleno de calaveritas de azúcar con el nombre de la gente, de esqueletos vestidos de cualquier cosa, de ataúdes, de papeles recortados de todos los colores… Todo preparado para hacer ofrendas a sus muertos y para reírse de la muerte. Mientras estaba delante de la catedral pensando, como buena arquitecta, que el edificio iba a durar poco tiempo si no lo restauraban urgentemente, pasó una moto a toda velocidad y desde la moto el conductor le dijo:

– Bye[23], Elsa. Gusto en verte.

Lo había oído bien. Le habían dicho su nombre. Y empezó a correr detrás de la moto, pero no la alcanzó. Empezó a pensar que, cuando volviera a casa, tendría que pedir cita con el psicólogo. En la esquina se tomó el primer tequila del día.

A las ocho de la noche, Eduardo llegó al hotel y tomaron un taxi para ir a la Plaza Garibaldi[24].

– Te va a encantar. Es algo único. No te lo puedes perder.

Y lo era. La plaza estaba rodeada de enormes cantinas, con gente cenando y tomando todo tipo de bebidas alcohólicas. Pero, sobre todo, estaba llena de grupos de mariachis, con sus brillantes trajes y enormes sombreros, que, por unos cuantos pesos, cantaban las canciones que les pedía el público.

– ¿Cuál es tu canción preferida? – le preguntó Eduardo, dándole otro tequila.

– *Volver*.

Y unos segundos después Elsa y Eduardo tenían delante a cinco mariachis que, sólo para ellos dos, tocaban y cantaban:

"Y *volver, volver, vooooooooolver… a tus brazos otra* vez…". Siguieron las canciones y los tequilas y cuando Eduardo la sacó a bailar, Elsa se sintió muy bien entre los brazos de su Moctezuma[25] particular. Y todavía se sintió mejor cuando se besaron suavemente mientras los mariachis cantaban: "*Me gustas mucho. Me gustas mucho tú. Tarde o temprano seré tuya, mío tú serás*".

En el taxi de vuelta al hotel Elsa no dijo nada y estuvo pensando si se sentía o no preparada para una nueva relación. Decidió que era demasiado pronto y, por eso, al llegar a la puerta del hotel, se despidió rápida y fríamente:

– Gracias por todo, Eduardo. Lo he pasado muy bien.

Cuando subió a su habitación del hotel, se puso a pensar que igual había sido un poco antipática con él, pero no sabía cómo conciliar sus ganas de ligar con él y su miedo a empezar otra relación. Encima de la cama había un sobre. Lo abrió y vio una nota que ponía:

> *Elsa:*
> *Por casualidad he visto que estás en este hotel y no sé por qué.*
> *Tenemos que hablar. Es realmente urgente.*
> *Mateo*

No esperó ni un segundo y marcó el número del móvil[26] de Eduardo.

---

[22] El Día de los Muertos es una de las fiestas más importantes de México, que se celebra el 2 de noviembre. Días antes se venden todo tipo de productos relacionados con la muerte para crear altares y ofrendas en casa. El día 1 se cree que los niños muertos regresan, la noche del 1 al 2 se suele estar en los cementerios, y el 2 se cree que vuelven las almas de los adultos fallecidos para estar con sus seres queridos.

[23] Bye es un término del inglés que, sin embargo, se utiliza en algunos países del continente americano entre jóvenes para despedirse. En México, con más frecuencia, puesto que hay más influencia del inglés.

[24] Plaza muy popular en el centro de la Ciudad de México donde, de noche, se reúnen grupos de mariachis para ser contratados para cantar allí mismo o para ir a alguna celebración. La plaza está rodeada de cantinas y restaurantes.

[25] Rey mexica, desde 1502 hasta 1520, que consiguió el máximo esplendor de su civilización.

[26] Excepto en España, en el resto de países de habla española se utiliza la palabra "celular".

14 Hay palabras que suenan igual, pero tienen distinto significado. En esta unidad y en las anteriores hay algunas de estas palabras. Búscalas en su contexto e intenta escribir una definición.

guagua (en la unidad 8) ....
(en la unidad 12) ....

salsa (en la unidad 7) ....
(en la unidad 12) ....

15 También es posible dar un significado diferente usando las mismas palabras. Mira los ejemplos e intenta completar. Estos son retruécanos: frases en las cuales, invirtiendo los términos, obtienes un significado completamente diferente.

Porque no es lo mismo:
Diez días trabajando sin beber, que diez días bebiendo sin trabajar.

Vivir para comer que comer para vivir.

Tampoco es lo mismo:
Vivir para trabajar que ....
Dos bicicletas viejas que ....
Vivir como piensas que ....
Cuando tomo café no duermo que ....
Unos viejos con pantalones que ....
Un partido político que ....

16 Completa el mapa mental colocando al menos nueve palabras en cada casilla, como en los ejemplos.

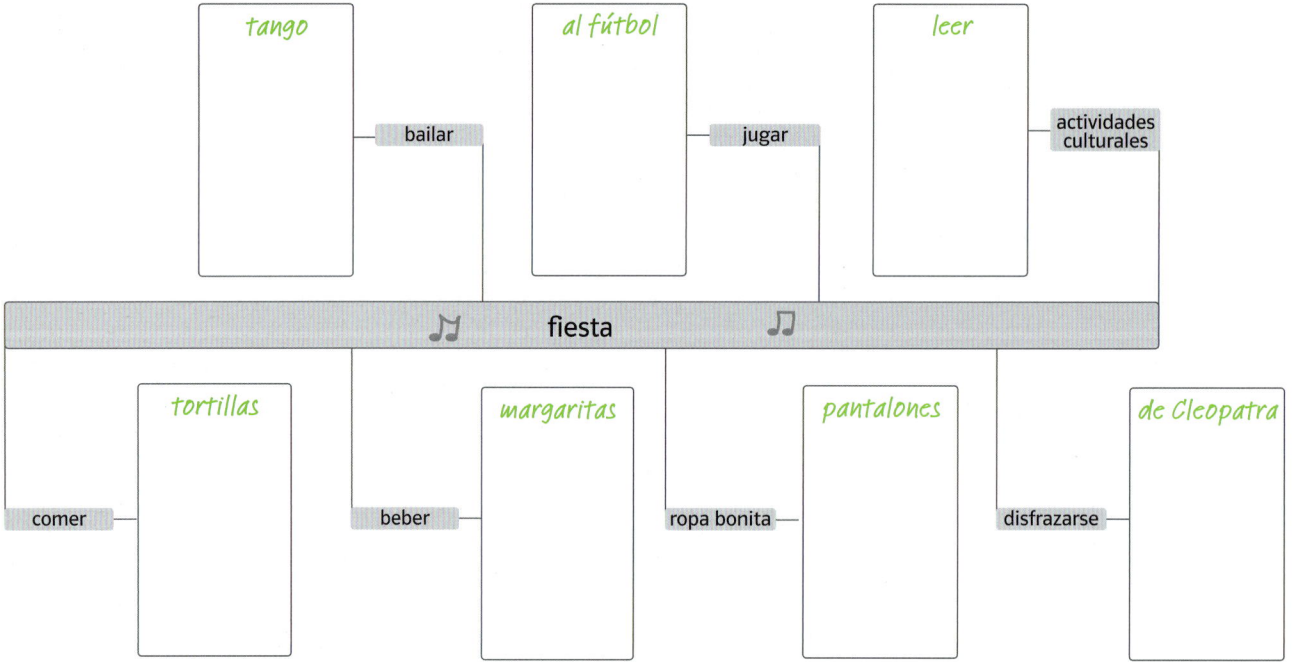

tango — bailar
al fútbol — jugar
leer — actividades culturales

♫ fiesta ♫

tortillas — comer
margaritas — beber
pantalones — ropa bonita
de Cleopatra — disfrazarse

In dieser Lerneinheit hast du ca. 120 neue Wörter gelernt. Viele davon benennen Sportarten, Getränke oder Tänze und ähneln den Entsprechungen in deiner Muttersprache. Manchmal sind sie sogar identisch mit ihnen. Ihr Klang ist dir geläufig und du kannst sie zur Verbesserung deiner Aussprache nutzen.
Als Strategie zum besseren Behalten hast du den Reim verwendet. Du hast aber auch festgestellt, dass eine Ähnlichkeit im Klang nicht eine Ähnlichkeit in der Bedeutung zur Folge haben muss. Achte deshalb auf den Kontext, wenn du diese Wörter verwendest.

Tabla de descriptores para la autoevaluación

Fecha: . . . .

Puedes utilizar la siguiente tabla de descriptores para autoevaluarte (columna 1) o para que te evalúe tu docente (columna 2). Si se trata de actividades de lengua que aún no dominas, pero que te parecen importantes, márcalas como objetivos que quieres lograr (columna 3). Puedes usar los espacios en blanco para añadir descriptores que dominas o que crees que son importantes para este nivel y no se han incluido.

Utiliza los siguientes símbolos:

Columna 1 (yo) y **2 (docente)**
✓ Puedo hacerlo en condiciones normales.
✓ ✓ Puedo hacerlo bien y sin problemas.

Columna 3 (objetivos)
! Esto es un objetivo para mí.
!! Este objetivo tiene prioridad para mí.

Si has marcado en la columna 1 (yo) el 80% de los puntos, entonces has alcanzado con bastante probabilidad el nivel B1.

Escuchar •)))	1	2	3
Puedo seguir una conversación de tema cotidiano, si me hablan claramente, aunque a veces debo pedir que me expliquen algunas palabras y expresiones.			
Puedo seguir generalmente lo esencial de una conversación larga en la que estoy presente, si hablan claramente y en lenguaje estándar.			
Puedo escuchar un relato breve y formular hipótesis sobre lo que va a seguir.			
Puedo entender lo principal de un informativo radiofónico y de una grabación que trata temas familiares dichos de manera relativamente sencilla, clara y lenta.			

Leer	1	2	3
Entiendo lo principal de artículos cortos de periódicos sobre temas actuales y que además me son familiares.			
Puedo deducir del contexto el significado de algunas palabras que me son desconocidas y de ese modo aclarar el sentido de enunciados enteros, siempre y cuando la temática me sea familiar.			
Puedo dar una ojeada a textos cortos (p. ej. noticias breves) y darme cuenta de cuáles son los hechos e informaciones importantes (p. ej. quién ha hecho algo y dónde ha sucedido).			
Puedo entender mensajes sencillos y cartas de temas corrientes (referentes a negocios, asociaciones o autoridades).			
Puedo entender bien, en cartas privadas y en e-mails, lo que se refiere a hechos, sentimientos y deseos y mantener correspondencia con mis amistades.			
Puedo seguir la intriga de relatos claros y bien estructurados, reconocer los episodios más importantes y entender por qué son significativos.			
Puedo entender las principales conclusiones de textos argumentativos claramente redactados.			
Puedo entender satisfactoriamente textos objetivos sencillos sobre temas de mi interés.			

Participar en una conversación	1	2	3
Puedo empezar, seguir y terminar una conversación cara a cara sobre temas familiares o de mi interés.			
Puedo participar en una conversación o una discusión, pero no siempre me entienden cuando trato de decir exactamente lo que deseo decir.			
Puedo expresar sentimientos como sorpresa, felicidad, tristeza, interés o indiferencia y también reaccionar ante la expresión de esos sentimientos.			
Puedo intercambiar opiniones y puntos de vista en conversaciones con amigos y conocidos.			
Puedo desenvolverme en la mayoría de las situaciones relativas a la organización de mis estudios.			

Hablar con fluidez	1	2	3
Puedo contar experiencias detalladamente y explicar mis sentimientos y reacciones.			
Puedo explicar y dar las razones de mis intenciones, planes y actos.			
Puedo contar el argumento de una película o un libro y describir mis reacciones.			
Puedo parafrasear oralmente y de manera sencilla partes de un texto escrito, con las palabras y el orden del texto original.			
Puedo hacer una descripción sencilla de cosas que me interesan.			
Puedo presentar un tema donde las ideas principales resulten claras y que el público pueda entender sin mayores dificultades.			

Estrategias	1	2	3
Puedo repetir parte de lo que ha dicho alguien para confirmar que nos hemos entendido.			
Puedo pedir que me aclaren o completen lo que acaba de decirse.			
Tengo vocabulario suficiente para expresarme, a veces con circunloquios, en la mayor parte de los temas de mi vida cotidiana, como familia, aficiones, intereses, trabajo, viajes y actualidad.			
Puedo expresarme con bastante corrección en situaciones familiares y previsibles.			

Cualidad y medios lingüísticos	1	2	3
Puedo mantener una conversación haciéndome entender y sin demasiadas dudas, pero debo interrumpirme para planear y corregir lo que voy diciendo, especialmente cuando tengo que hablar libremente largo rato.			
Puedo trasmitir información sencilla y de interés inmediato, poniendo en claro lo que me resulta más importante.			
Puedo usar una palabra sencilla y de sentido parecido a lo que quiero expresar, cuando no se me ocurre la palabra precisa. Los demás me corregirán.			

Escribir	1	2	3
Puedo escribir textos sencillos y coherentes sobre distintos temas expresando opiniones e ideas personales.			
Puedo escribir cartas personales o correos electrónicos a personas conocidas y amistades en las que pido o doy noticias y cuento sucesos.			
Puedo contar un libro o una película o informar sobre un concierto en cartas personales.			
Puedo expresar en una carta sentimientos como tristeza, felicidad, interés o simpatía.			
Puedo escribir pidiendo más información sobre lo leído en anuncios, por ejemplo, referidos a cursos.			
Puedo redactar un currículum vitae en forma de cuadro.			

Portfolio Europeo de las Lenguas ELC/CEL © Consejo de Europa/Council of Europe/Conseil de l'Europe

	Puntos:	Tu resultado:
Comprensión lectora **Texto: El agua como bien público y no como negocio de las transnacionales** • Entiendo lo principal de artículos periodísticos sobre temas actuales, que además me son familiares. **Estrategias:** • Observo indicadores de secuencia y de lógica textual para comprender mejor un texto. n.	20	
Comprensión auditiva **Texto: Declaración del Milenio** • Puedo entender lo principal de un programa radiofónico sobre un tema de actualidad. **Estrategias:** • Confronto mis expectativas con la información del texto. • Deduzco del contexto el significado de algunas palabras que me son desconocidas y de ese modo comprendo el sentido de enunciados enteros.	20	
Expresión escrita • Resumo la información principal y uno las frases con conectores. • Divido el texto en párrafos de acuerdo con el desarrollo de la información. Distingo entre resumen (información) y comentario (opinión). • Corrijo la estructura del texto y el uso del indicativo o subjuntivo según el significado de la frase principal.	30	
Expresión oral • Utilizo información y recursos lingüísticos conocidos para expresar mis propios puntos de vista.	30	

Total: 100

Para aprobar el nivel B1 se necesita el 67% de los puntos.

100 → 97% = 1,0,	96 → 94% = 1,3,	93 → 91% = 1,7
90 → 87% = 2,0	86 → 84% = 2,3	83 → 81% = 2,7
80 → 77% = 3,0	76 → 74% = 3,3	73 → 71% = 3,7
70 → 67% = 4,0		

Comprensión lectora

1 Lee el siguiente texto.

El agua como bien público y no como negocio de las transnacionales

La falta de acceso al agua causa en casi todas las regiones del planeta diferentes tipos de confrontaciones. Las guerras del futuro serán cada vez más por el control del agua. Esta tesis fue ampliamente desarrollada durante el simposio "El agua: fuente de conflictos", realizado el primer viernes de marzo en Berna, Suiza, y organizado por la Alianza Sur -plataforma que reúne a seis de las más importantes ONG helvéticas de cooperación con el Sur.

El "drama" del agua

"Los conflictos en el planeta a causa del agua se hacen cada vez más graves con los actuales cambios climáticos", subraya Rosemarie Bär, una de las responsables de la Coordinación y anticipa señales alarmantes. El África subsahariana sufrirá una disminución del 20% de su disponibilidad de agua hasta el fin del siglo. Y a nivel planetario cerca de 70 importantes ríos podrían secarse por los cambios climáticos y el exceso de consumo.

Con esta perspectiva, los conflictos violentos por el agua seguirán aumentando. Es un escenario ya dramático, donde 1 200 millones de personas en el planeta no cuentan hoy con agua potable y 4 000 niños menores de 5 años mueren diariamente a causa de dicha situación. Y donde el modelo predominante produce víctimas y cifras escalofriantes: la producción de 1 litro de bioetanol (combustible vehicular) necesita cerca de 5 000 litros de agua. Un tomate de Marruecos, que luego se exporta, necesita 13 litros virtuales de agua, mientras que la producción de un vaso de jugo de naranja demanda 170 litros de agua, y una camiseta de algodón necesita 20 mil litros.

Al mismo tiempo, cada habitante suizo utiliza por día (cocina, higiene etc.) 160 litros de agua. Esta cifra llega a 4 000 litros por día, si se calcula el agua empleada en los alimentos, productos y vestidos importados al país.

Agua, derecho humano fundamental

"El acceso al agua es un derecho humano fundamental del que dependen prácticamente todos los otros derechos humanos esenciales", señala Bruno Riesen, responsable de campañas de Amnistía Internacional (AI) en Suiza.

Hoy se habla constantemente de la crisis financiera, de la inestabilidad bancaria, de los graves problemas climáticos, sin embargo "muchos olvidan que una parte esencial de los grandes problemas del futuro está relacionada con el agua", explica.

En caso de que siga la actual tendencia, subraya el representante de AI, las consecuencias serán terribles. "Dos tercios de la población mundial, es decir más de 3,5 millones de personas, no contará con agua potable en el 2025".

En la actualidad, explica Riesen, se observa un gran desperdicio[1] de agua: "unos pocos países ricos consumen más agua que la mayoría de la población mundial. El 70% del agua se gasta en la agricultura y lo peor es que esa producción se concentra, por ejemplo, en los biocombustibles, es decir, en cultivar plantas para la producción de gasolina o diesel que usarán los coches de la población del norte", denuncia.

La responsabilidad de las Naciones Unidas

El no respeto a ese derecho fundamental, "implícitamente reconocido por las Naciones Unidas cuando reconoce el derecho a mejorar las condiciones de vida", conlleva el riesgo de nuevos y mayores conflictos, explica la abogada portuguesa Catarina de Albuquerque, experta independiente en agua potable del Consejo de los Derechos Humanos de las Naciones Unidas. Por eso la resolución de los problemas del agua, "depende de una verdadera voluntad política de los diferentes actores y Estados", enfatiza Albuquerque.

Y por eso también es tan grande la responsabilidad y la importancia del sistema de "las Naciones Unidas, que con su diversidad de Estados miembros, de propuestas y actores, de preocupaciones comunes constituyen un verdadero milagro" y un marco esencial para resolver los problemas mundiales, entre ellos, el del agua, concluye.

[1] dt. Verschwendung

Texto adaptado. Fuente: www.ecoportal.net

a Completa la lista de causas que – según el texto- tienen como consecuencia la escasez de agua y escribe en la columna derecha un ejemplo que se presenta en el texto.

Causas	Ejemplos
1. cambio climático	Cerca de 70 importantes ríos están amenazados de secarse.
2.	
3.	
4.	
5.	

b ¿Por qué Albuquerque cree que las Naciones Unidas son el marco ideal para resolver el problema del agua? Elige la respuesta correcta:

1. Porque el problema del agua afecta a la mayoría de los países y tiene que resolverse si no se quiere que aumenten los conflictos.
2. Porque en dicha organización colabora un gran número de Estados que pueden negociar los más diversos intereses para llegar a una solución.
3. Porque las Naciones Unidas han reconocido implícitamente el agua como derecho fundamental.

Comprensión auditiva

2 **En el año 2000 las Naciones Unidas escribieron una "Declaración del Milenio" con ocho objetivos para el siglo XXI.**

Estos son los objetivos, ordénalos según la importancia que tengan para ti.

- Eliminar la pobreza extrema y el hambre
- Educación universal
- Igualdad entre mujeres y hombres
- Reducir las muertes de niñas y niños
- Mejorar la salud de las madres
- Luchar contra el SIDA
- Sostenibilidad del medio ambiente
- Favorecer el desarrollo

3 **Vas a escuchar un programa de radio sobre uno de estos objetivos. Escucha la primera parte y contesta.**
🎧 www.klett.de/condinamica Track 3

¿De qué objetivo se habla?
¿Qué lugar ocupa este objetivo en el documento de las Naciones Unidas?

4 **Las Naciones Unidas han pensado en varias metas o medidas para conseguir este objetivo. Escucha la segunda parte del programa y marca las tres medidas de las que se habla en el programa.** 🎧 www.klett.de/condinamica Track 4

a.	Mejorar el acceso al agua potable a una gran parte de la población
b.	Reducir la pobreza sobre todo de familias con ancianos y niños
c.	Mejorar la calidad de vida en viviendas extremadamente pobres
d.	Parar la pérdida de la biodiversidad
e.	Permitir el acceso a las nuevas tecnologías
f.	Incluir los temas de sostenibilidad en las políticas nacionales

5 En la tercera parte del programa de radio, un experto habla sobre las causas de este tipo de problema. Escucha y contesta a las preguntas. 🎧 www.klett.de/condinamica Track 5

a. ¿Qué se puede hacer de forma individual para mejorar la situación?

b. ¿Qué hay que cambiar en la economía?

Expresión escrita

6 Resume el texto "El agua como bien público y no como negocio de las transnacionales".

a. Informa sobre título, fuente, fecha, autor/a y tema. Utiliza las expresiones para estructurar la información.

b. Añade un comentario personal.

c. Ten en cuenta los criterios de evaluación que te ha explicado tu docente. Corrige tu texto y entrégalo a tu profesor/-a.

Expresión oral

7 Lee el siguiente texto y prepara una exposición en la que presentes tus puntos de vista sobre el tema (5 minutos). Grábala y entrégasela a tu docente para la corrección. Ten en cuenta los criterios de evaluación que te ha explicado tu profesor/a.

La felicidad de los mexicanos

La felicidad parece estar de moda entre los investigadores y en muchas disciplinas se habla de ella. Un caso interesante es el de Ronald Inglehart, investigador del Centro de Estudios Políticos de la Universidad de Michigan. Desde hace tiempo, este investigador se dedica a estudiar la situación de la felicidad en las sociedades contemporáneas. En 2006, dio a conocer un estudio realizado en 82 países para medir este sentimiento. Los resultados están disponibles en www.worldvaluessurvey.org

Una de las conclusiones importantes es que las personas más felices del mundo no están en los países más ricos. El estudio indica que la felicidad no la produce el dinero.

De acuerdo con el estudio de la Universidad de Michigan, los habitantes más felices del planeta están en Puerto Rico, pero los que siguen en el ranking son, curiosamente, los mexicanos, algo que llama la atención porque tienen pocos motivos para serlo: desempleo, emigración e inseguridad. Más atrás están los habitantes de Estados Unidos (lugar 14) y Suecia (lugar 17).

Ese resultado no es único ya que Robert Biswas-Diener y Richard Layard, investigadores de la Universidad de Illinois, en su *Encuesta Mundial de Valores*, llegan a las mismas conclusiones que Ronald Inglehart. En todo caso, parece que en gran medida el factor decisivo para sentirse feliz radica en la socialización, la adaptación, pero sobre todo la cultura. Los investigadores concluyen que algunos pueblos son por naturaleza felices, como el mexicano, que parece que cualquier situación que sufra no lo hace moverse de su estado de felicidad. Aunque los resultados del estudio indican que, en general, los latinoamericanos están entre los más satisfechos con la vida que llevan en su nación.

El índice de bienestar material no garantiza la felicidad, y si no que lo digan los japoneses, que viven en uno de los países más ricos del mundo pero están en el lugar 40 de la clasificación; un poco antes, en el 38, está Uruguay, curiosamente una de las excepciones en Latinoamérica.

Antulio Sánchez, *El Milcno (México)*

a. Antes de la exposición:
   - Haz un mapa mental con todas las ideas que se te ocurran. Ordénalas.
   - Prepara el vocabulario temático.
   - Repasa las expresiones que ya conoces para opinar, comentar, expresar agrado, etc. Presta atención al uso del indicativo y del subjuntivo.
b. Durante la exposición:
   - Utiliza las notas que has preparado, pero intenta leer lo menos posible.
c. Autocorrección:
   - Vuelve a escuchar tu texto, mejóralo y grábalo otra vez.

1 ¡Así no hay quien lo entienda!

▶ G | 13.1

Une las frases con pronombres relativos para que se entiendan mejor. En algunos casos es mejor sustituir los sustantivos con pronombres, para que haya más cohesión.

1. Una amiga mía tiene un novio africano. Mi amiga conoció a su novio en Marruecos. Estuvo en Marruecos de vacaciones. Marrakech es una ciudad. La ciudad le encantó.

2. A la mamá de Silvia no le gusta Javier. Silvia está saliendo con Javier. Javier no le gusta a la mamá de Silvia porque estudia Literatura. Con la carrera de Literatura nunca podrá ganar dinero. Esto a Silvia no le preocupa para nada en este momento.

3. Me preparé para el examen. El examen era demasiado difícil. El examen contenía preguntas. No pude contestar las preguntas del examen.

4. Al lado de mi casa vive un hombre. El hombre acaba de separarse de su mujer. El hombre tiene una hija. La hija es una amiga mía. Ella cree que su padre acaba de hacer la tontería más grande del mundo.

5. Anoche, en una fiesta, me encontré con un chico. Yo había ido a la escuela con ese chico. El chico está casado con una empresaria italiana. La empresaria vende productos biológicos. Los productos se consumen en todo el mundo.

6. Un amigo mío me contó una película. La película trata de la historia de un cine. En el cine daban películas románticas, que entonces se consideraban pornográficas porque la gente se besaba. Y ahora en el cine están dando una película hecha con besos. Los besos los sacaron de las películas. Esto constituye un enorme éxito.

2 Elige uno de los pronombres para unir estas frases, que constituyen una pequeña historia. ▶ G | 13.1

1. Te voy a contar algo quien/que me contaron a mí hace mucho tiempo, donde/cuando vivía en Suiza, que/donde tenía un amigo cuya/que familia tenía un restaurante, donde/adonde iban muchos inmigrantes españoles quien/que habían llegado a este país hacía bastante tiempo.

2. Muchos de estos inmigrantes, quien/que no hacían otra cosa que hablar de su pueblo, donde/adonde pensaban volver, no tenían ni papeles ni contrato de trabajo, como piensa mucha gente. Esto rompe el mito de que los inmigrantes españoles eran casi todos legales.

3 Une estas frases con pronombres relativos. No te olvides de agregar las comas en donde corresponda. ▶ G | 13.1

a Practica las oraciones de relativo explicativas.

1. Los graves problemas habitacionales cubanos han dado origen a la creación de posadas privadas. En esas posadas, la gente joven recurso tiene, tiene sus relaciones sexuales.
2. Las mexicanas y mexicanos sin pareja gastaron un promedio anual de 705 a 1 512 dólares en citas para encontrar a su media naranja. Las mexicanas y los mexicanos sin pareja que gastaron ese promedio anual constituye aproximadamente una quinta parte de la población del país.
3. El 60% de las españolas ve su futuro en pareja, casada y con hijos. El 60% de las españolas contestaron la encuesta.
4. La organización de la familia ha experimentado cambios a lo largo de la historia. Ha dejado de ser el lugar donde la pareja afirmaba "hasta que la muerte nos separe".

b Ahora practica las oraciones de relativo especificativas. ▶ G | 13.1

1. Los graves problemas habitacionales cubanos han dado origen a la creación de posadas privadas. Los graves problemas habitacionales cubanos todavía no tienen una solución satisfactoria.
2. Las mexicanas y mexicanos sin pareja gastaron un promedio anual de 705 a 1 512 dólares en citas para encontrar a su media naranja. Las mexicanas y los mexicanos sin pareja que gastaron ese promedio anual pertenecen a la clase media.
3. El porcentaje de españolas ve su futuro en pareja, casada y con hijos. El porcentaje es menor que el de los hombres españoles.
4. La familia ha dejado de ser el lugar de la pareja. En ese lugar la pareja afirmaba "hasta que la muerte nos separe".

4 Transforma las frases con la forma correcta de "quien". Atención al antecedente. ▶ G | 13.1

Las personas a las que no les preocupa el sexo suelen tener una buena vida de pareja.
Las personas a quienes no...

1. Si tienes un amigo o amiga en el/la que confiar, eres una persona feliz.
2. Dicen que las estudiantes holandesas son las que aprenden lenguas más fácilmente.
3. Hay personas para las que dar un examen es un problema.
4. El chico con el que comparte piso es un estudiante Erasmus.
5. Las protagonistas de la historia son unas niñas a las que les pasan muchas cosas interesantes.
6. A las personas que quieran estudiar en América Latina, les recomiendo esta guía.

5 **El corrector gramatical.**

▶ G | 13.1

A algunos pronombres les faltan los acentos y a otros les sobran. En algunas oraciones faltan las comas. Además, algunas formas del relativo "cuyo" no son correctas. Explica por qué has corregido.

En esta unidad has leído un diálogo que pertenece a la novela *Malena*, de Almudena Grandes. Malena es muy pequeña cuándo su abuelo le regala el último tesoro que conserva la familia, una esmeralda, cuya valor está en que algún día le salvará la vida, si ella no le cuenta a nadie lo qué el abuelo le ha dado. Hasta ese momento Malena rezaba porque quería convertirse en un niño; porque creía que nunca podría parecerse a Reina, su hermana melliza, de quién toda la gente hablaba bien: una niña modelo que parecía estar destinada a ser la mujer perfecta. Malena no sabe que será de su vida, pero pronto descubre qué no es la única de la familia que no sabe cual es su lugar en el mundo.
Almudena Grandes, cuyos libros han sido traducidos a muchos idiomas, vive en Granada.

6 **En este ejercicio tienes que completar las frases no sólo con un pronombre relativo sino también con la preposición correspondiente.**

▶ G | 13.1

Una amiga mía, que está de vacaciones en Cuba, me ha mandado un correo electrónico <u>en el que</u> me cuenta muchísimas cosas interesantes (en el correo).

1. El asunto .... estuvieron hablando, a mí no me interesa para nada.
2. Los países .... viajaron todavía no los conozco.
3. La chica .... sale es una compañera de trabajo.
4. La señora, ... le alquila el piso, es una amiga de su madre.
5. El tema, ... trata la investigación, no es muy conocido.
6. El problema .... nos enfrentamos es muy peligroso.
7. Las clases .... asiste le encantan.
8. El chico .... se enamoró vive en África.
9. El teléfono .... estás llamando ya no funciona.
10. La casa .... sueña cuesta una fortuna.

7 **Ahora completa el párrafo con los pronombres relativos y las preposiciones correspondientes. No te olvides de los artículos.**

▶ G | 13.1

a. En la unidad 10 has leído los resultados de una entrevista de la profesora Abele-Brehm, ... se explica la relación que existe entre los resultados de los exámenes y el estado emocional de las personas. Los exámenes, ... muchas y muchos estudiantes les tienen miedo, forman una parte considerable de la carrera académica. Las personas que sienten temor suelen obtener peores resultados, ... se demuestra que la preparación psicológica es muy importante. Es importante desarrollar estrategias .... reducir la ansiedad.

b. Luis es un estudiante de mi clase, ... los exámenes no le dan ningún miedo. Esto, a veces, es un problema, porque está demasiado tranquilo. Todo el mundo sabe que hay distintos tipos de pruebas .... hay que prepararse de diferente manera y .... la creatividad a veces importa menos que la precisión y la concentración en los detalles.

8 Esta es una historia que cuenta Jorge Fernández Díaz sobre el encuentro de su madre con su abuela, ▶ G | 9.1 | 9.2
después de muchos años de "América". Completa el texto con los verbos en pasado.

Dice Jorge Fernández Díaz que con los viajes nos pasa como con los amores: tenemos presente el último; olvidamos los detalles de muchas idas y venidas por el mundo, pero difícilmente olvidamos el primero. El periodista cuenta que .... (viajar) por primera vez cuando .... (tener) nueve años, en la clase turística de un barco inglés que .... (llamarse) *Arlanza*; .... (ser) la manera más económica de viajar para su madre, su hermana y él, que .... (venir) de una familia de inmigrantes. Él y su hermana no .... (conocer) a su abuela, María del Escalón, que .... (vivir) en Vigo, donde la abuela María y la madre de Jorge .... (verse) por última vez. En 1947 María .... (poner) a su madre, con 15 años, en un barco, y la .... (mandar) a la tierra desconocida: Buenos Aires. Le .... (prometer) que toda la familia la seguiría, pero no .... (ser) así. Su madre .... (vivir) toda la vida con la tragedia de haberse hecho argentina a la fuerza y de haber vivido lejos de la familia.

En aquella época, el mundo .... (ser) muy diferente: las clases trabajadoras .... (ir) al cielo pero no .... (volar) en aviones ni .... (hacer) llamadas telefónicas de larga distancia. No había correo electrónico, ni chats, ni Skype. Y cuando uno .... (irse), lo .... (hacer) "para siempre". En 1969, casi treinta años después, ... (navegar) quince días, nueve sin ver tierra, para llegar a España.

Cuando .... (entrar) en el puerto de Vigo, mi madre .... (reconocer) a la suya entre toda la gente y .... (gritar): "¡Mamá, estoy aquí!". Y María, desde lejos, ... (gritar): "¡Ay, hija mía, no te conozco, no te conozco!". Cuando finalmente .... (poder) abrazarse, la gente que .... (observar) .... (empezar) a aplaudir, como en el teatro. Y muchos .... (tener) los ojos llenos de lágrimas.

9 Completa "El decálogo del placer" con un verbo en la forma de imperativo. Utiliza la variante española ▶ G | 5.2
o la latinoamericana, en la segunda persona del plural.

Hay un libro de los sexólogos Masters y Johnson, *El sexo y las relaciones amorosas*, que podría considerarse un decálogo de los buenos amantes, cuyas reglas son:

1. .... que una buena relación sexual empieza siempre cuando las personas están vestidas. (recordar)
2. .... de sexo con su pareja. (hablar)
3. .... pasar una cantidad razonable de tiempo para estar con su pareja. (intentar)
4. No .... que el sexo se transforme en una rutina. (permitir)
5. .... bien: la fantasía es uno de los mejores afrodisíacos que existen. (pensarlo)
6. No .... que para tener buenas relaciones sexuales no sólo es cuestión de técnica. (olvidar)
7. .... lugar en su vida a los sentimientos. (dar)
8. No .... el sexo demasiado en serio. (tomar)
9. .... que no tener los mismos gustos eróticos no significa el fin de la pareja. (recordar)
10. .... realistas con las expectativas sexuales. (ser)

10 **Si repasas las oraciones condicionales antes de hacer este ejercicio, no harás errores.** ▶ G | 11.3

1. Si sois realistas con las expectativas sexuales no .... (tener) problemas.

2. Si ustedes .... (recordar) que no es importante tener los mismos gustos eróticos, la pareja sobrevivirá muchas crisis.

3. Si no tomas el sexo demasiado en serio, ... (disfrutar) muchísimo más.

4. Si .... (dar) lugar en tu vida a los sentimientos, serás más feliz.

5. Si vosotras/-os no .... (permitir) que el sexo se convierta en rutina, tendréis una vida llena de placer.

6. Si hablan de sexo con su pareja, ... (ver) que muchas situaciones que parecen problemáticas en realidad no lo son.

a Esta persona está buscando pareja… y tiene algunas dificultades. Ayúdale con el indicativo o subjuntivo. ▶ G | 8.3

1. No conoce a nadie que le .... (gustar) y cuando le .... (gustar) una persona, siempre piensa que a esa persona ella o él no le va a gustar.

2. Siempre busca parejas que .... (parecerse) a su familia y cuando (parecerse) .... mucho a su familia, dice que es gente aburrida.

3. No hay nadie que .... (estar) a la altura de sus expectativas y cuando encuentra a alguien que .... a la altura de sus expectativas, le da mucho miedo.

4. Si sale con alguien que .... (ser) agradable, duda que .... la persona ideal, porque a ella o a él eso no le pasa nunca.

5. No hay en el mundo una persona que le .... (caer) bien y la gente que le .... bien, ya tiene pareja.

6. Si .... (conocer) a alguien que .... (ser) así, mejor que no la/lo elijas como pareja.

11 **En este ejercicio repasarás las oraciones adverbiales temporales. Completa las frases.** ▶ G | 8.5 | 10.1
No necesitarás todos los conectores que te ofrecemos.

cuando | hasta (que) | desde que | desde hace | antes de | después de | en cuanto | hace

1. La familia de hoy ya no es el lugar donde la pareja afirma " .... la muerte nos separe".

2. .... bastante tiempo que la familia, como la conocían nuestros bisabuelos, ha cambiado las formas de organizar la educación y socialización de las hijas e hijos.

3. .... el padre ha dejado de ser la figural central, se observan familias de un solo progenitor, padre o madre, o familias donde estas personas aportan hijas e hijos de otros matrimonios.

4. .... una pareja se separa y tienen hijas e hijos, esto no significa automáticamente que el hombre y la mujer se nieguen a ser padre o madre: se niegan simplemente a seguir teniendo la relación que tenían.

5. .... bastante tiempo que en Sociología se habla de la familia nuclear, lo que significa un grupo compuesto de madre y padre, más las hijas o hijos biológicos o adoptados.

6. Cuando las personas que forman una familia conviven .... dos generaciones que están basadas en vínculos de sangre, se dice que esta organización familiar es una familia extensa. .... muchos años, este tipo de familia, por lo menos en Europa, tiene la tendencia a desaparecer.

12 **Este texto ya lo conoces. Cuéntale a otra persona el diálogo. Escribe primero todos los verbos del habla** ▶ G | 12.2
que recuerdes y luego haz otros cambios que sean necesarios.

Comienza así:

Fernando quiso saber si Malena se daba cuenta por qué él la miraba raro. Ella...

> preguntar | contestar | afirmar…

- ● ¿Y por qué crees tú que te miro raro?
- ○ No lo sé. A lo mejor te resulto curiosa, porque en Alemania no hay tías como yo, o te recuerdo a tu novia.
- ● No, mi novia es rubia, delgada y bajita. Me gustan las chicas pequeñas y ¿cómo se dice cuando algo no llama demasiado la atención?
- ○ ¿Sosas?
- ● No, hay otra palabra.
- ○ Quieres decir discretas…
- ● Eso, pequeñas y discretas.
- ○ Pues estupendo, no sabes cuánto me alegro por ti. ¿Y cómo se llama?
- ● ¿Quién? ¿Mi novia? Helga.
- ○ Es bonito (en español sonaba horroroso, rimaba con acelga).
- ● ¿Tú crees? A mí no me gusta nada. El tuyo, en cambio, sí es muy bonito.
- ○ ¿Malena? Sí, sí que lo es. (Y era sincera, siempre me ha gustado mucho mi nombre.) Y también es el título de un tango, una canción muy triste.
- ● Lo conozco. ¿Sabes por qué te miro tanto?

13 **Identifica la función de los verbos. ¿Recíprocos o reflexivos?** ▶ G | 13.2

La abuelita de Sebastián es muy viejita, por eso hay que ducharla, vestirla, peinarla y maquillarla.
Ella ya no puede ducharse, vestirse, peinarse y maquillarse sola. (reflexivos)

Andrés, cuando viaja, le escribe a Maren largas cartas de amor y ella le contesta.
Andrés y Maren se escriben largas cartas de amor. (recíproco)

1. Juan y Marzia se despiertan a la misma hora.

2. Juan y Marzia se despiertan con un beso todas las mañanas.

3. La mamá viste a los niños y después se viste ella.

4. Javier y Alessandra están enamorados: se besan, se acarician y se abrazan todo el día.

5. En las vacaciones Ana y Tomás se hicieron muchas fotos.

14 Completas la frases.

▶ G | 13.2

Los chicos besan al papá y el papá también los besa. Ellos...
Ellos se besan.

1. Pilar ya no tiene que vestir a sus hijas.
    Ya están grandes y pueden . . . . solas.

2. Vicky y Carlos van a una fiesta de Carnaval. Carlos maquilla a Vicky y ella lo peina a él.
    Ellos . . . . y . . . .

3. Mis padres llevan muchos años de casados. Mi papá conoció a mi mamá hace treinta años.
    Mi mamá lo quiere mucho y él también a ella.
    Ellos . . . . hace treinta años y todavía . . . . mucho.

4. Yo vivo con una chica que estudia en otra ciudad. Sólo la veo los sábados y domingos.
    (Nosotras) . . . . los fines de semana.

5. Los vecinos de esta casa se conocen poco. Hablan entre ellos sólo en el ascensor.
    Los vecinos sólo se saludan y. . . . . en el ascensor.

15 ¿Te acuerdas cómo se usan? Completa las frases. No podrás usar todas estas expresiones.

▶ G | 8.5 | 10.1

> desde | desde que | desde hace | hasta | hasta que | antes de | antes de que | después de |
> después de que | cuando

Miguel se ha enamorado y quiere escribirle una poesía a su nuevo amor. ¿Por qué no le ayudas con las frases?

Cuando te miré por primera vez, me enamoré de ti como un loco.

. . . . te conocí, no puedo vivir sin ti.

. . . . te vi, comprendí que tú hacías realidad todos mis sueños.

. . . . conocerte mi vida era aburrida. Hoy es muy divertida.

. . . . estar contigo, mi vida ya tiene otro sentido.

. . . . el día de hoy no sabía qué era el amor.

. . . . hoy soy el hombre más feliz del mundo.

Bueno... Miguel no es Pablo Neruda... pero para empezar no está mal, ¿verdad? El problema es que su nuevo amor no es tan sentimental como él y le dice:

. . . . empecemos a salir, quiero decirte que yo tengo otra pareja y que . . . . hable con ella y le explique que tú también me gustas un poquito, no quiero tomar ninguna decisión, ¿vale? También tienes que saber que tengo cuatro hijos y que sólo . . . . te conozcan y me den su opinión sobre ti, vamos a decidir qué hacemos. ¿Te parece?

Y a Miguel, que está enamoradísimo, todo le parece perfecto y en realidad no tiene la menor idea de lo que le están diciendo.

16 Lee el título y la entradilla del siguiente texto. ¿Qué puede haber provocado esta prohibición?

....
....
....
....

EFE/ La Tercera

UNIVERSIDAD HEBREA PROHÍBE RELACIONES SEXUALES ENTRE PROFESORADO Y ESTUDIANTADO

La regulación se produce después de la detención de un profesor a finales de julio pasado, bajo sospechas de haber forzado a sus alumnas de doctorado a mantener relaciones sexuales a cambio de favores.

La Universidad Hebrea de Jerusalén ha decidido prohibir las relaciones sexuales incluso si ambas personas están de acuerdo, entre profesores y estudiantes que estén bajo su control académico, informa hoy el diario *Haaretz*.

La legislación modifica el estatuto del centro académico y ha sido aceptada por una comisión consultiva, aunque tiene que ser aún aprobada por el máximo órgano decisorio de la universidad antes de que comience el nuevo curso en octubre.

La regulación, sin precedentes en la academia israelí, se produce después de la detención de un profesor del Departamento de Sociología a finales de julio pasado, bajo sospechas de haber forzado a sus alumnas de doctorado a mantener relaciones sexuales con él si deseaban obtener favores y buenas recomendaciones.

La detención del profesor provocó una enorme cantidad de protestas de estudiantes universitarios por acoso sexual*.

_____
* sexuelle Belästigung

a Antes de seguir leyendo, escribe qué argumentos crees que se dan para explicar tal prohibición.

....
....
....
....

b Ahora lee el texto y presta atención a los conectores que están en negrita. Explica si se expresa una causa, una consecuencia, una condición, una finalidad u otra relación lógica.

"La universidad es una institución liberal y no prohíbe las relaciones entre profesores y estudiantes", manifestó la portavoz del centro, Orit Soliciano, al explicar la nueva legislación. **Pero** añadió, "en el momento en que se producen esas relaciones, no pueden existir de forma simultánea entre un superior y un subordinado".

La portavoz explicó que por "relaciones entre superior y subordinado" se entienden aquellas entre miembros de la facultad y estudiantes que asisten a sus clases o cursos, relaciones entre estudiantes y sus asesores de tesis, y aquellas entre catedráticos o lectores y cualquier alumno bajo su tutela, a cambio de favores.

La regla en el nuevo estatuto universitario sostiene también que cualquier relación entre un profesor y un estudiante subordinado constituye un conflicto de intereses **ya que** "crea un ambiente educacional y comunitario inapropiado, y puede llevar a una explotación de la posición del superior. **Por ello**, un profesor no debe mantener ningún tipo de relación con los estudiantes mientras exista una relación de dependencia académica entre ellos".

En caso de que ya exista la relación entre un profesor y alumno, la legislación continúa, el primero deberá inmediatamente suspender sus relaciones académicas con el alumno o informar a su superior académico **para** lograr que posteriormente se pueda interrumpir esa relación.

El texto concluye que no respetar cualquier parte de la nueva regulación se comprenderá como una falta disciplinaria.

c Repasa el texto y hazte una lista de las personas que representan a estos dos grupos (estudiante y profesor/-a) en la universidad.

Estudiante
....
....

Profesor/-a
....
....
....

¿No tienes mucho tiempo, pero necesitas una información determinada? No leas frase por frase. Avanza por párrafos, trata de registrar los sustantivos, o si buscas alguna cantidad, las cifras. En poco tiempo vas a encontrar lo que buscabas. Ahora puedes leer ese párrafo más detenidamente. Cómo puedes ver, es importante saber qué es lo que se quiere encontrar, es decir, leer con un objetivo.

Capítulo 5 Viajar, enamorarse   Novela en 7 capítulos   Lourdes Miquel

Otra noche sin dormir. Pero esta vez realmente preocupada e inquieta por saber qué estaba pasando exactamente, por qué la conocían algunas personas que ella no conocía, y por qué otras la buscaban…

Y también preocupada, muy preocupada, porque reconocía los síntomas de una enfermedad peligrosísima, llamada "enamoramiento". Hacía tiempo que no la sentía, pero cuando se descubrió mirando el reloj para ver cuántas horas tardaría en volver a ver a Eduardo, cuando vio que miraba continuamente el móvil para ver si había un sms o una llamada suya, cuando se dio cuenta de que sólo pensaba en ese hombre, perfecto desconocido, que la atraía totalmente, tuvo que aceptar que tenía todos los síntomas de esa enfermedad casi mortal.

Cuando la noche anterior llamó a Eduardo, no le explicó lo desconcertada que estaba con la nota que había recibido y cuyo contenido seguía siendo un misterio para ella, sino que se excusó por haber estado un poco seca al despedirse y le dijo que tenía ganas de verlo hoy. Eduardo le dijo que tenía que trabajar toda la mañana pero que intentaría cambiarlo. A las nueve de la mañana sonó el móvil y era Eduardo:

– Ponte unos zapatos cómodos, que nos vamos de viaje. ¿Te apetece[27]?

– ¿No me vas a decir dónde vamos?

– ¿No me vas a dejar darte una sorpresa?

Sí, Elsa reconocía todos los síntomas: auténtico coqueteo.

A las nueve y media en punto, en la puerta del hotel, estaba Eduardo con un coche bastante antiguo y destartalado.

– Es de un amigo que me lo ha prestado. Creo que podrá llevarnos a nuestro destino. ¿Te atreves a subir? Nos vamos a dar una vuelta por el Sol y por la Luna.

– Caramba. Suena misterioso y prometedor.

Sí, Elsa reconocía todos los síntomas también en él. Y se acordó de lo que había pensado en el avión cuando lo vio por primera vez, porque hoy el viaje tampoco estaba empezando mal, nada mal.

El coche no prometía nada bueno, pero, sin embargo, consiguió recorrer los cincuenta kilómetros que separan la Ciudad de México de Teotihuacán[28]. Durante el viaje Eduardo le explicó la historia de la ciudad, de la que Elsa sabía algunas cosas que había leído en la guía.

Cuando llegaron, Elsa se quedó admirada no sólo del encanto de las pirámides sino también del color de la tierra que las rodea.

– Mira, te propongo algo mágico: vamos a intentar subir a la Pirámide del Sol para llegar a la cima justo al mediodía – le dijo Eduardo – . Espero que no tengas vértigo.

"Cuando uno está ligando no se cuentan las miserias", pensó Elsa, que tenía bastante vértigo pero que estaba dispuesta a aguantárselo. Antes de subir, tomaron una bebida de planta de magüey que, según Eduardo, daba mucha energía.

Empezaron a subir escalón tras escalón mientras Eduardo le contaba los misterios de la civilización teotihuacana.

– Piensa que los nombres que conocemos se los pusieron los aztecas, que es una cultura muy posterior y distinta a aquella. Para los aztecas esto era un lugar sagrado y le pusieron este nombre, que significa algo así como "el lugar donde los hombres se convierten en dioses"…

Elsa se quedó con esa frase y empezó a sentirse como una diosa mientras subían y subían. A las doce en punto llegaron a la cima. La alegría de haber subido, la vista, la

---

[27]El verbo "apetecer" se utiliza mucho en España. No tanto en el resto de los países hispanohablantes.
[28]Teotihuacán es una importante zona arqueológica con los restos de la ciudad mexica de ese nombre, que significa "ciudad de los dioses". Destacan la Pirámide del Sol y la de la Luna.

energía que había allí arriba, la luz, todo se juntó. Elsa, la diosa venida del otro lado, miró a Eduardo, el dios que voló con ella, y se besaron apasionada y escandalosamente mientras los turistas los fotografiaban.

– Aquí, en este cuadradito – le dijo Eduardo –, dicen que si pides un deseo, se te concede.

– Pues pido que lleguemos enteros abajo… – dijo Elsa mientras se echaba a reír.

Un rato después se animaron a subir a la Pirámide de la Luna, algo más pequeña, pero igualmente mágica, y allí siguieron con la magia, besándose como locos, y la bajaron cogidos de la mano y abrazándose a cada poco.

"Suerte que no me sentía preparada para una nueva relación…", pensó Elsa con ironía, "y suerte que no hay más astros a los que adorar porque me están temblando las piernas de tantas emociones y de tantos escalones".

Cuando estaban llegando al Palacio de Quetzalpapálotl, un vendedor se les acercó y les ofreció algunos souvenirs. Elsa vio cómo Eduardo le compraba algo:

– Toma, Elsa, para ti. Es una piedra obsidiana. Aquí dicen que atrae la buena suerte. Y yo quiero que nuestra relación nos traiga suerte a los dos.

Elsa la cogió y la apretó muy fuerte. Lo abrazó, lo besó, le cogió la mano y observó sus constantes vitales: "Pulso 120, ligera taquicardia, problemas de hiperventilación. Completamente enferma. Que los dioses teotihuacanos, otomíes, toltecas y aztecas[29] nos protejan".

Fueron a comer a un restaurante instalado entre las piedras de una inmensa gruta. El ambiente era algo turístico pero muy colorista y romántico: mesas con velas, contraluces, penumbra…

– Pidamos algo que no sea muy picante – le dijo Elsa, que temía hacer un ridículo semejante al del otro día en Coyoacán.

Comieron un mole de guajolote[30] delicioso mientras se cogían las manos y se acariciaban. Hablaron de sus familias, de sus biografías, de sus aficiones, de sus planes. Se sentían bastante compatibles. Sin embargo, Elsa evitó hablar de su otro Eduardo, ese que estaba desapareciendo por momentos de su memoria. No era el momento. En los postres, mientras se tomaban a medias una torta de elote[31], decidió explicarle lo que le estaba pasando:

– Mira, Eduardo, apenas nos conocemos y a lo mejor piensas que estoy loca…, pero, desde que llegué aquí, me está pasando algo muy raro: no paro de encontrarme gente totalmente desconocida que me saluda por la calle diciéndome mi nombre. Al principio pensé que todo eran imaginaciones mías por el jet-lag, el cansancio, los nervios… . Pero ayer, cuando llegué al hotel, me encontré esta nota.

Y se la dejó ver a Eduardo.

– ¿Y no conoces a este Mateo?

– Ni a este Mateo ni a ninguna de las personas que me han reconocido… Me estoy empezando a poner nerviosa con este tema. Incluso me da un poco de miedo… No sé, intento no ponerme paranoica, pero me inquieta mucho todo esto.

– A ver, pensemos… Dos cabezas como las nuestras tienen que poder resolver el misterio.

Y se besaron de nuevo y volvieron a Ciudad de México, en medio de un gran atasco o "congestionamiento", como decían en México, y a las tantas llegaron al hotel y, esta vez, Elsa no despidió a Eduardo en la puerta.

---

[29]Se refiere a una serie de civilizaciones que supuestamente pasaron por Teotihuacán.

[30]Plato típico mexicano, muy elaborado y poco conocido fuera de México, a base de carne de pavo (guajolote en México) o de pollo, con gran variedad de ingredientes y especias, que se suele comer en las grandes ocasiones. Hay de muchos tipos: el mole poblano (de la ciudad de Puebla), el mole rojo, el verde, el negro,…

[31]Dulce típico mexicano. "Elote" significa "maíz". En otros países, como en Chile, se llama "choclo".

17 **El significado de las manos no se reduce al saludo. Aquí tienes una serie de frases hechas; algunas han aparecido ya en las unidades anteriores.**

a ¿Puedes relacionarlas con los significados de la segunda columna?

1. dar/echar una mano	a. Así hizo Poncio Pilatos como señal para liberarse de la responsabilidad.
2. mano sobre mano	b. Capturar a alguien o algo que se mueve.
3. lavarse las manos	c. La mano cerrada es signo de poder, abrirla significa no ejercer un poder.
4. abrir la mano	d. Las manos están inmóviles, así que no se hace nada, se descansa.
5. echar mano (a alguien o a algo)	e. Se da ayuda; en sentido figurado, se le presta una mano a alguien para que pueda hacer algo mejor o más rápido.

b Coloca las frases hechas del ejercicio anterior en las oraciones siguientes. A veces tienes que conjugar los verbos o acompañarlos con los pronombres.

1. Llevas dos días .... ¡A ver si te pones a lavar los platos de una vez! Ya no se puede entrar a la cocina.
2. El examen fue difícil, por eso la profesora .... y no puso tan malas notas como nos esperábamos.
3. El gato se escapó de casa, pero conseguí .... en la esquina. ¡Suerte que no cruzó la calle!
4. Tú ya eres mayor y yo no soy quién para decirte cómo debes comportarte; haz lo que te dé la gana; yo
   ....
5. Tengo que ordenar la casa, pero si me ...., termino más rápido y nos vamos al cine juntas.

18 **Frases para armar.**

Existen cosas y palabras que tienden a estar juntas. Construye frases con los sustantivos y adjetivos que se sugieren a la derecha, pero intenta agregar otras dos palabras en cada ejemplo.

tener... formar... vivir en...	una pareja	*Tener una familia moderna y nuclear (frase correcta). Formar una pareja monoparental (frase incorrecta porque las parejas no pueden ser monoparentales).*
	una familia	....

monoparental **muy** **nuclear** **moderna** **frío** **fuerte** **abrazo** **beso** **apasionado** **mariposa** **multicultural** **homosexual**

dar un... recibir un... saludar con un...	....

En esta unidad has aprendido unas 120 palabras nuevas, menos respecto a las unidades pasadas, pero has tenido más oportunidades de encontrar vocabulario ya conocido en estructuras nuevas o con significados diferentes.
También has hecho comparaciones y utilizado metáforas para recordar o identificar un modo de ser o las características de algo o alguien y para memorizar o economizar palabras. Las estrategias nuevas tienen que agregarse a las viejas, ¡pero no sustituirse!
Sigue realizando mapas mentales y utilizando el glosario. En las claves a los ejercicios tienes un ejemplo de mapa mental de la unidad.

El mundo que nos toca vivir

1 Completa con los siguientes adjetivos: "grande", "primero", "tercero", "bueno", "malo". Utiliza el apócope donde sea necesario.

▶ G | 14.1

Cien años de soledad es una novela del conocido escritor colombiano Gabriel García Márquez, (1er) .... Premio Nobel de Literatura de su país. Se considera la obra más importante en lengua castellana después de *El Quijote*.

Esta .... novela, traducida a 35 idiomas, cuenta la historia de la familia Buendía, desde la (1a) .... generación hasta la séptima. José Arcadio es el (1er) .... hijo, Aureliano el segundo y Amaranta, la menor. Todas las generaciones de la familia viven historias trágicas y fantásticas.

La novela es un .... ejemplo del estilo llamado "realismo mágico", ..., porque ocurren cosas increíbles, segundo, porque lo fantástico parece formar parte de la vida de todos los días, y en .... lugar, porque los hechos históricos ocurren en un pueblo mítico llamado Macondo.

La historia comienza con un .... presentimiento, o idea terrible de que ocurrirá algo ...., ya que en el pueblo existía la creencia de que si dos primos se casaban, sus hijos podrían nacer con deformaciones. Te aconsejo que la leas: pasarás un .... momento.

▶ G | 14.2

2 Lección de tango. A ti te toca escribir los números ordinales.

Estimado lector: estas instrucciones le servirán para obtener rápidamente el diploma de tanguero argentino. Sígalas una por una o "dos por cuatro" y en el orden en que se presentan. Ahora… ¡a practicar!

1. .... regla: ponga cara seria, triste y concentrada aunque esté pensando en otra cosa.
2. ....: mirándose al espejo, observe si está bien peinado, cada pelo en su lugar. Fundamental.
3. .... paso: tome por la cintura a una mujer imaginaria y demuéstrele que usted controla la situación.
4. .... etapa: mueva el pie derecho hacia delante y póngalo entre las piernas de la mujer, haciendo fuerza con la mano sobre la cintura.
5. .... movimiento: haga una pausa de dos tiempos sobre su pie izquierdo y luego camine hacia atrás.
6. .... sugerencia: acérquese a la cara de la mujer imaginaria como queriendo besarla, pero no la bese.
7. .... consejo: póngase todavía más triste e intente llorar un poquito. Muestre muchas emociones.
8. .... fase: la mujer imaginaria, totalmente enamorada de usted, querrá saber de qué se trata.
9. .... sugerencia: usted, con voz de macho, profunda y emocionada, le dirá: "Estoy pensando en mi mamá".
10. .... parte de la lección: cambie de pareja imaginaria y vuelva a empezar.

3 **Silvia va a la escuela y mañana tiene un examen de historia. Tiene que aprender nombres y fechas ¡de memoria! Léeselas en voz alta.**

▶ G | 14.2

1. **Carlos I** fue rey de España desde **1516** hasta **1556**. También se le conoce como Emperador **Carlos V** (**1519 – 1558**). Era hijo de **Juana I** de Castilla y Felipe el Hermoso o Felipe de Habsburgo.

2. Algunas universidades de Madrid llevan el nombre de reyes, por ejemplo, la Universidad **Alfonso X** el Sabio (**1221 – 1284**), que fue rey de Castilla y de León (**1252 – 1284**). Otra conocida universidad es la **Carlos III**, llamado también "el mejor alcalde de Madrid".

3. **Alfonso XIII** de Borbón (**1886 – 1941**) fue rey de España desde su nacimiento hasta la proclamación de la **II República** el **14** de abril de **1931**.

4. En la actualidad el rey de España se llama **Juan Carlos I**. Uno de los momentos más difíciles de su vida política fue el intento de golpe de estado del **23** de febrero de **1981**, conocido como "**23**-F". Una universidad de Madrid también lleva su nombre.

4 **En la unidad 13, especialmente en los primeros textos, encontrarás muchos ejemplos de adverbios terminados en "mente". En el recuadro están los adjetivos correspondientes. No podrás usarlos todos en este ejercicio. Escribe el que corresponde a los contextos que te ofrecemos. Luego escribe la regla de formación de dichos adverbios.**

| rápido | simple | seguro | popular | intenso | principal | lamentable | lógico | exacto | fundamental |

1. Una mujer chilena escribe en una bitácora (o blog): "Somos una pareja común y corriente. Tenemos tres hijos y cada uno de nosotros vive la vida................".
2. En una estadística publicada por un periódico mexicano se dice que .... el 20,5% de las personas encuestadas confían más en sus encantos personales que en el dinero, en el momento de buscar pareja.
3. Para los cubanos .... la gente joven, buscar un sitio donde tener relaciones sexuales se ha convertido en un dolor de cabeza.
4. Las instalaciones estatales cubanas que ofrecen servicios de albergue temporal, llamadas .... posadas, tienden a desaparecer.
5. No existen familias tradicionales o familias modernas: son .... diferentes formas y estilos de organizar la educación y la socialización de los hijos. Las semejanzas o diferencias tienen que ver .... con el concepto que cada familia tiene del amor y de las normas.
6. El beso, ... , es uno de los saludos más cariñosos que existen; se ha convertido en algo habitual, hasta entre las personas que no se conocen. En mi país, Argentina, la tendencia es tocarse y besarse mucho, y entre hombres, también abrazarse.
7. Algunos indígenas de Oceanía refriegan sus narices cuando se saludan. En otras culturas, esta costumbre sería la forma ideal para transmitir una epidemia ....
8. Dicen que en México, el saludo más común y corriente entre hombres es darse la mano ....

Regla:

5 **Completa estas frases con el sustantivo correspondiente, como en el ejemplo.** ▶ G | 14.4

Es necesario que los estados <u>incorporen</u> la perspectiva de género a las políticas de integración.
Dicha <u>incorporación</u> mejoraría considerablemente la situación de las mujeres inmigrantes.

1. **Luchar** contra la discriminación, el racismo y la xenofobia es un deber del Estado; sin embargo, esa . . . .
   también es responsabilidad de todas las ciudadanas y todos los ciudadanos y no sólo de los gobiernos.
2. **Cooperar** con el desarrollo de la economía de los países de inmigración evitaría que muchas personas estén
   obligadas a emigrar. Dicha . . . . , sin embargo, no sólo debería tener lugar a nivel económico sino
   también educativo.
3. **Emigrar** es, en la actualidad, el destino de millones de personas; por eso se puede decir que la . . . . es
   el gran tema de nuestro siglo.
4. El desempleo en América Latina **ha crecido y sigue creciendo**. Ese . . . . es uno de los factores que explica
   el aumento de la población emigrante.
5. Estados Unidos es el país que más inmigrantes **ha recibido** durante los siglos XX y XXI; pero España, a partir de
   los años 90 ha sido un . . . . creciente de inmigrantes de América Latina (Ecuador, Colombia y Argentina).
6. **Consumir** drogas y videojuegos son tendencias que caracterizan a una parte de la juventud actual, aunque dicho
   . . . . no es igual en todos los países.
7. **Abrazarse, besarse y acariciarse** son expresiones de amor y amistad entre los seres humanos. Los . . . ., los
   . . . . y las . . . . representan también maneras de saludarse en muchas culturas.
8. En algunos países europeos las parejas homosexuales, con o sin hijos, pueden **adoptar** a niñas y niños. En España,
   por ejemplo, estas familias tienen los mismos derechos que las familias heterosexuales: el derecho de . . . .
   y de herencia.

6 **Lee las siguientes frases y elige el conector adecuado al contexto.** ▶ G | 10.1 | 14.5

                    así que
1. Apus había nacido en el cosmos, **porque** ese espacio sin principio ni fin era para ella muy familiar.
                    Es que

              cuando vio
2. Comenzó a investigar **después de ver** a las figuras torpes que salían de los objetos voladores.
                por ver

                                  hasta que
3. No sabía que los objetos móviles podían hacer cosas tan diferentes **antes de** llegar al planeta redondo
   y azul, que llamaban Tierra.   **hasta**

                  en cambio
4. Lo que vio no le gustó demasiado, **aunque** ya había leído en algún lado que el paraíso estaba en otra parte.
                  por eso

                cuando
5. Además, su sorpresa fue enorme **porque** le pidieron algo que llamaban pasaporte y que lógicamente, no tenía.
                como

                              por eso
6. Apus comprendió rápidamente que en la Tierra no era bienvenida **cuando** la pusieron en una nave que no sabía
   adónde iba.   **para que**

7 En el discurso académico escrito son muy frecuentes las construcciones impersonales. Reformula las frases como en el ejemplo y pon atención a la concordancia. ▶ G | 14.3

Como veremos más adelante, las construcciones impersonales no siempre son sinónimo de objetividad.
Como se verá más adelante, las construcciones impersonales no siempre son sinónimo de objetividad.

1. En este capítulo hacen referencia a las construcciones impersonales.
2. Estas teorías deben interpretarlas pensando en la fecha en que se publicaron.
3. No puedes entender el multiculturalismo si no entiendes la idea de democracia.
4. Consideran que la migración es un fenómeno que se puede controlar.
5. En la conclusión, resumiremos las ideas más importantes.
6. Primero, presentaremos las teorías, después, explicaremos nuestra interpretación personal y para finalizar, comentaremos la bibliografía.
7. Si comparan las dos versiones, verán que la segunda contiene algunos errores.

8 Subraya la frase que introduce una idea de dificultad o concesión. ▶ G | 14.5

Yo estoy muy contenta aquí; echo de menos a mi gente. Sé que de aquí voy a llevarme una experiencia para contarla toda la vida.

Los sufijos "in-" y "des-" suelen indicar negación, esta no es una regla que se puede generalizar. Saberlo sirve para comprender palabras, pero no para inventarlas.

Hay personas que piensan que antes de la caída del muro todo era mejor. Sabemos que no ha sido así para toda la población. Todo el mundo tenía trabajo, había muchos problemas.

Hay que tener en cuenta que las pausas que hacemos al hablar no siempre las representamos gráficamente en el proceso de escritura. Por ejemplo, no va una coma entre sujeto y verbo; muchas veces al hablar, sí hacemos esa pausa.

Una amiga tuya te contó que vio una película que trata de un crimen pero también de una relación pasional. La protagonista es una aficionada al tango. Te recomienda ver la película; no recuerda el título ni sabe exactamente de qué país es. Tú la quieres ver… Búscala en el programa.

9 En el registro formal escrito no sólo se utiliza "aunque", sino también otros conectores, tales como "si bien", "a pesar de" y "ya sea" (+ infinitivo, sustantivo o frase subordinada). Vuelve a leer el texto "La mitad de los emigrantes españoles de los 60 eran 'sin papeles'", en la página 163 de *Con dinámica*, y completa las frases con uno de con estos conectores, utilizando la información del texto. ▶ G | 14.5

1. Apenas la mitad de los españoles que fueron a otros países europeos en los años 60 lo hicieron con contrato y de forma legal,…
2. Los "sin papeles" no roban el trabajo a los españoles y su efecto económico sobre la Seguridad Social es relativo,…
3. No todo el mundo sabe que hasta los años 70 había habido emigrantes ilegales españoles,…
4. Se suele afirmar que la pobreza absoluta es el principal motivo de la emigración,…
5. El efecto negativo de los inmigrantes en la Seguridad Social es relativo;…

10 A continuación te ofrecemos algunas frases de un texto que has leído en esta unidad. ¿Cuál es tu opinión ▶ G | 6.1
y tu valoración frente a tales afirmaciones? Reformúlalas utilizando los recursos gramaticales que conoces.

1. Las reformas sociales en Alemania hacen que muchas personas dejen el país en busca de nuevos horizontes. Especialmente entre jóvenes con una formación académica parece producirse una "fuga de cerebros".

2. La clase política y la opinión pública alemanas parecen no notarlo pero este fenómeno representa un peligro.

3. Este fenómeno emigratorio hace temer dramáticas consecuencias para la economía, el Estado y la sociedad en general.

4. Las nuevas generaciones de académicas y académicos se alejan de Alemania en busca de mejores posibilidades para desarrollarse y progresar profesionalmente en las diversas disciplinas.

5. Se van del país sobre todo profesionales jóvenes, muy motivadas/-os, y con experiencia estudiantil y laboral en otros países.

6. La globalización permite ampliar las perspectivas.

7. Buscan un país en el que se les reconozca y pague de acuerdo con su talento y esfuerzo, y en el que no se les pongan tantos obstáculos burocráticos y jerárquicos como los existentes en este momento en Alemania.

8. Lo que tiene que lograr Alemania es que estos jóvenes investigadores no se vayan para siempre, sino que se produzca un intercambio entre los emigrantes y su país de origen. Esto se lograría a través de una red transnacional en la que es posible transferir conocimientos y tecnología.

9. No se trata de que un país se beneficie a expensas de otro, sino que debería producirse una ida y vuelta beneficiosa entre el país que acoge a inmigrantes y su país de origen.

10. Este es precisamente el caso de aquellos profesionales que vienen a trabajar a Alemania, quienes no están ocupando el lugar de un alemán, ni quitándole su puesto de trabajo, ya que en este país existe una demanda real de su capacidad laboral.

11 Repasa las preposiciones "a", "en", "de". Coloca los verbos en los casilleros correspondientes. Ten cuidado ▶ G | 4.1
con los verbos de movimiento.

acabar | acceder | acostumbrarse | adaptarse | aislarse | apoderarse | arrepentirse | asistir | asociarse |
atribuir | bajar | caber | comenzar | consistir | convertirse | despedirse | emigrar | enamorarse |
enterarse | equivaler | escaparse | esconderse | exportar | gozar | heredar | importar | inferir | ir | llevar |
olvidarse | participar | pensar | pertenecer | preceder | preocuparse | provenir | reemplazar | referirse |
sentarse | subir | sufrir | terminar | traer | tratar | triunfar | venir | viajar | volver

a	en	de

12 Todos los ejemplos de "por" y "para" que te ofrecemos a continuación están en las unidades 12 y 13 de *Con dinámica*. Tienes que agrupar los usos de dichas preposiciones según los conceptos que te ofrecemos. Escribe el número en el casillero correspondiente.   ▶ G | 8.4

por			para			
Expresiones fijas	Intercambio, en lugar de	Causa	Finalidad	Destinataria/-o	Destino	Plazo temporal
....	....	....	....	....	....	....
....	....	....	....	....	....	....
....	....	....	....	....	....	....
....	....	....	....	....	....	....
....	....	....	....	....	....	....

1. Tienes que escribir instrucciones para personas que vienen de otro mundo.
2. Una familia puede ser monoparental por el fallecimiento de la madre o del padre.
3. Los parámetros europeos a veces son insuficientes para comprender la realidad del trópico.
4. No dejes para mañana lo que puedas hacer hoy.
5. Me alegro por ti.
6. Se cobra por día o por hora.
7. Tus silencios son para mí una tortura.
8. Quedemos para el fin de semana, ¿vale?
9. El 23% (por ciento) de la población es de origen africano.
10. A veces sólo se besa por cortesía.
11. Debes contestar por ella.
12. La policía me preguntó por un hombre a quien no conocía.
13. Acaba de salir para el gimnasio.
14. Aquí tienes unos libros, para que no te aburras.

13 ¿Indicativo o subjuntivo?   ▶ G | 14.5

1. Mis amigos están preparando una fiesta al aire libre y dicen que aunque .... buen tiempo, es mejor no poner todas las mesas en el jardín. (hacer)
2. Mis amigos están preparando una fiesta al aire libre y dicen que aunque .... mal tiempo, igual harán la fiesta en el jardín. (hacer)
3. La gente joven sigue emigrando al extranjero, a pesar de que las oportunidades económicas de nuestro país .... mejorando. (seguir)
4. La gente joven seguirá emigrando al extranjero, a pesar de que las oportunidades económicas de nuestro país .... (cambiar)
5. Aunque le .... mucho dinero, la juventud española –igual que sus padres– invierte gran parte de su sueldo en la compra de una vivienda. (costar)
6. A pesar de que me .... muchísimo, voy a seguir ahorrando para comprarme una casa. (costar)
7. Este trabajo tienes que terminarlo hoy, aunque .... que quedarte toda la noche despierto. (tener)
8. A pesar de que .... sólo seis horas por las noches y estudio todo el día, no creo que pueda terminar el trabajo.(dormir)
9. Si bien .... verdad que la fuga de cerebros es un peligro para las naciones, los gobiernos no parecen preocuparse demasiado por este fenómeno. (ser)
10. Aunque la mayoría de los gobiernos no .... del fenómeno llamado "fuga de cerebros", el tema seguirá siendo importante para la sociedad. (preocuparse).

14 **Primero, lee otra vez este diálogo de *Con dinámica*. Después, cuéntale a otra persona las estrategias que usa Joseph cuando le faltan las palabras para expresar lo que necesita.**

▶ G | 7.1 | 8.1 | 8.2

- Hola, ¿en qué puedo ayudarte?
- Bueno, es que yo venía a buscar algo pero no me acuerdo…
- ¿No te acuerdas para qué viniste?
- No, sí que me acuerdo, pero no recuerdo, la palabra para lo que venía a buscar.
- ¿No me puedes decir qué era en general?
- Sí. Es un papel blanco con un sello y para llenar.
- ¿Un módulo? ¿un impreso?
- No estoy seguro.
- ¿Un formulario?
- Sí, eso es, así se llama.
- Bueno, es lo mismo. Pero ¿qué tipo de formulario?
- Es uno donde se ponen los datos: la edad, el trabajo, la dirección… y muchas cosas más.
- Sí, pero ¿para qué?
- Es que si estoy enfermo, puedo conseguir medicamentos y remedios.
- Ah, una receta. ¡Pero eso tiene que rellenarlo el médico!
- No, es para ir al médico, al hospital…
- ¿Quieres un seguro de salud? Esta no es la oficina.
- Yo ya tengo el de mi país y también traje el carné, pero necestito también ese papel.
- Ah, bueno, lo que necesitas es el formulario para obtener la TIS.
- No sé, ¿qué es la TIS?
- La Tarjeta Individual Sanitaria que se usa en esta región como documento para acceder a los servicios sanitarios públicos. Es un carné de plástico para identificarte.
- Sí, eso es, el formulario para la TIS.

Comienza tu texto así:

1. Joseph necesitaba un formulario pero como no (acordarse) . . . . del nombre en castellano, se lo (describir) . . . . a la persona que (hablar) . . . . con él, diciendo que (tratarse) . . . . de algo parecido a un papel para rellenar con datos personales.

2. El formulario era un requisito para obtener la tarjeta TIS, cosa que para Joseph era algo incomprensible. Como el mundo está lleno de formularios, Joseph (tener) . . . . que explicar qué tipo de datos (haber) . . . . que escribir. Finalmente Joseph y su interlocutora (ponerse) . . . . de acuerdo.

3. Ella le explicó que (tratarse) . . . . de una especie de carné de identidad que (presentar) . . . . cada estudiante en caso de necesitar servicio médico.

15 En este ejercicio se trata de que comprendas un texto sin conocer todas las palabras; pero, como siempre, vas a usar tus estrategias de lectura. Está claro que no encontrarás todo el vocabulario en el glosario.

Antes de empezar, recuerda que al leer te puedes apoyar en tus conocimientos de otras lenguas. Primero asegúrate de que entiendes las siguientes palabras:

a. **palabras relacionadas con el tema de la violencia contra la mujer:** *violar, torturar, asesinar, asesinato, homicidio, víctima, género.* Puedes inferirlas, por ejemplo, recordando palabras similares en inglés, francés o en tu propia lengua.
b. **palabras compuestas:** *intolerable, encerrar, desaparición, narcotráfico, transnacional, incapacidad.*
c. **palabras que pertenecen a una familia de la cual ya conoces una.** Busca la raíz o una palabra similar: *poblado, aislar, esclarecer, abuso, búsqueda, cierre.*

A continuación lee los dos textos. Utiliza tres colores diferentes para marcar las siguientes informaciones:

a. qué pasó en Ciudad Juárez y Chihuahua.
b. cuáles son las reacciones de las autoridades.
c. de qué actividades de organizaciones no gubernamentales informa el texto.

MÉXICO: MUERTES INTOLERABLES

Diez años de desapariciones y asesinatos de mujeres en Ciudad Juárez y Chihuahua

Según información de Amnistía Internacional, en diez años se han registrado alrededor de 370 homicidios de mujeres, de los cuales como mínimo 137 son asesinatos con violencia sexual. Además, no se han identificado 75 cuerpos, algunos de los cuales podrían corresponder a mujeres desaparecidas.

La brutalidad de los crímenes pone de manifiesto una de las expresiones más terribles de la violencia contra la mujer. Muchas de ellas fueron encerradas por varios días, torturadas y víctimas de la violencia sexual más terrible antes de morir. La mayoría de ellas murieron estranguladas. Sus cuerpos se han encontrado en basurales o abandonados en zonas desérticas cerca de la ciudad.

Estos crímenes, calificados por las autoridades como "homicidios en serie", han conmocionado a la población del estado de Chihuahua, que se caracteriza por extremos niveles de violencia contra la mujer, incluyendo homicidios por violencia doméstica u otro tipo de violencia.

Las primeras desapariciones y muertes de mujeres y niñas ocurrieron en Ciudad Juárez hace diez años. Esta ciudad fronteriza con Estados Unidos es actualmente la más poblada del estado de Chihuahua. Su posición geográfica ha hecho de la ciudad un lugar favorable para el narcotráfico. Esto creó altos niveles de criminalidad e inseguridad ciudadana. Pero durante las últimas décadas, la instalación de empresas transnacionales, donde se ensamblan productos de exportación, las llamadas "maquilas", también le ha permitido un desarrollo económico privilegiado. En gran parte, la rentabilidad de la industria maquiladora se basa

en la contratación de mano de obra local barata. Varias de las mujeres desaparecidas o asesinadas eran empleadas de la maquila. Pero también hay camareras, estudiantes o mujeres que trabajaban en la economía informal. En definitiva, mujeres jóvenes sin poder en la sociedad, cuya muerte no suponía un costo político para las autoridades locales.

De hecho, durante los primeros años de las desapariciones y asesinatos, el discurso público de las autoridades reflejaba una abierta discriminación hacia ellas y sus familias. Más de una vez las mujeres fueron culpadas de su desaparición y asesinato por su forma de vestir o por trabajar de noche en bares. En febrero de 1999, el ex procurador de justicia del estado, Arturo González Rascón, todavía afirmaba que "las mujeres que tienen vida nocturna salen a altas horas de la noche y entran en contacto con bebedores, están en riesgo. Es difícil salir a la calle y no mojarse".

A lo largo de los años, la presión constante ejercida por las familias y las organizaciones no gubernamentales para que se esclarezcan los crímenes ha logrado captar la atención nacional e internacional. Las autoridades han tenido que corregir su retórica ante la opinión pública, aunque siguen tratando los crímenes de forma aislada. Además niegan la existencia de características comunes en las desapariciones y asesinatos de las mujeres y niñas por razones de género.

Ya sea por indiferencia, falta de voluntad o incapacidad, en los últimos diez años las autoridades responsables de investigar los crímenes no han desarrollado ninguna estrategia eficaz.

La creación en 1998 de la Fiscalía Especial* para la Investigación de Homicidios de Mujeres (FEIHM) tampoco cumplió con las expectativas. Hasta la fecha no ha puesto fin a las desapariciones y homicidios.

Ante la dimensión de los crímenes, Amnistía Internacional considera que es esencial adoptar mecanismos que garanticen la coordinación entre todas las instancias a nivel municipal, estatal y federal para prevenir, sancionar y acabar con las desapariciones y asesinatos de mujeres en Ciudad Juárez y Chihuahua y los abusos de poder que dificultan las investigaciones.

(...)

Fragmentos de: Amnistía Internacional: Índice AI: AMR 41/027/2003, texto abreviado y simplificado.

---

* Procuraduría, Fiscalía = *Staatsanwaltschaft*

MÉXICO – CIUDAD JUÁREZ: CIERRAN OFICINA PARA BUSCAR MUJERES DESAPARECIDAS

México DF, 1 de abril de 2008. En Ciudad Juárez continúan los asesinatos y desapariciones de mujeres; sin embargo, el gobierno estatal anunció el cierre de la oficina para la búsqueda de mujeres desaparecidas. Con esto se quiere minimizar el tema. Esto fue denunciado por la organización civil Nuestras Hijas de Regreso a Casa, AC, que señaló que, como parte de las reformas al sistema de justicia penal, una de las primeras acciones del gobierno estatal fue cerrar dicha oficina. La oficina ahora se dedica a la búsqueda de personas ausentes, y sólo cuenta con tres agentes del Ministerio Público y ocho agentes investigadores para hacer su trabajo.

La organización insiste en su petición al gobierno estatal para que se instale una nueva oficina que investigue las desapariciones exclusivamente de mujeres, tal y como había estado funcionando hasta antes de las reformas al sistema de justicia penal. Asimismo pide que se contrate a dos expertos internacionales para que intervengan en esta búsqueda. También exige que se sigan investigando los casos hasta ahora no resueltos de homicidios a mujeres por motivo sexual o que no correspondan a violencia doméstica.

40 DESAPARICIONES EN LO QUE VA DE 2008

Nuestras Hijas de Regreso a Casa ha informado que en el primer trimestre de 2008 han desaparecido 40 mujeres en Ciudad Juárez, según datos de la Unidad de Personas Desaparecidas de la Procuraduría de Chihuahua.

De nada te sirve leer y entender mucho si luego olvidas lo leído. Lee con un lápiz en la mano, haz tus comentarios en el margen y subraya todo lo importante o interesante. Marca también lo que vale la pena volver a leer. De esa manera vas a recordar mejor el contenido del texto y, en una segunda lectura, ya sabes dónde está la información importante y no necesitas volver a leerlo todo.

Capítulo 6 *Buscar, encontrar*   *Novela en 7 capítulos   Lourdes Miquel*

Apenas durmió, pero esta vez las razones fueron otras y mejores. Cuando se despertaron, Elsa y Eduardo se concedieron un relajante baño y un formidable desayuno que hicieron subir a la habitación.

Durante el desayuno, animados por grandes dosis de cafeína, tomaron varias decisiones. En primer lugar, Eduardo se iba a quedar en el hotel con Elsa hasta el domingo; en segundo lugar, Elsa, acompañada por Eduardo, tenía que volver al campus y a Coyoacán para ver si de nuevo alguien la reconocía y, así, poder investigar qué pasaba y, por último, Eduardo tenía una cita ineludible aquella misma tarde para asistir a una conferencia de un colega suyo y Elsa lo iba a acompañar.

Al salir del hotel le preguntaron al recepcionista si recordaba quién le había dado la nota para Elsa. El recepcionista les dijo que era un chico de unos treinta años, moreno, bajito, sin nada especial que comentar de su aspecto físico, que había ido al hotel al mediodía.

A media mañana ya estaban en Coyoacán. En el ambiente se respiraba que el 1 de noviembre se acercaba. Había tiendas engalanadas con cintas de colores, por todas partes había calaveras y esqueletos, en las panaderías había panes especiales y pasteles con forma de calavera…

– Me sorprende mucho esta fiesta. Me hace sentir muy extranjera porque realmente no la entiendo… Si a mí me regalaran una calavera con mi nombre, me daría un mal rollo horrible… – le comentó Elsa a Eduardo.

Dieron vueltas por el mercado, pasearon por los jardines, tomaron café en diversos sitios, comieron en una cantina[32], volvieron a los lugares en los que había estado Elsa pero nadie la reconoció. Sólo la niña que le había leído la mano se acercó y le dijo:

– ¿Ves? Ya has encontrado al hombre que te dije.

Elsa se quedó de piedra. "Caramba con la niñita… A ver si es verdad que hay videntes…", pensó.

Después de comer, fueron a la Ciudad Universitaria y pasearon tranquilamente por los jardines para ver si alguien reconocía a Elsa, sin lograrlo.

Y, al final, se fueron a la conferencia del colega de Eduardo, un mexicano de origen español, especialista en el exilio tras la Guerra Civil[33].

Llegaron con retraso pero la conferencia todavía no había empezado:

– Ya te irás acostumbrando a los retrasos de este país – le comentó Eduardo –. Y, además, cuando te dicen "ahorita", ya puedes esperar con calma… Esa es una de las tres mentiras de los mexicanos.

Cuando le iba a preguntar cuál era la tercera, empezaron a presentar al conferenciante. Se llamaba Raúl Figueres y era historiador, nieto de una exiliada catalana, que estaba investigando sobre la adaptación de los exiliados a la sociedad de acogida y la aceptación social que tuvieron.

"Tienen ustedes que imaginar que se calcula que, tras la Guerra Civil, como consecuencia de la victoria franquista, llegan a México más de veinticinco mil exiliados. Gracias a la política exterior del presidente Lázaro Cárdenas, las fronteras de este país se abrieron para esos republicanos españoles, obligados a vivir fuera de su país… Más de veinticinco mil personas que salieron del otro lado del Atlántico indefensas, sin hogar, sin trabajo, sin futuro y que aquí pudieron rehacer sus vidas… ".

Elsa y Eduardo escuchaban atentamente, cogidos de la mano, acariciándosela continuamente.

---

[32]Restaurante casero y popular donde, generalmente, van a comer los hombres.

[33]La Guerra Civil española empezó en 1936 y terminó en 1939 con la victoria de los franquistas, que se alzaron contra la República legalmente constituida. Hubo más de un millón de muertos y cientos de miles de republicanos y librepensadores que tuvieron que exilarse. México fue uno de los países hispanoamericanos que acogió a más inmigrantes.

"Quisiera insistir en la hospitalidad de la población mexicana, que se volcó en la ayuda a sus hermanos españoles, sin racismo ni xenofobia de ningún tipo, pero también es importante destacar que la gran mayoría de los exiliados que vinieron a México pertenecían a la élite intelectual: científicos, poetas, historiadores, filósofos, pintores… que enriquecieron el panorama cultural mexicano. Recibieron mucho, pero también dieron mucho".

La conferencia fue realmente interesante y el profesor Raúl Figueres fue muy aplaudido.

– Ha sido una conferencia *padrísima*[34] – decían unos mexicanos.

A la salida, Eduardo le presentó a Elsa a una serie de conocidos suyos, casi todos de origen español, que se habían congregado ahí para aprender parte de la historia de sus familias. Casi todos eran de origen vasco, catalán o valenciano.

– Yo soy Idoia Elordi. Encantada de conocerte – le dijo una mujer muy atractiva y elegante.

– ¡Anda! ¡Qué casualidad! Mi madre se llama Elordi de primer apellido[35].

De repente, alguien tomó a Elsa por los hombros y le dio la vuelta bruscamente:

– Por fin – le dijo un chico con mucho acento mexicano – . Te veo muy bien, *carajo*[36]. Veo que todo lo que ha pasado no te ha afectado en absoluto. Cuatro años juntos y ni tan sólo has llorado un segundo… Y yo, *chingado*[37].

Elsa estaba realmente alterada y nerviosa, ese tipo le cogía los brazos con mucha fuerza y la sacudía mientras hablaba:

– Perdone, ¿nos conocemos de algo? – le preguntó mientras buscaba con la mirada a Eduardo, que estaba hablando con unos amigos unos metros más allá.

– Mira, *güey*[38], eso en las películas está muy bien, pero cuando alguien ha estado cuatro años compartiendo comida y cama, no tiene mucha gracia. Tú me debes una explicación y me la vas a dar, te guste o no… Vamos a *platicar*[39] un rato.

En ese momento Eduardo llegó con dos copas de cava en la mano.

– Toma, cariño.

– ¿Cariiiiiiiñooooooooo? – gritó el chico– . ¿Cariiiiiiiiiiiñoooooooooooo? ¿Hace cuatro días que lo hemos dejado y ya te has conseguido a otro *cuate*[40]?

– ¿Cómo? – le preguntó Eduardo a Elsa– . ¿Tú estabas enrollada con este tipo? No me has dicho nada de eso. ¿Qué estás haciendo? ¿Estás jugando conmigo?

Elsa empleó toda su fuerza para soltarse del mexicano que, al caer, le dio un golpe a Eduardo, que, sin querer, tiró las copas al suelo. Todo el público que salía de la conferencia los miraba.

– Basta – dijo Elsa –. Aquí hay un gran malentendido. Efectivamente, tenemos que hablar.

---

[34]Una expresión muy frecuente entre los mexicanos para referirse a eventos que les han gustado mucho.
[35]Los españoles tienen dos apellidos: el primero, es el primero del padre y el segundo, el primero de la madre.
[36]Expresión algo vulgar para manifestar muchas emociones distintas.
[37]En México, expresión coloquial para decir destrozado, destruido.
[38]Expresión mexicana frecuente para insultar a alguien. En español peninsular puede equipararse a "idiota".
[39]Expresión que significa "hablar", "conversar".
[40]En México, expresión informal para referirse a compinche, camarada, amigo.

16 **Familia de palabras.**

Aquí hay palabras que pertenecen a diferentes familias; subráyalas con colores diferentes y luego escribe un nombre para esas familias.

correr apartamento estancia
desplazarse embajador
abrir hombro adosados alcalde
iniciar pasear principiar cortijos
transitar labios emprender
boca pie soberana moverse
chalets
panza rey andar viajar mejilla
gobernador
dictador piernas ojos
plantear emperador
pieza brazos
fundar ministro reina
trasladarse piso originar
mano pelo posada volar presidente finca caminar
monarca comenzar palacio baronesa zar empezar chabolas

17 **Ahora elige entre las palabras del ejercicio anterior la adecuada para completar este texto. Tienes que conjugar los verbos.**

Iván IV de Rusia, conocido como el Terrible, fue el primero en usar el título de................., que venía del nombre del .... de Roma, César. Su padre y su madre murieron cuando era pequeño. La infancia triste junto con la guerra civil y los delitos que tuvo que ver lo convirtieron sucesivamente en un cruel ....

Dicen que, de pequeño, daba vueltas solo por el .... imperial donde vivía, que se olvidaban de él, incluso de darle de comer, y que le prohibían entrar en las................. donde se trataban las cuestiones políticas.

Cuando tuvo apenas 14 años,................. a darse cuenta de que el poder le correspondía por derecho. Se ....una alternativa: ¿cómo liberarse de sus parientes que gobernaban el reino? La respuesta fue simple, ... un cuerpo militar de protección y los envió a matar a sus tíos.

Según los historiadores, siendo apenas un joven, parecía ya Hércules, tenía unos .... enormes, capaces de sostener armas muy pesadas, y unos .... negros, profundos, que miraban con crueldad a sus enemigos.

En esta unidad has aprendido a usar unas 150 palabras nuevas y has usado unas 2 000 repitiendo muchas de las que ya conoces. Has aprendido a definir palabras y a usar esa estrategia como forma de memorización y para poder explicarle a un/-a interlocutor/-a lo que quieres decir si te lo olvidas. Es importante que reconozcas la familia de la que proviene una palabra o su campo semántico y que luego puedas diferenciar esa palabra de las que significan algo parecido ¡En los textos académicos suele ser una sola la palabra la que realmente dice lo que quieres decir!

1 En muchos países que están cerca de la línea del ecuador no se suele hablar de las cuatro estaciones ▶ G | 8.1 | 11.1
del año, sino de la estación de lluvias y la estación seca. En el siguiente texto se definen primero los conceptos y
después se predice lo que ocurrirá en las zonas tropicales. Piensa en los tiempos verbales que tienes que utilizar.

> La época de lluvias tropicales (caracterizar) ....el clima en el hemisferio sur, entre octubre y marzo.
> Típicamente, la jornada (comenzar) .... calurosa y soleada, (subir) .... la humedad durante
> el día y (terminar) .... con fuertes tormentas y lluvias al atardecer o anochecer.
> En la estación seca, donde (llover) .... muy poco, los días (ser) .... típicamente calientes y
> soleados. De abril a septiembre, el cinturón de lluvias (desplazarse) .... al hemisferio norte, y el trópico
> sureño (experimentar) .... su "estación seca".

El pronóstico del tiempo para los primeros meses del año nos dice lo siguiente:

> (tener-nosotros) .... cielos despejados por las mañanas, la humedad (aumentar) .... a la
> hora de la siesta y (haber) .... lluvias y tormentas por la tarde y por la noche. En algunas zonas, las lluvias
> (provocar) .... inundaciones.

Y ahora lee una pequeña noticia. Completa las frases indicando lo que pasó.

> **La estación de lluvias en Colombia deja 8 muertos y 14 desaparecidos**
> Hay 8 víctimas mortales y 14 personas desaparecidas en Colombia como resultado del crecimiento de los ríos del suroeste
> del país. Además, hay al menos 5 000 familias perdieron su vivienda.
>
> Las víctimas (morir) .... ahogadas en una zona rural del puerto de Tumaco. La situación más grave
> (producirse) .... por la crecida del río Mira, que (inundar) .... las localidades de Barbacoas
> y Ricaurte, entre otras.
>
> La tormenta también (destruir) .... miles de hectáreas de cultivos y (interrumpirse) .... las
> comunicaciones. El gobernador de la región (anunciar) .... un programa de ayuda para las personas que
> (quedar) .... sin casa.

2 Combina las frases poniendo atención a los verbos "ser" y "estar": la elección del verbo a veces determina ► G | 15.3 cambios semánticos.

1. Es una persona muy inteligente. Tiene buenísimas notas en los exámenes.
2. La dueña del restaurante de tamales es riquísima.
3. ¿No sabes lo que son las paltas?
4. Tú eres libre de hacer lo que quieras.
5. Yo sé que tú estás libre por las mañanas.
6. Ya estamos listos.
7. Los tamales que comimos en aquel restaurante estaban riquísimos.
8. No compres paltas en esta época del año.

a. Pues son unas frutas tropicales verdes. Con ellas puedes preparar un guacamole.
b. Me encantaría volver a comerlos.
c. Tiene restaurantes en las ciudades principales de todo el país.
d. Además sabe estudiar. Es muy lista.
e. Pero yo, en cambio, tengo muchas cosas que hacer.
f. Pero yo en tu lugar, me lo pensaría muy bien.
g. Todavía están verdes y no tienen buen gusto.
h. El examen puede empezar cuando quiera.

3 Completa las frases con "ser" o "estar".

► G | 6.1 | 15.3

1. Tiene mucho talento para las lenguas. . . . . capaz de traducir todo tipo de textos.

2. Hoy no puedo salir con vosotras. . . . . ocupada todo el día.

3. Trabaja demasiado. Siempre . . . . cansada.

4. El cambio del euro en Argentina no ha variado demasiado. . . . . a unos cinco pesos.

5. ¡Date prisa! ¡ . . . . muy tarde! Vamos a perder el avión.

6. En España, un 9% de la población adulta, ... sola o tiene parejas ocasionales.

7. Paco no . . . . muy consciente de que si sigue fumando así, se enfermará.

8. Como . . . . en invierno, nos espera muchísima lluvia, nieve y granizo.

4 Vuelve a escribir estas frases utilizando el verbo "estar". Ten cuidado con la concordancia.

1. La inmigración hispanohablante, en Estados Unidos, ya no se limita a las grandes ciudades.

2. Los textos de este libro se relacionan por temas, es decir, unos se refieren a otros.

3. Para la fiesta de disfraces, Magaly se vistió de Caperucita Roja.

4. Reservaron la mesa para las nueve de la noche.

5. Hace mucho tiempo que no leo sobre ese tema. No tengo mucha información.

6. Hay otro lavabo en el primer piso. Este no está libre.

7. Como acaban de cambiarse de piso hay desorden en todas las habitaciones.

8. Algunos estudiantes, que han aprendido con libros más tradicionales, no se acostumbran a los métodos de aprendizaje comunicativos.

9. Acaba de abrirse la inscripción para los cursos de verano.

10. Vicky está enferma y no puede ir al cole. Se aburre de estar todo el día sola en casa.

5 Lee el siguiente párrafo. Vamos a suponer que no estás de acuerdo con el tono porque te parece demasiado categórico. Elige algunos recursos del recuadro y reescribe el párrafo para cambiar el tono.

▶ G | 15.2

el condicional | este análisis presenta un defecto | bastante | relativamente | en mi opinión | en realidad | nadie discute que | llama la atención | en principio

Resulta exagerado afirmar que en España existe un problema multicultural. España es un país muy homogéneo. Su nacionalización temprana, la expulsión de árabes y judíos, la presencia opresora de la Iglesia durante muchísimos siglos, han reducido o hecho desaparecer la diversidad que caracteriza a otras naciones. La inmigración tiene un carácter moderado y sería un error hablar, por el momento, de una cuestión racial.

6 En el siguiente texto aparecen en verde recursos que sirven para modalizar o matizar. Busca sinónimos que te permitan expresar ideas similares.

▶ G | 15.2

Podemos decir que el fenómeno más significativo en cuanto a la relación que mantienen entre sí las culturas hispánica y anglosajona en Estados Unidos es el cambio de actitud por parte de la población latina hacia la lengua y la cultura dominantes, algo **bastante** evidente. Antes, **a nuestro modo de ver**, había urgencia por asimilarse, lo cual implicaba **con toda seguridad** dejar atrás la cultura y la lengua de origen. Hoy día, aunque a nadie se le pasa por la cabeza el error que supondría dejar de lado el inglés, se observa entre los latinos, **esencialmente** en los que tienen acceso a la educación superior, un orgullo **evidente** por la cultura originaria y el deseo de mantener el uso del español, **especialmente** en las nuevas generaciones.

7 Muchas veces los adverbios de frecuencia se utilizan para reducir generalizaciones. Primero ordena los recursos que te ofrecemos, de mayor ("siempre") a menor ("nunca"), y después completa las frases.

a menudo
rara vez
algunas veces
en ciertos casos
generalmente
siempre
nunca

Siempre .... – .... – .... – .... – .... – Nunca

El Sirvinacuy o matrimonio a prueba es una antigua costumbre incaica que todavía existe entre los campesinos de los Andes. Se trata de un período de convivencia entre la novia y el novio, personas que se sienten atraídas física y espiritualmente. Las personas comienzan a vivir juntas sólo si los padres están de acuerdo, porque en los Andes se respeta la costumbre de que sean los mayores quienes se ocupen de los asuntos matrimoniales. La virginidad, que ....es tan importante en otras sociedades, aquí no lo es.

Los padres van con el novio a la casa de la novia y son ellos los que piden su mano. Después se hace una gran fiesta y encierran a los novios en una habitación para que empiece la luna de miel. ...., después de un tiempo, la pareja se casa legalmente. ....el Sirvinacuy no funciona. En ese caso las consecuencias negativas .... son para la mujer. Sin embargo, ... hay hombres que prefieren que su futura mujer tenga experiencia matrimonial. El Sirvinacuy .... puede ser interpretado como libertinaje sexual. Sus normas tienen que respetarse y tanto el varón como la mujer tienen que demostrar buenas cualidades para vivir juntos y formar una familia.

8 La persona que escribió este texto no desea afirmar claramente lo que piensa, para evitar posibles ▶ G | 15.2
críticas. Sin embargo, como usa muchas modalizaciones y matizaciones, el resultado es que no sabemos
muy bien lo que piensa. Lee primero el texto y luego conviértelo en un texto categórico con los recursos
que te ofrecemos a continuación del texto.

Se podría afirmar que América Latina y España presentan dentro de su territorio variantes **relativamente**
importantes, aunque también comparten fenómenos fonéticos similares, como el seseo y la aspiración de la
"s". Así como el llamado español atlántico caracteriza el sur del territorio, también en América Latina hay regiones
bien diferenciadas, como por ejemplo, la andina, el Río de la Plata, el Caribe o la costa Atlántica de México,
Centroamérica, Venezuela y Colombia: hablamos distinto pero **probablemente** nos entendemos igual.

Cada país tiene una norma culta y variantes dialectales. **Posiblemente** porque existen tantas normas cultas como
países que las practican en los medios de comunicación, en su literatura y en el mundo académico, que **quizás**
podamos afirmar que el castellano o español es una lengua policéntrica. **Probablemente** todas las normas cultas
son equivalentes. **Deberíamos** decir que no existe un español mejor o peor que otro.

> evidentemente | normalmente | sin lugar a duda | absolutamente | claramente | únicamente |
> esencialmente | independientemente | básicamente | indudablemente | es un hecho conocido

9 Ten presentes las estrategias de lectura que has aprendido y practica las oraciones condicionales.

*Si presto especial atención a los conectores y su función (ya que indican las relaciones lógicas entre
las informaciones), comprenderé mejor las partes argumentativas de un texto.*

Estos son los verbos que necesitas:

> activar | analizar | aplicar | ayudar | comprender | controlar | crear | contar | dejar | entender |
> estructurar | leer | memorizar | ordenar | pensar | poder | predecir | ser | utilizar | visualizar

1. Si .... la información de un texto, por ejemplo la descripción de un proceso, ... y ....
   mejor la información leída.
2. Si .... en mis propias palabras las partes principales del texto, ...mejor si lo he comprendido
   o no.
3. Si .... en palabras y conceptos concretos sobre un tema, ... una base donde apoyar la
   información conocida o nueva que voy a encontrar en el texto. Esto me .... a entender y reconocer
   la información.
4. Si .... la información de un texto de manera cronológica, ... más fácil comprender el desarrollo
   de un proceso.
5. Si .... la primera parte de una frase, muchas veces .... cómo sigue. Esto lo puedo hacer porque
   tengo parte de la información, sé cómo se construyen frases y qué significado tienen los conectores dentro de
   las frases.
6. Si .... un texto que contiene mucha información, esto me .... a comprenderlo mejor y también
   a memorizar su contenido. Además, a la hora de usar ese texto, por ejemplo, como fuente para escribir otro, ya
   tengo la información organizada.
7. Si .... complementar la información de un texto con una segunda fuente, ... comprenderlo
   mejor.
8. Si no .... de leer y vuelvo a releer los párrafos anteriores de un texto, ... mucho mejor, porque
   leyendo voy construyendo el significado.
9. Si .... las partes de una palabra, si .... el contexto, si .... mis conocimientos del mundo
   y .... mis conocimientos de otras lenguas, ... leer todo tipo de textos relativamente pronto.

10 Lee esta noticia. Se refiere a la situación actual de la universidad en Francia pero podría aplicarse a otros países europeos.

▶ G | 15.2

Llamamiento internacional

En Francia había un servicio público de enseñanza superior e investigación independiente y de calidad, que disfrutaba de libertad y reconocimiento. En pocos meses el gobierno ha decidido, de manera abrupta y sin negociación alguna, transformarlo en una especie de mercado del conocimiento, de la precariedad y de la arbitrariedad.

Nosotros, universitarios e investigadores de todos los países, reconocemos en estas medidas burocráticas y peligrosas, otras similares que se han intentado y se intentan imponer, también en nuestros países.

Por ello, nos solidarizamos con la comunidad universitaria francesa. Si en el país de la Enciclopedia, de Voltaire y de Rousseau, de la Declaración de los Derechos del Hombre, la enseñanza y la investigación se reducen al comercio y dependen del poder, es la libertad del mundo entero la que está en peligro.

Estas son algunas reacciones al llamamiento, que aparecieron en una bitácora. ¿Con cuáles de las opiniones estás de acuerdo? Comenta y matiza tus afirmaciones, utilizando los recursos de evaluación que conoces. Elige cinco y colócalas en un diagrama de mayor a menor grado de intensificación.

1. Evidentemente, las medidas tomadas por el gobierno francés destruirán la libertad académica y de investigación. ¿Quién estudiará Filosofía?

2. Nadie discute que la universidad deba estar al servicio de la investigación; aunque también hay que tener en cuenta que la crisis económica influye sobre todos los aspectos de la sociedad.

3. No estoy muy segura/-o de que las protestas estudiantiles tengan éxito. Sin embargo, hay que intentarlo.

4. Que este sea el siglo de la investigación al servicio de la humanidad.

5. La colaboración internacional en la investigación y la cultura socializa los conocimientos y mejora la comprensión entre los pueblos. Que la crisis internacional no destruya la investigación.

6. La universidad no puede estar al servicio del comercio, la industria o las crisis económicas.

7. Hoy es importante que las universitarias y los universitarios del mundo retomemos el camino de la solidaridad internacional revolucionaria. Los ataques a la universidad se intensifican debido a la crisis del capitalismo.

8. En América Latina el Estado toma el dinero de las universidades y sigue comprando armas. La liberación de las universidades sólo vendrá de la mano del estudiantado y del profesorado.

9. ¿Es posible un nuevo mayo francés? Las universidades del mundo moderno deben seguir generando conocimiento y, particularmente, compromiso social.

10. Que la empleabilidad y la calidad sean las líneas de acción escondidas en el nuevo Espacio Europeo de Educación Superior (EEES) indica el camino hacia donde van las nuevas universidades europeas. Quizá haya que ir pensando en un modelo alternativo de universidades populares fuera del ámbito institucional.

11. El conflicto ha estallado en Francia antes que en ningún otro país europeo, y esta no es la primera vez que ocurre en la historia moderna, pero afecta a todos los países del mundo occidental, y antes o después aparecerá en todos. En la sociedad global de la información observamos el intento de someter la inteligencia a las exigencias y los intereses del mercado de consumo. Está por ver si las universidades van a aceptar este cambio o van a defender la independencia y la libertad crítica del conocimiento. La batalla ha comenzado y depende de las energías que seamos capaces de poner en juego el que tengamos alguna oportunidad de defendernos. Aquí tenéis mi voto.

11 **Vuelve a leer estos párrafos.**

▶ G | 15.1 | 15.2

Ya los conoces. Se trata, en el primer caso, de las palabras del subcomandante Marcos, hablando de los medios de comunicación.

a Identifica los recursos de reformulación que utiliza. ¿Qué función tienen las partes subrayadas?

El mundo de la noticia moderna sólo es el mundo de lo que le acontece a la gente importante, a los Vips, a los *very important people*, su cotidianidad es la que importa, si se casan, si se divorcian, si comen, si se visten, si se desvisten, de las grandes estrellas de cine, de los grandes políticos, pero el común de la gente aparece en los medios de comunicación en el momento en que mata o en el que es muerto. Para los grandes medios de comunicación, para el poder neoliberal en el mundo, los otros, los excluidos, sólo existen cuando están muertos o cuando están en la cárcel o son perseguidos. Esto no puede seguir así.

b En este texto tienes que agregar algunos recursos de reformulación.

Michelle Bachelet ante la Asamblea General de la ONU: "La inestabilidad financiera amenaza con crear un cuadro recesivo":

El mundo vivido en el último año nos debe llevar a reflexionar profundamente para luego actuar con decisión. El optimismo de comienzo de siglo, aquel que hablaba del milenio de la esperanza, parece esfumarse. Se estima que la sola alza en el precio de los alimentos ha empujado a más de cien millones de personas a la extrema pobreza. A su vez, la inestabilidad financiera azota hoy a numerosas economías, amenazando con generar un cuadro recesivo mundial donde, como siempre, los más afectados terminan siendo los más pobres del planeta.

La revisión de nuestros objetivos se hace muy imperiosa, porque no podemos permanecer impávidos ante el deterioro en el bienestar básico de millones y millones de ciudadanos de todo el mundo. Quienes compartimos una noción de progreso, quienes hemos hecho de la libertad y la justicia social nuestras banderas, debemos alzar la voz. El mundo ha llegado a tener los recursos económicos, técnicos y científicos que hacen posible por primera vez en su historia asegurar el bienestar de toda la humanidad y no podemos desperdiciar esta capacidad.

Un mundo mejor es posible, pero para eso se necesita voluntad de progreso y la actual crisis económica internacional demuestra que lo que ha fallado es precisamente esa voluntad. La codicia y la irresponsabilidad de unos pocos, unida a la desidia política de otros tantos, han arrastrado al mundo a una situación de gran incertidumbre.

como ya he dicho...
es decir...
sea lo que sea...
en ese sentido...
dicho de otro modo...
en pocas palabras...

12 Lee los siguientes textos y ponles una etiqueta según el efecto que te produzcan al leerlos:

Muy prudente	Prudente	Categórico	Muy categórico

La publicación de la *Enciclopedia del español* en Estados Unidos, un proyecto del Instituto Cervantes y la editorial Santillana, ha despertado asombro por las altas cifras que reflejan la fuerza de nuestro idioma en ese país. Más de una persona ha criticado radicalmente el tono triunfalista de la enciclopedia. Algunos dicen que el español hablado en Norteamérica no tiene prestigio cultural en absoluto, porque depende de la imigración; otros no dudan en afirmar que la fuerza del español es en realidad pasajera y que desaparecerá cuando vayan a la escuela losdescendientes de quienes acaban de llegar, vayan a la escuela y adopten únicamente la lengua y la cultura dominantes; también se considera que los medios de comunicación que se expresan en castellano tienen, en general, muy baja calidad.

Para el año 2050, los hispanos podrían constituir la cuarta parte de la sociedad estadounidense, es decir que el país está quizás destinado a convertirse en una sociedad bilingüe y bicultural. Esta tendencia viene subrayada por un cambio relativamente interesante, que ha empezado a experimentar recientemente la inmigración hispanohablante: antes estaba, en parte, limitada a los centros urbanos, pero en la actualidad se reparte por casi todo el territorio nacional, incluidas algunas zonas rurales. En zonas tan alejadas como el estado de Washington, en la costa del Pacífico, en la frontera de Canadá, hace poco era inexistente. Ahora está llegando al 10%.

En mi opinión, en Estados Unidos se está desarrollando hoy una "latinitas" de signo opuesto a la primera, cuando el latín dio lugar al nacimiento de las diversas lenguas románicas. Al encontrarse en territorio estadounidense, se puede observar que las distintas identidades latinoamericanas intentan reducir distancias entre sí, lo que hace que mexicanos, puertorriqueños, dominicanos, salvadoreños, colombianos y otros se sientan hispanos de los Estados Unidos, tanto lingüística como culturalmente.

El fenómeno más significativo en lo que se refiere a la relación que mantienen entre sí las culturas hispánica y anglosajona en Estados Unidos es el cambio de actitud por parte de la población latina hacia la lengua y la cultura dominante, algo cada vez más evidente. Antes había urgencia por asimilarse, lo cual implicaba dejar atrás la cultura y la lengua de origen. Hoy día, aunque a nadie se le pasa por la cabeza el error que supone dejar de lado el inglés, se constata, entre quienes tienen acceso a la educación superior, un claro orgullo por la cultura originaria y el deseo vivo de mantener el español.

13 Sobre la función y el prestigio del spanglish, las opiniones están muy divididas. El autor del siguiente artículo analiza diferentes puntos de vista, compara argumentos y explica las razones de la expansión de esa variedad del español.

Tu tarea consiste en armar el rompecabezas con las partes del texto, que ahora están desordenadas. Busca en las diferentes partes del texto las informaciones relacionadas entre sí y marca las palabras que muestran esa relación. Cuando hayas decidido sobre el orden de los párrafos, escribes el comienzo en la pieza correspondiente. La primera ya está en su lugar y la última, también.

El spanglish: ¿odiarlo, amarlo o ignorarlo?

1. Los diccionarios del español evitan muy cuidadosamente registrar un término equivalente (angloñol, espanglés), pero los diccionarios en inglés lo hacen, aunque los autores estén quizá en contra de su utilización. El *Webster's*, por ejemplo, señala que el spanglish es "español que contiene muchas palabras y frases del inglés, especialmente como lo hablan las personas bilingües de origen hispano"[1]. El *Oxford Spanish Dictionary* registra el término spanglish y lo traduce como espanglés. Ilan Stavans, conocido profesor mexicano-norteamericano, lo llama "encuentro verbal entre las civilizaciones anglo e hispana"[2]. A Octavio Paz, por otra parte, se le atribuye la expresión de que el spanglish no es "ni bueno ni malo, sino despreciable"[3]. Otros autores intentan definir el spanglish como "bilingüismo de adaptación" entre los hispanohablantes en EE.UU. o un "estilo" de hablar de los anglos (nativos del inglés) en dicho país[4]. Por otra parte, profesores y lingüistas de prestigio llaman al spanglish "una variedad que se utiliza a menudo como un registro"[5], y algunos afirman que "su utilización no tiene por qué significar el desconocimiento del inglés y del español. Ser multilingüe y multidialectal es, a veces, una necesidad, y siempre un valor".

Por otra parte, existe la inmigración constante a EE.UU. procedente de los países de habla española. En EE.UU. he conocido a un número considerable de argentinos, uruguayos, peruanos, ecuatorianos, españoles, cubanos, puertorriqueños, colombianos, salvadoreños, etc. que vienen a vivir a este país por las razones más diversas, en especial problemas económicos, políticos o sociales. En cuanto a los mexicanos, los cálculos más conservadores los sitúan como los más numerosos inmigrantes de habla española, con aproximadamente la mitad de los 45 millones de hispanos que viven actualmente en EE.UU.

En cuanto al valor del spanglish ya sea como variante, dialecto, argot o pidgin, recordemos que, hace relativamente poco tiempo, el idioma hablado en Haití era considerado por muchos con desprecio. Sin embargo, el ahora llamado creole o criollo haitiano (Haitian Creole) es una de las lenguas que se enseñan en algunas universidades, se escuchan en los tribunales y utilizan miles de personas en Estados Unidos, en especial en el sur de la Florida y algunas áreas de ciudades grandes de EE.UU. y Canadá. El spanglish, sin embargo, se encuentra extendido por todos los estados de la unión estadounidense y, en mayor o menor medida, todos los países hispanohablantes, incluyendo, por supuesto, a España.

Pero basta de citas sobre cuán "bueno o malo" puede ser el spanglish. Las opiniones a favor o en contra del mismo hablan por sí solas: el spanglish es un fenómeno que existe, que se desarrolla y que se extiende cada vez más. Ignorarlo es, por lo tanto, absurdo. Además, no es un fenómeno muy reciente, sino que se ha hecho más visible en las últimas décadas por varias causas: el desarrollo de las ciencias de la comunicación, las computadoras, la red mundial y la expansión del vocabulario en inglés sobre estas ciencias del quehacer humano, con el resultado de que otras lenguas quedaron atrás en lo relacionado a denominar los fenómenos que nacen y se desarrollan a una velocidad extrema. Mientras buscamos y encontramos no sólo equivalentes adecuados, sino que los hablantes acepten, varias decenas de términos nuevos siguen apareciendo. Este ha sido el caso con hardware, software, web, blog, hyperlinks y muchísimos términos más que se usan en español. Esto en lo que se refiere al así llamado cyberspanglish.

Cada grupo de hispanos trae su propia variante del español, su acento, sus chistes, sus creencias, su cultura. Incluso entre los mexicanos, cuya emigración hacia EE.UU. ocurre principalmente entre la gente del norte, no es la única, sino que se mezcla con mexicanos del centro, del sur y, por supuesto, incluye numerosos grupos de centroamericanos, en especial guatemaltecos, hondureños, nicaragüenses, salvadoreños y otros que entran a EE.UU. a través de la frontera con México.

[1] *Webster's New World College Dictionary*, página 1373, IDG Books Worldwide, 2004
[2] Stavans, Ilan, *Spanglish, The Making of a New American Language*, Rayo-Harper Collins, 2003
[3] Stavans, Ilan, Op. cit.
[4] Garrido, Joaquín, del Instituto Cervantes, en "Spanglish, Spanish and English", An International Conference on Spanglish. Amherst College, abril 2–3, 2004
[5] Torres, Antonio, "El spanglish, un proceso especial de contacto de lenguas", en www.amherst.edu

Desde un punto de vista antropológico, el spanglish, como fenómeno humano, merece estudiarse. Desde un punto de vista lingüístico, merece reconocimiento por sus expresiones, sus usos, por los debates que provoca y, no menos importante, por ser una de las lenguas o variantes tanto del inglés como del español – de millones de seres humanos a ambos lados del Atlántico. En EE.UU. el spanglish lo utiliza al menos la mitad de todos los hispanos que aquí habitan. Esto representa unos 20 o 25 millones de personas. Si añadimos a esto los hablantes del inglés y los que tienen otra lengua materna, que también lo utilizan, el total de personas que hacen uso del spanglish excede la población total de España, de muchos otros países hispanohablantes, y la de todo el Caribe hispanohablante.

7. En lo que se refiere a si lo debemos odiar y rechazar, baste decir que el spanglish nació, se desarrolla y nadie sabe si morirá o crecerá aún mucho más en el futuro, a pesar de no contar con ningún apoyo oficial, gubernamental o institucional. La fuerza del spanglish no se basa en anuncios, ni en academias, ni en publicidad bellamente ilustrada, sino en el uso que del mismo hacen los auténticos creadores y modificadores de las lenguas: los pueblos.

Eduardo González Muñiz

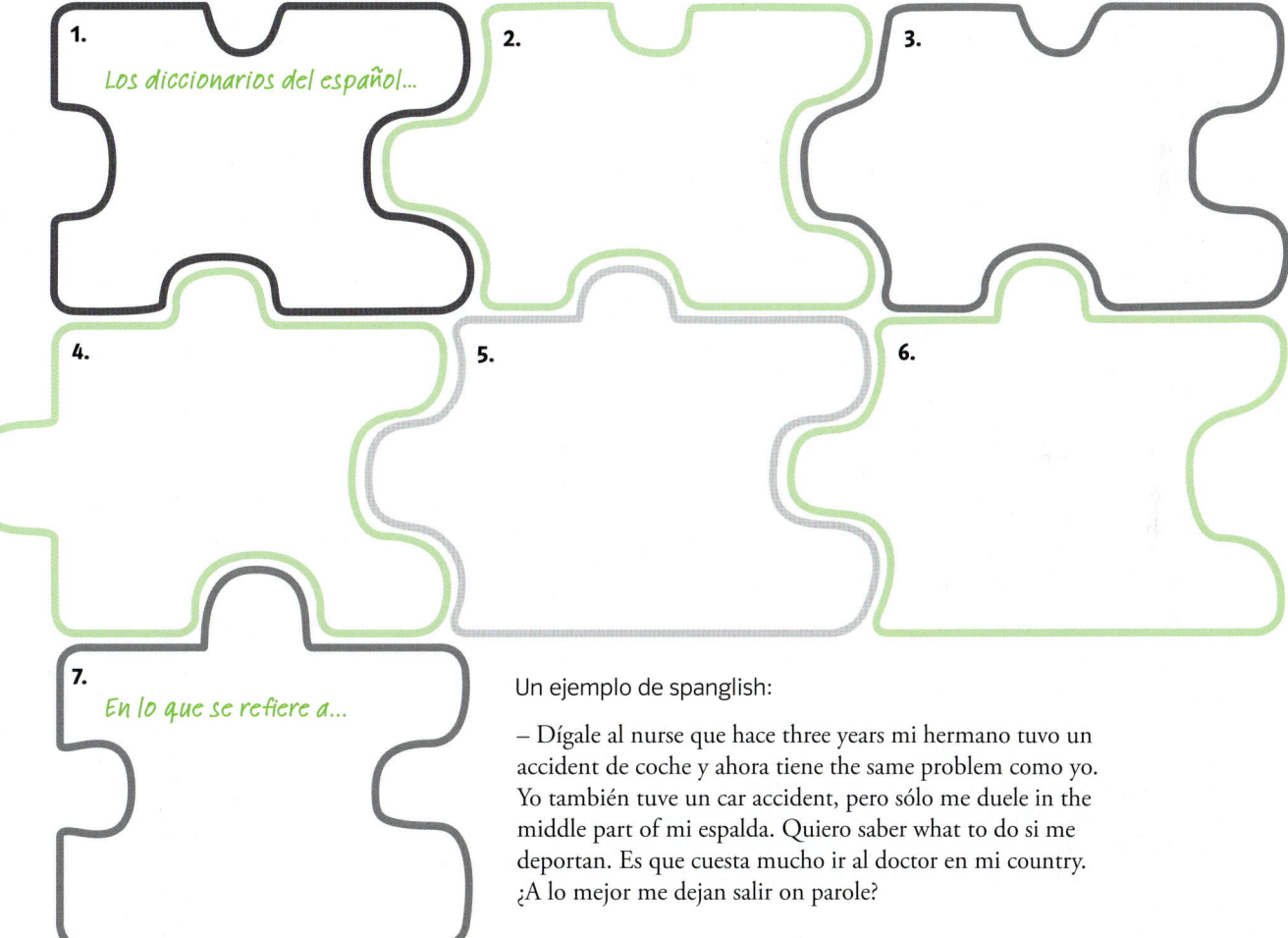

1. Los diccionarios del español...

2.

3.

4.

5.

6.

7. En lo que se refiere a...

Un ejemplo de spanglish:

– Dígale al nurse que hace three years mi hermano tuvo un accident de coche y ahora tiene the same problem como yo. Yo también tuve un car accident, pero sólo me duele in the middle part of mi espalda. Quiero saber what to do si me deportan. Es que cuesta mucho ir al doctor en mi country. ¿A lo mejor me dejan salir on parole?

Eduardo González Muñiz: *Profesor de español, francés y traducción e interpretación, intérprete de los tribunales federales de EE.UU. Director del programa de formación de traductores e intérpretes en la Universidad de Nebraska. (Texto adaptado)*

Para entender bien un texto a veces no basta entender las palabras. Es importante interpretar bien la función de un argumento, ¿qué expresa una causa, una finalidad, una condición o circunstancia? Presta mucha atención a los conectores, pero también a pronombres y asegúrate de haber entendido a qué palabra se refiere.
¿Quieres conocer la opinión de la persona que escribe? Muchas veces esta no se expresa abiertamente. Una forma es fijarse bien en qué ejemplos se apoya para demostrar algo. ¿Qué adjetivos utiliza para caracterizar algo o a alguien?

Capítulo 7 *Comprender, descubrir*   *Novela en 7 capítulos   Lourdes Miquel*

Y se sentaron los tres. Ese desconocido de pelo negro ensortijado, tan enfadado con Elsa. Eduardo, totalmente desconcertado pensando que Elsa lo estaba engañando, y Elsa dispuesta a entender por fin lo que estaba pasando.

– Dime quién eres y qué quieres – le dijo Elsa a ese desconocido.

– Quiero que vuelvas conmigo.

– Estás loco. Yo a ti no te conozco de nada… ¿Me entiendes? De nada. No te he visto en mi vida. No sé quién eres. Ni siquiera sé cómo te llamas…

El chico se empezó a dar cuenta de su error. Elsa hablaba "raro": pronunciaba las ces y las zetas, tenía una entonación diferente…

– Yo soy Mateo. Y tú eres Elsa Nin.

Eduardo, por un momento, recordó la película de Tarzán[41].

– No. Yo soy Elsa, sí, pero Elsa Esteve. No soy Elsa Nin. Mi nombre tiene tres "es": Elsa Esteve Elordi. Y es la primera vez que estoy en México. Llegué hace unos días y casi no conozco a nadie aquí. Excepto a este chico, Eduardo, que también tiene un nombre con "e".

– ¿Quéééééééééééé? ¿No eres mexicana? ¿No eres Elsa Nin? No, no es posible. Eres igual que ella. Exacta. A ver, enséñame tu brazo.

Le cogió el brazo derecho, le subió la manga del jersey y, después de mirarle el brazo fijamente, dijo:

– No tienes el lunar. No eres ella. No es posible. Me va a caer bien un tequila doble.

Y, de repente, Mateo se levantó, empezó a correr y se fue. Eduardo y Elsa lo siguieron un rato, pero aquel chico corría más que ellos y lo perdieron.

– ¿Sabes lo mejor de todo? – le dijo Elsa a Eduardo jadeando por haber corrido tanto –. Que mi abuela se llama Nin de primer apellido. Mi padre se llama Jaime Esteve Nin. Me estoy volviendo loca…

– Tranquila, cariño.

"¡¡¡¡¡¡Me ha llamado "cariño"!!!!!!", pensó fugazmente Elsa.

– Al menos – continuó Eduardo – ya sabemos que hay otra Elsa, muy parecida a ti y que, por eso, la gente te confunde con ella. Y, por lo que dices, probablemente es familia tuya.

– No. Eso es imposible. Yo no tengo familia en México.

Y, de repente, se acordó de su abuela Mercedes. De su abuela Mercedes Nin y de que fue ella la que le sugirió que viniera a México.

– Sea como sea, yo ahora estoy muy intrigada. Me gustaría conocer a esa Elsa Nin, buscada por un hombre locamente enamorado de ella al que ella ya no ama, megaconocida en distintos ambientes e idéntica a mí, que, además tiene el mismo apellido que mi abuela…

– Dicen que todos tenemos un doble.

– Pues yo quiero conocer a esa mujer. Tenemos su apellido y sabemos que físicamente es como yo. Nin es un apellido catalán y en Cataluña no hay muchos, así que en México menos. Seguro que su familia se exilió de España en la Guerra Civil… Podemos buscar en la guía telefónica. Y también puedo mirar en Facebook.

Un rato después estaban en el hotel de Elsa, conectados por wifi a Internet y abriendo la página de Facebook.

– E-mail, contraseña y en "Buscar" pongo "Elsa Nin"…

Enseguida apareció la foto de una mujer idéntica a Elsa.

– Dios mío. Es igual que yo. Clavada.

– Mira a ver qué pone en "Información".

– A ver… Mira, tiene mi edad. Está estudiando una maestría en Relaciones Internacionales en la UNAM… Por tanto, aunque ese loco diga que no la encuentra, probablemente ella sigue viviendo aquí… Y aquí está su e-mail. Voy a hacer una cosa, le voy a mandar un e-mail y también voy a poner un comentario en su "muro".

---

[41] En la traducción al español, Tarzán le dice a su chimpancé: "Yo, Tarzán. Tú, Chita".

– Y mira también cuándo ha escrito en el muro por última vez – le aconsejó Eduardo.

– Buena idea. Mira, escribió ayer… Querido, es nuestro día de suerte. Ha quedado para esta noche con un amigo suyo en Xoximilco[42], en un restaurante que se llama "La Adelita"

– Pues allí estaremos.

Un rato después Elsa y Eduardo llegaban a un barrio lleno de barcas pintadas de alegres colores y, por estar a menos de cuarenta y ocho horas antes del Día de los Muertos, lleno de flores de *cempasúchitl*[43], que le daban un tono de un amarillo intenso a todo. El cielo, sin embargo, presagiaba tormenta.

En cuanto entraron en "La Adelita" vieron a Elsa, a la otra Elsa, y Elsa los vio a ellos y casi se desmaya del susto. No es fácil ver a un ser igual a ti, totalmente desconocido, que te mira fijamente y se acerca. Porque Elsa se acercó, con total decisión, a la mesa donde estaba sentada la otra Elsa, se sentó delante de ella y, por segunda vez en ese día, dijo:

– Tenemos que hablar. Pero, de momento, no digas nada y escúchame.

Medio recuperada del susto, Elsa Nin escuchó a Elsa Esteve explicar lo que le estaba pasando desde que había llegado a México y cómo, a través de Mateo, habían conseguido su apellido y, luego, la habían buscado en Facebook y habían visto que tenía esta cita.

– Y ahora que lo sabes todo, tenemos que buscar una explicación a esto: nos llamamos igual y somos iguales. Y, encima, tú tienes el mismo apellido que mi abuela… Mercedes Nin.

– ¿Mercedes Nin? Mi abuelo tenía una hermana que se llamaba Mercedes Nin, pero murió en la guerra española. Mercedes Nin Alás.

– ¿Mercedes Nin Alás? Esa es mi abuela y te aseguro que no murió en la guerra. Está bien viva y tomando güisqui a cada rato.

– ¿Qué dices? Entonces, efectivamente, tenemos mucho que hablar.

Y así descubrieron que eran primas segundas[44].

– Mi abuelo – explicó Elsa Nin – llegó a México justo después de los bombardeos de Barcelona que, si no recuerdo mal, fueron en marzo o abril del 38. Tenía 5 años y toda su familia había muerto en los bombardeos. O eso le dijeron.

– La abuela Mercedes nunca habla de la guerra, pero mi padre me explicó que en los bombardeos de Barcelona murieron la madre de mi abuela y su hermano pequeño, Jaime.

– Ese es mi abuelo. Él no murió. Unos amigos de la familia, los Rovira, que eran republicanos, se enteraron de que una bomba había explotado en casa de la familia Nin. Cuando llegaron allá, vieron que todo estaba destruido. Sólo se oía a un niño llorar. Era mi abuelo, solo, sucio y abandonado. Se lo llevaron a su casa. Durante días buscaron a sus padres y como no los encontraron, creyeron que toda su familia había muerto y lo trajeron a México, cuando ellos se exiliaron, en uno de los viajes de republicanos españoles hacia el exilio. Él vivió con los Rovira hasta que murieron.

Eduardo estaba fascinado viendo a esas dos mujeres que, como si fueran la imagen de un espejo, estaban descubriendo secretos, malentendidos, silencios que rescribían sus vidas.

– Mi abuela Mercedes, junto con su padre, vieron de lejos cómo bombardeaban su casa, buscaron a su madre y a su hermano durante días pero no los encontraron entre los escombros ni en los hospitales. Unas semanas después vieron sus nombres en la lista de fallecidos… Dime una cosa muy importante, ¿tu abuelo vive?

– Sí, y bebe güisqui cada tarde mientras se fuma un cigarrillo a escondidas.

– No hay duda. Son hermanos.

---

[42]Xoximilco es un barrio muy popular —y también turístico— lleno de canales y donde hay distintas barcas.

[43]Flor de un amarillo muy intenso que se utiliza en México fundamentalmente en los días anteriores y durante el Día de los Muertos.

[44]En España se cuenta hasta tíos y primos segundos. Puede ser que no se conozcan personalmente entre ellos, pero sí que se sabe de su existencia y se conocen sus nombres.

Epílogo *Volver*

Decían los mexicas que, cuando alguien muere, continúa viviendo en Mictlán, un lugar donde viven todos los que han abandonado este mundo, y allí viven plácidamente hasta que un día vuelven a sus antiguos hogares para visitar a sus parientes.

La noche del domingo 1 de noviembre, el día que en México creen que las almas de los niños muertos regresan con sus familias, Elsa entró en el salón de casa de su abuela.

– Abuela querida, ya estoy aquí.

– ¿Ya has vuelto, angelito? ¡Qué alegría! ¿Cómo te ha ido todo?

– Te lo voy a contar todo, abuela. Pero, primero, vamos a servirnos un güisqui. Y tú te vas a sentar cómodamente en tu sillón preferido y no te vas a poner nerviosa, nada nerviosa, cuando te presente a una persona que he conocido en México.

– ¿Un chico guapo y encantador que te ha hecho olvidar a ese impresentable de Eduardo?

– Algo parecido.

Elsa se levantó para abrir la puerta del salón. Un hombre de pelo blanco, apuesto y elegante a pesar de sus casi ochenta años, sonreía y, acercándose a Mercedes, dijo:

– En estos años nunca he podido jugar tan bien al escondite como cuando jugaba contigo.

– ¿Cómo? Yo sólo jugué al escondite con mi hermano Jaime.

– Es que soy Jaime.

14 Aquí tienes una serie de actividades, criterios y formas de evaluación que utilizan las profesoras y los profesores al calificar a sus estudiantes. Coloca las expresiones en el lugar adecuado.

aprobar | asimilación de conceptos | capacidad de síntesis | clase magistral | corregir con la tarjeta | exámenes | lecciones teóricas | lectura crítica de la bibliografía | madurez en el conocimiento del tema | posición personal | profundidad de las ideas | prueba escrita | prueba oral | redacción agradable | revisión de los exámenes | seminario | subir la nota | suspenso | trabajos pautados | tutoría

Actividades que evalúan
....
....
....
....

Actividades que realizan
....
....
....
....
....
....

Profesoras y profesores

Calificación
....
....
....

Criterios de evaluación
....
....
....
....
....
....
....

15 Frida está en Madrid, en la tutoría de una profesora, revisando su último examen de Historia.
La profesora está explicando la evaluación del escrito de Frida y Frida intenta matizar sus juicios para subir la nota.

a Lee las frases a la izquierda. ¿Qué frases dice cada una de las personas? Une con flechas.

Como es lógico, en esta frase…
Creo que esto es importante…
Me llama la atención…
Me parece que hay que tener en cuenta…
Nadie discute que…
Por supuesto,
Sin duda,
Yo diría que no es tan así…
Yo, no estaría tan segura…

Frida

Profesora

Frida Hunter
– estructura poco clara
– faltan ejemplos
– pone una sola causa
– no recapitula
– hay muchas frases de los apuntes sin crítica

b Simula el diálogo. Elige dos inicios de frase y escribe la oración entera.

Profesora: *Me llama la atención que no menciones toda la bibliografía.*
Frida: *Yo diría que no es así, está en las notas al pie.*

1. ....
2. ....

En esta unidad has aprendido otras 110 palabras en español. Has utilizado una técnica de memorización basada en el reconocimiento de palabras extranjeras incorporadas a nuestra lengua y extendido el uso de los mapas mentales a la toma de apuntes. Es muy importante que sigas practicando todas estas técnicas y estrategias siempre que necesites retener palabras o frases.

Tabla de descriptores para la autoevaluación

Fecha: . . . .

Puedes utilizar la siguiente tabla de descriptores para autoevaluarte (columna 1) o para que te evalúe tu docente (columna 2). Si se trata de actividades de lengua que aún no dominas, pero que te parecen importantes, márcalas como objetivos que quieres lograr (columna 3). Puedes usar los espacios en blanco para añadir descriptores que dominas o que crees que son importantes para este nivel y no se han incluido.

Utiliza los siguientes símbolos:

Columna 1 (yo) y **2 (docente)**
✓ Puedo hacerlo en condiciones normales.
✓ ✓ Puedo hacerlo bien y sin problemas.

Columna 3 (objetivos)
! Esto es un objetivo para mí.
!! Este objetivo tiene prioridad para mí.

Si has marcado en la columna 1 (yo) el 80% de los puntos, entonces has alcanzado con bastante probabilidad el nivel B1+.

Escuchar •)))	1	2	3
Puedo entender el tema y los aspectos más importantes de una conversación sobre un tema que me interesa.			
Puedo entender lo principal de un programa de radio sobre temas conocidos, si la expresión es relativamente clara y lenta.			
Puedo entender informaciones meteorológicas sencillas como el pronóstico del tiempo.			
Puedo entender lo esencial de discusiones sobre temas conocidos de mi especialidad en una clase magistral en lenguaje estándar.			
Puedo tomar apuntes de los puntos principales de una conferencia y usarlos posteriormente, si se trata de un tema de mi especialidad y si quien se expresa lo hace de manera clara y estructurada.			
Puedo comprender el sentido general de canciones.			

Leer ▤	1	2	3
Puedo entender fragmentos de textos literarios adaptados.			
Puedo utilizar un diccionario monolingüe para entender los distintos significados de una palabra.			
Pudo comprender argumentaciones sencillas prestando especial atención a los conectores y enlaces que indican relaciones lógicas.			
Para cumplir una tarea, puedo realizar una lectura rápida y buscar informaciones específicas en diferentes textos, ya sean de mi especialidad u otros.			
Puedo comprender el sentido general de poemas.			

Participar en una conversación 💬	1	2	3
Puedo expresar ideas sobre temas abstractos y tomar posición frente a los puntos de vista de mis interlocutoras/-es.			
Puedo expresar con cortesía acuerdo o desacuerdo.			
Puedo hablar de temas de mi especialidad en situaciones informales con amistades y colegas.			

Hablar con fluidez 💬	1	2	3
Puedo contar un relato.			
Puedo contar sueños y describir mis esperanzas y reacciones.			

Estrategias	1	2	3
Puedo repetir parte de lo que ha dicho alguien para confirmar que nos hemos entendido.			
Puedo pedir que me aclaren o completen lo que acaba de decirse.			
Puedo usar una palabra sencilla y de sentido parecido a lo que quiero expresar cuando no se me ocurre la palabra precisa. Los demás me corregirán.			

Cualidad y medios lingüísticos	1	2	3
Puedo mantener una conversación haciéndome entender sin demasiadas dudas, pero debo interrumpirme para planear y corregir lo que voy diciendo, especialmente cuando tengo que hablar libremente largo rato.			
Puedo trasmitir información sencilla y de interés inmediato poniendo en claro lo que me resulta más importante.			
Tengo vocabulario suficiente para expresarme, a veces con circunloquios, en la mayor parte de los temas de mi vida cotidiana, como familia, aficiones, intereses, trabajo, viajes y actualidad.			
Puedo expresarme con bastante corrección en situaciones familiares y previsibles.			

Escribir ✏	1	2	3
Puedo escribir textos sencillos y coherentes sobre distintos temas dentro de mi especialidad expresando opiniones e ideas personales.			
Puedo redactar textos sencillos sobre hechos o experiencias (por ejemplo, un viaje) para el boletín de una asociación.			
Puedo informar o pedir información a amistades o colegas por carta circular, fax o correo electrónico.			
Puedo escribir textos sencillos dentro de mi especialidad usando correctamente los términos específicos más			

Portfolio Europeo de las Lenguas ELC/CEL © Consejo de Europa/Council of Europe/Conseil de l'Europe

	Puntos:	Tu resultado:
Comprensión lectora **Textos: Los cromosomas del idioma espanol / "Inteligencias" se fugan del país** • Puedo entender, en general, la argumentación de textos de mi especialidad o sobre temas que me interesan. **Estrategias:** • Infiero el significado de palabras desconocidas utilizando una variedad de estrategias de lectura. • Comprendo la lógica de algunas argumentaciones. Para ello, me guío por conectores y enlaces que indican relaciones lógicas. Para controlar la comprensión, también tengo en cuenta los ejemplos que ofrece un texto.	30	
Comprensión auditiva **Texto: Corregir los apuntes. Tema de la clase: la construcción de la trama** **Estrategias:** • Distingo entre conceptos, definiciones, tipologías y ejemplos, para organizar apuntes. • Hago esquemas para identificar y reconocer fácilmente la información que falta en mis apuntes.	20	
Expresión escrita • Puedo escribir textos sencillos y coherentes sobre distintos temas de interés personal o que están relacionados con mi especialidad, expresando opiniones e ideas o argumentos personales. **Estrategias:** • Utilizo una lista de control para garantizar un mínimo de calidad en cuanto a ideas, estructura, cohesión y corrección de mi trabajo. • Pido a otra persona que lea la primera versión de mi texto y haga comentarios. Si observo que he cometido muchos errores, los analizo para entender la causa y evitarlos en futuros textos. • Hablo con mi profesora o profesor.	25	
Expresión oral • Puedo realizar una presentación sobre un tema de mi interés o relacionado con mis estudios, de tal forma que las ideas e intenciones resulten claras y en la que los puntos principales se explican con exactitud suficiente. • Puedo utilizar información y recursos lingüísticos conocidos para expresar mis propios puntos de vista. **Estrategias:** • Utilizo una lista de control para garantizar un mínimo de calidad en cuanto a ideas, estructura, cohesión y el tono de mi presentación.	25	

Total: 100

Para aprobar el nivel B1+ se necesita el 67% de los puntos.

100	→	97%	= 1,0,	96	→	94%	= 1,3,	
90	→	87%	= 2,0	86	→	84%	= 2,3	
80	→	77%	= 3,0	76	→	74%	= 3,3	
70	→	67%	= 4,0					

with the right column: 93 → 91% = 1,7 ; 83 → 81% = 2,7 ; 73 → 71% = 3,7

Comprensión lectora

1 Lee el siguiente texto y contesta. ¿Por qué se puede afirmar que existe una unidad lingüística, si en los diferentes países hispanohablantes se usa un léxico en parte diferente? Elige dos de las respuestas.

a. Porque a los españoles les gustan las palabras que vienen del otro lado del Atlántico.

b. Porque las personas se entienden aunque a veces usan diferentes palabras y también pueden explicar el origen de esas palabras.

c. Porque en más de 400 años construyeron una cultura que ahora comparten.

d. Porque los españoles llevaron palabras a América, como lo demuestra el ejemplo de "tiza".

LOS CROMOSOMAS DEL IDIOMA ESPAÑOL

Hablar un mismo idioma no equivale a utilizar las mismas palabras para todo. A los españoles nos suenan hermosísimas muchas expresiones de América Latina porque nos parecen soluciones lógicas, pero diferentes, para nuestras propias ideas. Supongo que lo mismo le ocurre a un latinoamericano al escuchar a un español o a otro hispanohablante de un país distinto al suyo. Eso es la unidad del idioma, el genio profundo que da vitalidad a todo el sistema lingüístico, que podemos compartir 21 países con variantes identificables porque proceden de la misma cultura. Esta ya no es la cultura que impusieron los españoles a partir de 1492, sino la que todos los pueblos hispanohablantes han creado conjuntamente durante estos siglos.

La unidad del idioma no cambia su esencia en absoluto por el hecho de que un español nade en la "piscina" mientras un mexicano lo hace en la "alberca" y un argentino en la "pileta", estando todos ellos en el mismo lugar. Las tres palabras parten de lo más profundo de nuestro ser intelectual colectivo. Podemos ver el ADN de "piscina" en piscis, y en "piscifactoría". Y la "alberca" mexicana (del árabe al birka, estanque) nos llevará por la genética y la historia a áreas rurales donde era necesario acumular el agua para luego llevarla a los campos. Y a la "pileta" podemos asociarla con "pila" o con "pilón", y es una expresión tan española como las dos anteriores.
Las palabras específicas -esas soluciones distintas a cada lado- circulan ahora cada vez más desde Latinoamérica hacia España y en España las adoptan aunque hayan sido inventadas a miles de kilómetros de distancia.

El intercambio de palabras, sin embargo, no es nada nuevo. Un buen ejemplo es la historia de la palabra "tiza", que designa esa sustancia blanca que se utiliza para escribir en los pizarrones. Pues bien, la palabra "tiza" procede del náhuatl, del vocablo tizatl que decían los indígenas, y de allí se llevaron la palabra los españoles. Sin embargo, los mexicanos llaman a la tiza "gis", palabra de raíz griega (del griego gipsum, yeso) llevada a México precisamente. ...por los españoles.

Texto adaptado. Fuente: www.elcastellano.org

2 Subraya en el siguiente texto tres causas de la actual o futura fuga de cerebros.

"INTELIGENCIAS" SE FUGAN DEL PAÍS

De cada 100 jóvenes que salen de México para realizar estudios de educación superior en el extranjero, 30 no vuelven, lo que hace que nuestro país ocupe el lugar 32 en lo que se refiere a la fuga de cerebros en el mundo, informa el Consejo Nacional de Ciencia y Tecnología (Conacyt). "Debemos cuidar el talento nacional porque el desarrollo científico y tecnológico depende de ellos", planteó Silvia Álvarez Bruneliere, directora de Formación y Desarrollo Científico y Tecnológico del consejo.
De acuerdo con cifras del Conacyt, desde que inició el programa de becas, en 1971, México perdió hasta 2007 más de 2 100 científicos y una inversión de poco más de 1 140 millones de pesos, pues la formación de cada uno de ellos le costó al país 225 mil pesos anuales durante un promedio de tres años.

Factores de la "fuga"

Del 2 al 4 de marzo, expertos internacionales de la UNESCO y del país se reunirán en las instalaciones de la Universidad Autónoma Metropolitana (UAM) para analizar el crecimiento de la "fuga de profesionales" en la región de América Latina y el Caribe. De acuerdo con el estudio Movilidad académica y profesionales en América Latina, se estima que "la fuga de competencias se acentuará en las próximas décadas", debido a que los países miembros de la OCDE perderán entre un quinto y un tercio de sus profesionales y científicos por razones de jubilación, retiro o muerte.

Gran Bretaña, por ejemplo, tendrá que reclutar 19 mil profesores para sustituir a los que se jubilan en los próximos 10 años; Canadá necesita entre 2 500 y 3 000 por año.

Ante esta situación, la especialista advierte que países como México y Brasil "deberán elaborar una estrategia para mantener a su población profesional y científica".

En el informe se señala que el aumento de la fuga de cerebros hacia las economías más desarrolladas no sólo está relacionada con que "la materia gris no está suficientemente valorada en su país de origen, sino porque sólo le ofrece empleos de menor valor social y económico que los que se ofrecen en el extranjero". Asegura que el éxodo también tiene que ver "con el hecho de que las crisis económicas o políticas" han afectado a los países de América Latina. (…)

Fuente: *El Universal, México*

Comprensión auditiva

3 **Ralf y Marina son estudiantes de un curso de Literatura. Ralf ha tomado apuntes de la última clase, pero, como no ha entendido todo, pide ayuda a Marina.** 🎧 www.klett.de/condinamica Track 6

a Lee primero los apuntes de Ralf e intenta organizarlos. Para ello, escríbelos en tu cuaderno en forma de esquema.

> Tema de la clase: la construcción de la trama
>   Diferencia argumento – trama:
>   dos motivos para elipsis: información no significativa / información
>   fundamental → efecto sorpresa (Escritura sumergida???)
> (ej.: Casablanca)
> (ej.: Crónica de una muerte anunciada)
> Argumento: historia de la novela o película
> Elipsis: es omisión???? de información
> Trama: (plot) cómo se construye la historia / ???? / la dosificación de las informaciones a lo largo de un texto narrativo
> Tipos de elipsis: ???
>
> ??? flash back / ??? salto hacia adelante

Estrategia:
→ Distingo entre conceptos, definiciones, tipologías y ejemplos

Estrategia:
→ Organizo los apuntes en forma de esquema, para identificar y reconocer fácilmente la información que falta.

b Escucha ahora la conversación con Marina y escribe aclaraciones de las cosas que Ralf no entiende.

Expresión escrita

4 **Elige una de las siguientes ideas. Escribe un texto de 500 palabras. Reutiliza el vocabulario conocido y aplica tus conocimientos gramaticales en relación a los conectores y recursos de matización. Aplica las estrategias de planificación y autocorrección. Controla con la tabla.**

1. Una descripción / narración de una experiencia personal. Puede ser un viaje verdadero o imaginario, cómo conociste a una persona que es importante para ti y el lugar que ha ocupado en tu vida hasta el presente o la biografía de un personaje público.
2. Resume el argumento, valora algunos aspectos y recomienda un libro, película u obra de teatro que te ha impresionado.
3. Un texto informativo sobre un tema de tu interés tratado en este libro: cultura, relaciones personales, aspectos del mundo en el que nos ha tocado vivir.
4. Un texto argumentativo sencillo, en el que presentas ideas relacionadas con algunas de las siguientes afirmaciones. Compara, da ejemplos, relaciona las ideas (causa, consecuencia, oposición) e introduce citas, utilizando los recursos gramaticales que conoces. Matiza tus afirmaciones.

> El principio de interculturalidad representa el elemento básico que debe guiar la relación entre personas y grupos de distintas culturas, para garantizar al mismo tiempo la cohesión social basada en principios constitucionales compartidos y el respeto y la valoración positiva de la diversidad.
>
> La familia ha variado a lo largo de la historia y ha experimentado muchos cambios. Ya no es el lugar donde la pareja afirmaba "hasta que la muerte nos separe". No existen familias tradicionales o familias modernas; simplemente son diferentes formas y estilos de organizar la educación y socialización de los hijos e hijas. Las semejanzas o diferencias tienen que ver fundamentalmente con el concepto que cada familia tiene del amor y de las normas.

Bolonia ya no es una ciudad en Italia sino una pesadilla europea: no todos los estudiantes van a poder acceder a una formación completa y de calidad, pues muchos tendrán que contentarse con el grado de cuatro años en España, "que no permite investigar, sólo el ejercicio profesional". "Crean obreros megacualificados, pero no intelectuales, que es para lo que se ha creado la universidad", han advertido. También Bolonia significa que la universidad pública comience a financiarse por sí misma, es decir, a través de empresas privadas. Esto amenaza la pervivencia de carreras de letras como Filosofía o Historia "porque no interesan", incluso de ciencias como Biología o Químicas. ¿Tú cómo lo ves?

El destino de la humanidad, afirma Rigoberta Menchú, depende de un hilo y ese hilo es el 2% de agua dulce que aún queda en el planeta. Debemos exigir un cambio de actitud de los gobiernos que favorezca una gestión racional de los recursos humanos.

Si quieres escribir un texto gramaticalmente correcto y aceptable, te recomendamos utilizar la siguiente lista de control.

¡Importante!	
Planifico mi texto, por ejemplo, haciendo un mapa mental.	✔
Controlo la estructura.	
Complemento la información y confronto fuentes. Cito las fuentes que utilizo.	
Utilizo un diccionario para controlar la ortografía y el significado de algunas palabras.	
Utilizo estructuras nominales e impersonales porque se trata de un registro formal.	
Presto atención al tono general y matizo mis afirmaciones.	
Utilizo conectores variados para relacionar mis ideas y dar coherencia y cohesión a lo que escribo.	
Repaso el léxico general que necesito para escribir y también el que se relaciona con el tema.	
Me autocorrijo: después de haber analizado mis errores, incorporo los cambios que considero necesarios.	
¿Algo más?	

Expresión oral

5 **Presentación de un tema de tu interés (10 minutos).**
Elige uno de los temas tratados en el libro. Si quieres que te salga bien la presentación, te recomendamos utilizar la siguiente lista de control.

¡Importante!	
Haz un mapa mental para organizar las ideas. Tienes un ejemplo en el ejercicio 15 de En autonomía, unidad 12.	✔
Ten a mano el glosario para reutilizar todas las palabras que conoces.	
Revisa la guía del ejercicio 5, unidad 14.	
Usa alguna técnica de visualización para que la presentación sea efectiva. Utiliza fotos y recuerda: durante tu presentación no leas los textos de las diapositivas. Son sólo una ayuda para el público. !Tu público sabe leer!	
Practica una vez con una compañera o compañero. Graba tu ponencia y escúchala con una cierta distancia. Piensa si te gusta y qué cosas cambiarías.	
Incorpora los cambios que te sugieren y los que tú consideras necesarios después de haberte escuchado.	
Presta atención al tono general. ¿Presentas tus argumentos de modo contundente? ¿Matizas tus afirmaciones?	
Fíjate en la entonación y la pronunciación. Evita palabras no puedes pronunciar bien.	
¿Algo más?	

Clave

Unidad 1 Estudiar en...

1
música: antigua, maravillosa
persona: amable, optimista, maravillosa
amigo: amable, optimista, moderno, prestigioso
amiga: amable, optimista, maravillosa
estudiantes: simpáticos, sociables
emigrante: amable, optimista, prestigioso
universidad: antigua, maravillosa, pública
ciudad: antigua, maravillosa, pública

2

Sustantivos femeninos	Sustantivos masculinos
Singular	**Singular**
clase	estudiante
discoteca	chico
estudiante	deporte
música	
Plural	**Plural**
carreras	barrios
lenguas	emigrantes
emigrantes	
amigas	
páginas	

Adjetivos femeninos	Adjetivos masculinos
Singular	**Singular**
pública	simpático
seria	argentino
interesante	interesante
importante	pequeño
grande	importante
privada	
Plural	**Plural**
alegres	alegres
amables	universitarios
prestigiosas	amables
sociables	modernos
	sociables

3
Sustantivos singular
red (la); país (el); excursión (la); universidad (la); información (la); facultad (la)
a
inglés; alemán; amable; sociable; irregular

4
a. femeninas; b. masculinas; c. plural; d. femeninas o masculinas; e. femeninos; f. -es; g. femeninas o masculinas

5
Respuesta abierta

6
a. una; la; b. un, la; c. la; d. La, unos, una, la, las/los, un

7
Yo y mis amigas: nosotras
Usted y su profesora: ustedes, vosotras, vosotros
Tú y tus compañeros: ustedes, vosotras, vosotros

El Sr. Gutiérrez: él
La profesora de español: ella
Tú: yo
Laura y Sven: ellos
Personas de la clase: ellas
Estudiantes trabajadores: ellos
Estudio en Colonia: yo
Vivís aquí: vosotras, vosotros
Nosotros y tú: nosotros
Es simpática: ella

8
a. Laura y Javier son estudiantes. Ella estudia Arquitectura y él, Literatura.
b. Esta soy yo. Es una foto de mi familia.
c. Mi profesora de español es uruguaya. Es de Montevideo.
d. Miguel es un amigo de Laura. Él estudia Literatura y ella, Biología.
e. Mis amigos alemanes estudian español en Córdoba. Tienen un curso en la Facultad de Lenguas.
f. En Barcelona puedes tener clases en catalán. También puedes tener clases en castellano.
g. Neus y Andreu no son de Galicia sino de Cataluña. Ella es profesora de Lenguas y él tiene un restaurante.
h. Nosotras somos vascas y vosotras, ¿de dónde sois?
i. Nosotros somos mexicanos y ustedes son chilenos, ¿no?

9
Respuesta abierta

10
tú y tus compañeros: (vosotros): salís, hacéis, conocéis, habláis, estudiáis; (ustedes): tienen, estudian, salen, entienden, son, se llaman, viven, hacen, aprenden
personas de la clase: tienen, estudian, salen, entienden, son, se llaman
yo: estoy, hago, conozco, vivo, hablo, sé, salgo
la profesora de español: se llama, sale
tú: puedes, aprendes, eres, sabes
tú y yo: sabemos, podemos, vamos, viajamos, somos

11
Soy **de** Zacatecas pero vivo **con** mi familia en Guadalajara.
Me gusta mucho leer, navegar en la red y salir **con** amigas.

Es la Universidad de Córdoba y está **en** Argentina.
Es la más antigua (1613) y la más grande después **de** la UBA, la Universidad de Buenos Aires.
Si buscas un curso **para** aprender español puedes ir **a** la Facultad de Lenguas que está en la ciudad universitaria.

12
francesas e inglesas; atractiva e inteligente; Iñaki y Paloma; amable e interesante; "Stephan" se escribe con p y h

un día u otro; Carmen u Óscar; Paco o Montse; pública o privada; Javi o Úrsula

13
a. Mascha es polaca **pero** estudia en Hamburgo.
b. Marion es alemana **pero** trabaja en Canarias.
c. Thomas es suizo **pero** vive en Kiel.
d. Maná no es un grupo de música guatemalteco **sino** mexicano.
e. Alicia no tiene familia **pero** tiene muchas amigas.
f. *Volver* no es una película alemana **sino** española.
g. Frida Kahlo no es paraguaya **sino** mexicana.
h. Isabel Allende no es mexicana **sino** chilena.
i. Sandra es boliviana **pero** trabaja en Buenos Aires.
j. Salvador Dalí no es andaluz **sino** catalán.

14
a. Estudiamos inglés **y** Literatura.
b. Soy de Hamburgo **pero** estudio en Berlín.
c. Me llamo Katja. Se escribe **con** jota.
d. Estudiamos Literatura **e** inglés.
e. La Facultad de Lenguas no está aquí, en la ciudad, **sino** en el campus universitario.
f. ¿Tú para qué aprendes lenguas? ¿Para viajar **o** para estudiar?
g. ¿Como se llama el chico suizo? ¿Ulf **u** Olaf?
h. No estudia en Jalisco **sino** en Guadalajara.
i. "Ingleses" se escribe **sin** acento, "andaluz", también.

15
¿Cómo te llamas? Jon, soy vasco.
¿Eres alemana? Sí. ¿Y tú?
¿Estudias Literatura? No, Economía.
Tú eres de Frankfurt. No, de Hamburgo.
¿Eres de Berlín? No, no soy de Berlín. Soy de Frankfurt.
¿Tú eres de Colonia, no? Sí.
¿No eres de Granada, no? No, de Sevilla.
Kai es de Bremen, ¿no? No sé. No sé quién es Kai.
Tú eres de Vigo, ¿no? Sí, soy gallega pero estudio en Barcelona.

16
a. ¿De dónde eres? De San Petersburgo.
¿De San Petersburgo? ¿Dónde está? En Rusia. Ah…
¿Y por qué aprendes español? Para leer y viajar.
b. ¿Qué haces en tu tiempo libre?
Toco la guitarra y hago excursiones a la sierra. ¿Y tú?
Yo hago deporte y estoy en un grupo de teatro.
c. ¿Eres estudiante?
Sí, desde 2007. Estudio Ingeniería y en mi tiempo libre hago deporte.

17
a. Dónde; b. quién; c. qué; d. dónde; Qué; e. Cómo; f. por qué

18
a. te; b. se; c. me; d. se; e. os

19
a. muy; muchos; muy; muy; b. muy; muchas

194 ciento noventa y cuatro

20
Muchas escuelas de lengua, emigrantes, ciudades, fotos, personas, nacionalidades
Mucho tiempo libre
Mucha gimnasia, gente
Muchos emigrantes, compañeros, nombres

21
Sven / Jorge. Asunto: tándem alemán-español
Lidia / Isabel. Asunto: excursión a Sicilia
Omara / Patricia. Asunto: dirección Escuela de Diseño y tándem para Mary

22
Arqueología, Arquitectura, Arte, Ciencias exactas, Derecho, Diseño, Economía, Ingeniería, Matemática, Medicina, Química
a
Respuesta abierta
b
Respuesta abierta
c
Expresiones de cortesía: hola, gracias, perdón, por favor, muchas gracias, de nada, adiós, hasta pronto
d
Para pedir que repitan: perdón, por favor
Para saludar: hola, ¿qué tal?, adiós, hasta pronto
Para agradecer: gracias, muchas gracias

Unidad 2   Me gustaría...

1
e → i: digo, dices, dice, decimos, decís, dicen (también pedir y repetir)
e → ie: prefiero, prefieres, prefiere, preferimos, preferís, prefieren (también pensar, entender y querer)
o → ue: puedo, puedes, puede, podemos, podéis, pueden
cambios ortográficos:
elegir: elijo, eliges, elige, elegimos, elegís, eligen
tener: tengo, tienes, tiene, tenemos, tenéis, tienen
1. quiere; dice; puede
2. preferimos; tiene
3. piensan; piden; dice; quieren; pueden
4. queréis/quieren; podéis/pueden; dice
5. repite; repite; dice; elige; entendemos; entiendo; dice; pido; quiero

2
Respuesta abierta

3
1. ¿A ti **te** gusta hacer deporte? A **mí** no.
2. ¿A ustedes **les** interesan las lenguas? Mucho.
3. ¿A Javier **le** gusta vivir en una ciudad moderna? No mucho.
4. ¿A vosotras **os** gusta el teatro? Bastante.
5. ¿A tu pareja **le** interesa la política? Sí.
6. ¿A ti y a tu amiga **les/os** gustan los restaurantes argentinos? Claro.
7. ¿A ti **te** interesa la música clásica? Poco.
8. ¿A vosotras **os** gusta hacer excursiones? **Nos** encanta.

9. ¿A tu profesora **le** gusta explicar gramática? No sé.
10. ¿A tus compañeras/-os de español **les** interesa la gramática? Bastante.

4
1. tampoco; 2. también; 3. también;
4. tampoco; 5. también; 6. tampoco

5
Respuesta abierta

6
1. hay, hay; 2. es, está; es; 3. son, están, hay; 4. está, hay, es; 5. somos, hay; 6. soy, estoy, son, hay, es

7
pero, sólo, sino, sino, también, tampoco

8
Respuesta abierta

9
infraestructura, restaurantes, galerías de arte, cines, club, bares, facultad, parque, discotecas

10

1	2	3	4	5	6	7	8
g	a	f	d	b	e	c	h

11
pero, porque, pero, Además, porque, Pero

12
Hola Julia:
Me llamo Maike y estudio Diseño **en** Colonia. Tengo 20 años. Me gusta ir al cine.
Me **gustan** Juanes y Amparanoia. ¡Me encanta **la** música **latinoamericana**! Ahora no escucho música en español porque no conozco grupos **nuevos**. Escucho tecno en alemán **e** inglés. Soy muy **optimista**. Me gusta viajar y tocar la guitarra. Soy muy **simpática**. Aprendo español para viajar a América **Latina** y estudiar en un país hispanohablante. Me gustan Bolivia y Paraguay. (Mi mamá es **paraguaya**).

13
Respuesta abierta

Completa la regla: de + el = del; a + el = al

14
0 cero, 30 treinta, 21 veintiuno, 76 setenta y seis, 330 trescientos treinta, 1700 mil setecientos, 1 uno, 50 cincuenta, 33 treinta y tres, 66 sesenta y seis, 144 ciento cuarenta y cuatro, 2 800 dos mil ochocientos, 2 dos, 70 setenta, 60 sesenta, 90 noventa, 288 doscientos ochenta y ocho, 5 910 cinco mil novecientos diez

trescientas becas, trescientos euros
cuatrocientos estudiantes, cuatrocientas páginas
mil quinientas semanas, mil quinientos años
dos mil seiscientas palabras, dos mil setecientos números
tres mil ochocientos ejercicios, novecientas noventa y nueve noches

15
23,3%: veintitrés coma tres por ciento
12,2%: doce coma dos por ciento
10,6%: diez coma seis por ciento
14%: catorce por ciento
5%: cinco por ciento
3,9%: tres coma nueve por ciento
2,5%: dos coma cinco por ciento
2,3%: dos coma tres por ciento

16
Respuesta abierta

17
a
características que se repiten: una ciudad limpia, la gente se respeta, la ciudad tiene espacios verdes
b
Respuesta abierta

18
Erasmus, doce, nuevo, todas las etapas de la vida, Programa de Aprendizaje Permanente, Erasmus Mundus, cooperación, seis

19
Respuesta abierta

20
Respuesta abierta

21
a
Una posibilidad: A mí no me importa si las ciudades son grandes o pequeñas. ¡Quiero ciudades cómodas! Con unos **(10) diez** o **(15) quince** cines o **(4) cuatro** teatros. Lugares donde ir a divertirse. Me gusta bailar, así que mi ciudad ideal tiene que tener **(20) veinte** discotecas y **(7) siete** parques porque me gustan las fiestas populares e ir a bailar. Si no tiene mar, tiene que tener montañas a **(30) treinta** kilómetros, porque me encanta esquiar.
b
Una posibilidad: ¿Qué es una ciudad cómoda para ti? ¿Cuántos cines tiene tu ciudad ideal? ¿Te gusta bailar? ¿Qué prefieres, las montañas o el mar cerca?

Unidad 3   Aprender una lengua es...

1
Formas regulares: bailando, buscando, comiendo, conociendo, chateando, escribiendo, escuchando, estudiando, haciendo, mirando, ofreciendo, viviendo, saludando, trabajando, viajando, practicando, explicando, jugando, descubriendo, saliendo, aprendiendo, pensando, mostrando

Formas irregulares: diciendo, eligiendo, leyendo, pudiendo, yendo, creyendo, repitiendo, pidiendo, durmiendo

2
a. usando; b. haciendo; c. repitiendo;
d. escuchando; e. escribiendo; f. viajando;
g. hablando; h. usando; i. leyendo y escuchando

Clave

3

a. La más antigua es la Universidad de Granada.
b. La más moderna es la Universidad Carlos III.
c. La UBA es la más grande.
d. La Universidad Carlos III es la más pequeña.
e. La UBA tiene más estudiantes que la UNAM.
f. La UNAM tiene más estudiantes que la Universidad de Granada.
g. La Universidad Central de Venezuela es más antigua que la Universidad de Chile y tiene más estudiantes.

4

1. e; 2. g; 3. h; 4. i; 5. f; 6. b; 7. j; 8. c; 9. d; 10. a

5

en; desde; de; con
a; al; a; a
para; para; del; A; para

6

a
1. Leslie y Mark están haciendo deporte.
2. Ustedes y yo estamos leyendo un libro.
3. Mar está escribiendo una postal.
4. Toda la clase está escuchando un CD.
5. Boris y Monique están practicando la fonética.
6. Sabine está buscando información en Internet.
7. Mis amigas y yo estamos bailando en la discoteca.
8. Vosotras estáis comiendo.
9. Tom y sus amigas están leyendo el periódico.

b
1. Leslie y Mark acaban de hacer deporte.
2. Ustedes y yo acabamos de leer un libro.
3. Mar acaba de escribir una postal.
4. Toda la clase acaba de escuchar un CD.
5. Boris y Monique acaban de practicar la fonética.
6. Sabine acaba de buscar información en Internet.
7. Mis amigas y yo acabamos de bailar en la discoteca.
8. Vosotras acabáis de comer.
9. Tom y sus amigas acaban de leer el periódico.

7

a. ¿Cuál te gusta más? Este. Es el más interesante.
b. ¿Cuáles prefieres? Esta. Es la más barata.
c. ¿Cuál te gusta más? Este. Es el más fácil.
d. ¿Cuáles prefieres? Estos. Son los mejores.
e. ¿Cuál te gusta más? Esta. Es la más divertida.
f. ¿Cuál te gusta más? Esta. Es la más importante.
g. ¿Cuáles prefieres? Estas. Son las más modernas.
h. ¿Cuáles prefieres? Estos. Son los más baratos.
i. ¿Cuál te gusta más? Esta. Es la menos aburrida.
j. ¿Cuál te gusta más? Esta. Es la más interesante.

8

Más de bezieht sich auf Mengen und den Superlativ.

Más que bezieht sich auf den Vergleich von Dingen oder Eigenschaften.

9

1. tienes que; 2. hay que; 3. tiene que;
4. tenemos que; 5. hay que; 6. tenéis que;
7. hay que; 8. tengo que; hay que

10

Respuesta abierta

11

conocer/ofrecer: primera persona **conozco** y **ofrezco**
saber: primera persona **sé**
encontrar/poder: o → ue
empezar/querer/preferir: e → ie
tener/elegir: primera persona **tengo** y **elijo**, irregularidades adicionales e → i
ir: totalmente irregular

12

a. su celular, sus gafas, su tarjeta de crédito, sus llaves
b. tu agenda, tu billetera, tus llaves, tu móvil
c. nuestras tarjetas, nuestros móviles, nuestras llaves
d. sus portátiles, sus mochilas, sus agendas
e. vuestro portátil, vuestra agenda, vuestro libro
f. mi agenda, mi celular; mis cuadernos, mis llaves, mi libreta universitaria

13

aquí: estas llaves, este bolso, estos libros, este móvil, esta tarjeta, este reloj
ahí: ese portátil, esa billetera, ese celular, esa agenda. esas gafas, esa mochila

14

a. No. Mi mochila es esa que está ahí.
b. No. Mis gafas son esas que están allí.
c. No. Mi portátil ese ese que está allí.
d. No. Mis tarjetas de crédito son esas que están ahí.
e. No. Mi agenda es esa que está ahí.
f. No. Mi billetera es esa que está ahí.
g. No. Mis cuadernos son esos que están ahí.
h. No. Mi celular es ese que está ahí.
i. No. Mi libro de español es ese que está ahí.
j. No. Mi libreta es esa que está ahí.

15

a. se pueden leer datos; les interesa mucho el castellano; les gusta más aprender
b. les encantan el tango, el fútbol y la música; la comida no les gusta
c. les parecen difíciles
d. se pueden ver cifras; se dan los siguientes datos; se discrimina

16

ciento veinte estudiantes; el sesenta y ocho por ciento; el veintiún por ciento; el cuarenta y dos por ciento; el treinta y siete por ciento; el veintiún por ciento; el sesenta y ocho por ciento; el noventa y cinco por ciento; el cinco por ciento

17

a. sólo porque; sino; b. pero; c. También (además); Pero; Tampoco; d. porque; También; Además

18

a
morir
b
Con las lenguas también desaparecen conocimientos ecológicos, secretos culinarios y medicinales y también antiguas mitologías.
c
Respuesta abierta

19

a
quechua: Perú, Ecuador, Bolivia
aymara: Perú, Bolivia
azteca: México
maya: México, Guatemala
tupi-guaraní: Paraguay

Lengua o familia lingüística	Ejemplos
quechua	papa, cóndor, puma
aymara	–
maya	cacao
azteca	tomate, chocolate
tupi-guaraní	piraña, petunia, maracuya
caribe	canoa, huracán
mapuche	ruka, küyen

caribe: Guayanas, Venezuela, Brasil
mapuche: Chile, Argentina
b

20

1. Berlín, Alemania, alemán; 2. Londres, Inglaterra, inglés; 3. Lisboa, Portugal, portugués; 4. Madrid, España, español; 5. París, Francia, francés; 6. Praga, Checoslovaquia, checo; 7. Varsovia, Polonia, polaco; 8. Moscú, Rusia, ruso; 9. Budapest, Hungría, húngaro; 10. Sofía, Bulgaria, búlgaro 11. Bucarest, Rumania, rumano; 12. Roma, Italia, italiano
a Respuesta abierta

21

a Respuesta abierta

Autoevaluación A1

Leseverständnis

1

Persona	¿Puede recibir la beca o no?	¿Por qué?
Isabel	no	La Facultad de Medicina no ofrece proyectos.
Jana	no	No hay becas para estudiantes.
Rosalynn	sí	Es licenciada, habla español, no necesita permiso de residencia y la Facultad de Arte y Arquitectura ofrece proyectos.
Mohamed	no	No tiene permiso de residencia.

Hörverständnis

2
Número de campus: varios campus
Estudios: Humanidades, Ciencias Sociales, Ciencias Naturales
Primer año: un curso de Estudios Generales (incluye física, matemáticas,…)
Sistema con tres niveles: 1. Bachillerato, 2. Maestría, 3. Doctorado
¿Hay cursos de estos tres niveles en todas las carreras universitarias?: en algunas carreras no hay maestría o doctorado
Antes de empezar en la universidad: examen general (matemáticas, ciencia, idioma y literatura)
Si el estudiante va a estudiar a una universidad de EEUU: hay un examen de inglés

Schriftlicher Ausdruck

3 y 4
Respuesta abierta. Entrega tus trabajos. Luego, los corriges y los colocas en tu portfolio.

Mündlicher Ausdruck

6
Respuesta abierta. La actividad se corrige en clase. En las tablas de evaluación se explican los criterios.

Unidad 4 Su primer día…

1
además, por eso, Pero, sin embargo, en cambio

2
a. sin embargo, Además; b. aunque; c. pero, aunque; d. aunque; y

3
1. i; 2. k; 3. g; 4. i; 5. d; 6. e; 7. b; 8. j; 9. f; 10. a; 11. h; 12. c

4
a. nueve, diez, cuarenta y dos por ciento, veintiuno por ciento
b. noventa y cinco por ciento
c. cincuenta y tres por ciento, veintiséis por ciento, dieciséis por ciento, cinco por ciento, cuarenta y dos por ciento
d. setenta y cuatro por ciento, veintiuno por ciento, cinco por ciento

5
Respuesta abierta

6
Respuesta abierta

7
Respuesta abierta

8
Respuesta abierta

9
hay que tomar/tienes que tomar; tomarlo; bajar en; cambiar; hay que salir/tienes que salir; tomar; sales por; subes; para
a
Respuesta abierta

10
a. a; b. a; c. A, a; d.; e. a; f. a; g. a

11
a. Acabo de verla en la Oficina Erasmus.
b. Estoy buscando mi pasaporte y no lo encuentro.
c. Las tiene Manuel.
d. Ahora no. Mis estudiantes me están esperando.
e. ¿Por qué no me presentas a tu amiga Raquel?

12
a. llevarlo; b. llamarla; c. leerlas; d. escribirle; e. pedirlo; f. discutirlos; g. apuntarlos; h. mandarlos; i. darle; j. preguntarle

13
a. Las; b. los, Los; c. Lo; d. Lo; e. La, la; f. las

14
a. le; b. les; c. Te; d. Os; e. nos; f. os; g. Le
a
b. comprárselo; c. traérmelo; d. decíroslo; e. dároslas; f. prestároslo; g. dárselo

15
1. Como Lars no sabe catalán, acaba de comprarse un diccionario.
Lars no sabe catalán. Por eso acaba de comprarse un diccionario.
2. Casi todos mis estudiantes quieren ir de Erasmus a un país europeo. Sin embargo, unos pocos prefieren terminar primero sus estudios y después viajar.
Aunque casi todos mis estudiantes quieren ir de Erasmus a un país europeo, unos pocos prefieren terminar primero sus estudios y después viajar.
3. Como Iñaki piensa estudiar un año en Holanda, está buscando alojamiento barato.
Iñaki piensa estudiar un año en Holanda, por eso está buscando alojamiento barato.
4. Tom tiene muchos problemas, por eso va a la psicóloga tres veces por semana.
5. La semana que viene termina el semestre. Por eso vuelvo a mi país. Tengo que hacer exámenes y terminar la carrera.
6. Susana trabaja mucho. Como tiene tanto trabajo, nunca tiene tiempo para salir con sus amigas.
7. Lars tiene tantos problemas como Peer. Sin embargo, nunca va a la psicóloga.
Aunque Lars tiene tantos problemas como Peer, nunca va a la psicóloga.
8. Como mi profesora tiene gripe, ni hoy ni mañana tenemos clase.
Mi profesora tiene gripe. Por eso hoy ni mañana tenemos clase.
9. Ana también trabaja mucho. Sin embargo, siempre tiene tiempo para salir con sus amigas.
10. Sara trabaja mucho pero es una chica muy organizada. Por eso siempre tiene tiempo para salir.

16
a
a. Marlen no practica **tanto** deporte **como** Arne.; b. Marlen no tiene **tantas** clases de baile **como** Arne.; c. Arne no tiene **tantas** horas de trabajo práctico como **como** Marlen.; d. Los sábados Arne tiene **tantas** actividades **como** Marlen.; e. Los domingos Arne no duerme **tanto como** Marlen.; f. Marlen no trabaja **tanto** con su tándem **como** Arne.
b
a. Arne practica más deporte que Marlén.; b. Marlén, los domingos, duerme más que Arne.; c. Arne trabaja con su tándem más que Marlén.; d. Arne tiene menos horas de clase en la universidad que Marlén.; e. Marlén tiene menos clases de baile que Arne.; f. Arne tiene más actividades que Marlén los domingos.

17
Respuesta abierta

18
a. colaborativa; b. diferente; c. mexicanos; d. CELU; e. interesante; f. oficiales; g. Chile; h. Araucanía

19
Los íconos representan: bus; banco; biblioteca; bomberos; farmacia; hospital; hostal; iglesia; información: peatonal; policía; correo
a
funcionan: hostal/hotel; peatonal; autobuses; bomberos; hospital; iglesia; policía
no funcionan: dinero/banco; correo; biblioteca; farmacia; información
b Respuesta abierta
c Respuesta abierta
d Respuesta abierta

20
Respuesta abierta

Unidad 5 Buscando piso

1
esté, cueste; haya; den; llamen, tengan

regla: El subjuntivo se usa cuando el verbo de la oración principal expresa deseo, necesidad o petición; los verbos de la oración subordinada van en subjuntivo.

2
tenga; esté; es; estudie; sea; quiero

3
Tomás está buscando una universidad que **esté** en una ciudad mediana y cerca del mar; que **tenga** pocos estudiantes y buena infraestructura; que no **sea** tradicional; que **ofrezca** un programa de estudios interesante, donde se **hable** español y **haya** posibilidades para practicar deportes acuáticos.

4
tengan; sepa; pueda; sea

5
1. ser; 2. vengas; 3. vayamos, vayamos; 4. hagas, haces; 5. rellenar, rellenes; 6. dímelo; 7. hablar, ir; 8. busques, hable, habláis; 9. sea, haya

6
1. hazlo; 2. pon; 3. ve; 4. sé; 5. ven; 6. ten

Clave

7
1. Entonces no estudies tanto.
2. Entonces no llegues tarde.
3. Entonces no trabajes tanto.
4. Entonces no mires tanta televisión.
5. Entonces no tomes tanto café.
6. Entonces no leas tanto.
7. Entonces no fumes tanto.
8. Entonces no comas tanto.
9. Entonces no chatees tanto ni escribas tantos correos electrónicos.

a
1. no estudie; 2. no llegue; 3. no trabaje; 4. no mire; 5. no tome; 6. no lea; 7. no fume; 8. no coma; 9. no chatee ni escriba

b
1. no estudiéis; 2. no lleguéis; 3. no trabajéis; 4. no miréis; 5. no toméis; 6. no leáis; 7. no fuméis; 8. no comáis; 9. no chatéis ni escribáis

c
1. no estudien; 2. no lleguen; 3. no trabajen; 4. no miren; 5. no tomen; 6. no lean; 7. no fumen; 8. no coman; 9. no chateen ni escriban

8
1. hagas; 2. pongas; 3. vayas; 4. seas; 5. digas; 6. tengas

9
1. Traed primero las cajas de libros. No traigáis las cajas de libros.
2. Vengan por la tarde. No vengan por la tarde.
3. Di lo que piensas. No digas lo que piensas.
4. Oye lo que te dicen. No oigas lo que te dicen.
5. Haced lo que os digo. No hagáis lo que os digo.

10
1. muéstrame; 2. repitan; 3. ríase; 4. contadme; 5. sigue

11
1. ¡No bajes las escaleras!
2. ¡No subas las cajas!
3. ¡No hagas lo que quieras!
4. ¡No te vayas a dormir!
5. ¡No pongas las cajas en el balcón!
6. ¡No salgas de ahí!
7. ¡No vengas!
8. ¡No leas la traducción!

12
1. No se la des.; 2. No te lo pongas.; 3. No los suban.; 4. No te las lleves.; 5. No lo busques.; 6. No se los traigas. 7. No me mires. 8. No lo escriban.; 9. No las compres.; 10. No lo pienses.

13

1	2	3	4	5	6	7	8	9	10
f	b	i	g	j	a	c	h	d	e

14
a
hazme; ve; búscala; rellena; Tráemelo
b
No me llames por teléfono.
No me escribas correos electrónicos.
No me busques en la universidad.

No me esperes a la salida del metro.
No me invites al cine o a tus fiestas.
No me preguntes adónde voy por las noches.
No me digas lo que tengo que hacer.

15
1. se; 2. nos; 3. os; 4. te; 5. me; 6. nos; 7. se

16
1. mires; concéntrate; 2. habla; muestres; 3. hazle; dale; 4. muéstrale; 5. le cuentes; 6. le preguntes; 7. te vayas; 8. hables; liga

17
Respuesta abierta

18
Los, por; los; en, en; los, de, a; A; hasta; primero; después de; mientras

19
a. lleven; aprendan; cambien; hagan
b. leas; hagas; mires; vayas; escuches; busques; viajes; compres; olvides
c. queramos; pensemos; acordemos; necesitemos; durmamos; despertemos; prefiramos; cuidemos

20
Soy; trabajo; Tengo; vivo; me gusta; conocer; Busco; quiero; Sabes; está; quiera; sea; guste; tienen; puedo; eres; te gusta; tienes; escríbeme;

21
Respuesta abierta
a
ejemplo de democracia directa: el plebiscito de octubre de 2004 en Uruguay.
b
consecuencias: se reforma la Constitución, el agua no se puede privatizar, el Estado, las empresas y la población tienen que proteger la naturaleza, según la Constitución.

22
1975: formar orquesta para poder practicar en grupo
Conservatorio Nacional de Música: reunir jóvenes de todo el país
Reformar la educación musical: adaptar métodos de enseñanza a la realidad social venezolana

23
Rekonstruktion, Wiederaufbau
Rehabilitation, Sanierung, Wiederbelebung
El prefijo "re-" significa "otra vez", que algo se repite.
b
En Venezuela, la UNESCO declara a las ciudades de Coro y La Vela patrimonio cultural de la humanidad de la UNESCO porque tienen **interesantes centros históricos**. Pero es necesaria una **reconstrucción** para **conservarlas**. Existe un **programa de rehabilitación** que el Estado venezolano financia. Después de la reconstrucción la calidad de vida de la población va a **mejorar**. No sólo el Estado sino también los **habitantes** participan en el programa. Les interesa **cuidar y revitalizar** las tradiciones y costumbres de la región.

24
ciudad: piso, departamento, ático, urbanización, adosados, terraza, edificios, torres, country (barrio cerrado o vigilado)
campo: masía, cortijo, estancia, finca, casa colonial, patio, patio andaluz, una casa en la sierra/en la playa (segunda vivienda), hacienda
antiguo/moderno: en realidad, cualquier vivienda puede ser antigua o moderna, pero por lo general se asocia lo moderno con la ciudad y lo antiguo con el campo.

25
a. hijo; Pérez Pereira; hermana; Valentina
b. padres; hijos; Uriarte Pérez; abuela; prima

Unidad 6 Año nuevo, vida nueva

1
participios regulares

-ado	-ido
alquilado	caído
casado	construido
despertado	crecido
divorciado	dormido
levantado	leído
preocupado	mentido
sentado	ofrecido
usado	oído
	pedido
	permitido
	querido
	sabido
	salido
	sentido

participios irregulares: dicho, escrito, hecho, muerto, puesto, roto, vuelto, visto

2
1. Me he levantado tarde y no he podido ducharme.
2. No he tomado el metro de siempre y he llegado tarde a la facultad.
3. Me he sentido mal todo el día.
4. He perdido las llaves de casa, no sé dónde las he dejado.
5. No ha funcionado la conexión a Internet y he estado todo el día incomunicada/-o con el mundo.
6. He olvidado el móvil en el bar donde he tomado un café frío.
7. No he podido llamar a nadie ni organizar mi fin de semana.
8. No he tenido tiempo ni para comer y lo poco que he comido ha sido horrible.
9. He discutido con todo el mundo y les he gritado a mis compañeros de piso.
10. He llegado a casa tardísimo, cansada/-o, nerviosa/-o y de mal humor.

3
a
has estado; has estado; has hecho; te ha gustado; te ha parecido; has visitado; has visto

b
Vosotras/-os: habéis estado; habéis estado; habéis hecho; te ha gustado; te ha parecido; habéis visitado; habéis visto
Ustedes: han estado; han estado; han hecho; te ha gustado; te ha parecido; han visitado; han visto

4
Posibles respuestas:
Nunca he practicado *kate surf*.
Todavía no me he casado.
Me he divorciado tres veces.
Ya he tenido una hija o un hijo.
He fumado marihuana sólo una vez.
He hecho el amor con una compañera o compañero de mi curso.
Me he enamorado de mi profesora o profesor.
Todavía no he viajado por América Latina.
Le he dado muchos besos a tu abuelita.
Me he emborrachado algunas veces.

5
¿Qué **les** pasa a Marlén y Jannes que están tan trist**es**?
Es que les gustaría ir de vacaciones a Cuba pero no **han encontrado** ningún billete barato.
¿Qué **le** pasa a Peer que está tan intranquil**o**?
Es que no sabe dónde **ha dejado** su mochila con los documentos, el móvil, la billetera y las llaves de casa.

¿Qué **le** pasa a Valentina que está tan de mal humor?
Es que **ha trabajado** mucho últimamente y no **ha tenido** vacaciones.

¿Qué **le** pasa a Ana que está tan content**a**?
Es que el Departamento de Relaciones Internacionales le **ha dado** una buena noticia: se va de Erasmus a Donostia.

¿Qué **les** pasa a Tomás y sus amigos que están tan preocupad**os**?
Están esperando a Ana. La **han llamado** por teléfono y no contesta, tampoco al celular.

¿Qué **les** pasa a Alessandra y Carmen que ahora están tan tranquil**as**?
Es que ya **han alquilado** un piso que no es muy caro y que no está muy lejos de la universidad.

¿Qué **le** pasa a Neus que está tan seri**a**?
Ha tenido una discusión con sus compañeros de piso y ahora está pensando en cambiarse de casa. Ya sabes que en Barcelona no tan fácil…

6
1. es, corra, tiene, está; 2. sabe, tenga; 3. es, es; 4. es

7
quiera; elija; tenga; elijan; quieran

8
Respuesta abierta

9
a
1. Es conveniente que bebas con moderación para disfrutar de la comida y los amigos.

Bebe con moderación para disfrutar de la comida y de los amigos.
2. Te recomiendo que si conduces, tomes cerveza sin alcohol. Toma cerveza sin alcohol.
3. Es fundamental que no bebas si estás tomando sedantes o fármacos. No bebas si estás tomando sedantes o fármacos.

b
sujeto indeterminado: 2
sujeto determinado: 1. (tú) / 3. (tú) / 4. /tú) / 5 (tú) / 6. (vosotras/vosotros)

10
1. compartido; 2. divertida; 3. aburrida; 4. compuesto; 5. ida, vuelta; 6. encantada; 7. desinformada; 8. desordenado; 9. relajadas; 10. conocido

11
1. estoy, soy; 2. está; 3. es; 4. está; 5. sean; 6. es; 7. están; 8. Es; 9. son

12
ser: auténtica/-o; ecológica/-o; egoísta; gratis; ideal; internacional; mediana/-o; moderna/-o; prestigiosa/-o; racista; solidaria/-o; típica/-o
estar: cansada/-o; contenta/-o; de buen humor; preocupada/-o

13
ninguna; algunos; alguna; algunas
algún, alguna; algunas; algún, alguien; niguna

14
Es mejor que sean estudiantes Erasmus. Son habitaciones que están amuebladas y son luminosas, están cerca del metro y están bien comunicadas.

Se buscan chicas para alquilar una habitación en piso compartido. Es luminoso y está en una zona que es tranquila y está bien comunicada. La habitación está amueblada. El alquiler incluye…

Una chica que viva en Palma de Mallorca. Es un piso nuevo que tiene dos habitaciones… El alquiler es de 350 €… El piso está libre desde…

15
a

1	2	3	4	5	6	7	8
g	c	e	h	f	d	a	b

b

1	2	3	4	5	6	7	8
g	b	h	c	f	a	e	d

1. Casi no hay diferencia entre los dos tipos de centros: las/los estudiantes eligen **tanto la universidad como los institutos privados**. Esto se puede explicar por similares estrategias de promoción y participación en el mercado.
2. Cuando eligen un lugar de residencia, los estudiantes de ELE prefieren lugares que permiten un contacto continuo con gente local, y principalmente joven: **hostales, casas de familias, y sólo en tercer lugar hoteles.**

3. Más del 75% de los estudiantes de ELE prefieren **las clases grupales** en 2006.
4. Se ve claramente la preferencia por los **cursos intensivos de más de diez horas semanales**. Estos cursos concentran casi el 75% de la enseñanza impartida.
5. El gráfico permite observar que los dos grandes contingentes que llegan a estudiar español a nuestro país provienen **de Europa y América del Norte**. Los intercambios universitarios aumentan estos números.
6. Las motivaciones principales que atraen a los estudiantes de español hacia nuestra tierra son **el turismo y los cursos específicos de idioma**. Estos dos aspectos concentran casi el 60% de los casos analizados.
7. Si analizamos la duración de los cursos preferidos en 2006, observamos un aumento en las **estadías breves (de un mes o menores)**, que en este período absorben el 84% de todos los cursos.
8. **El 85%** de las personas que vienen a nuestro país y realizan estudios de español **tiene entre 21 y 40 años**. Los menores de 30 años se acercan al español sobre todo a través de cursos de grado o programas de intercambio universitario, y los mayores de 30 tienen motivos laborales, necesitan el español para estudios de postgrado o para planes de actualización profesional.

16
sexo: preservativo, erótico, sexual, atractivo
fiesta: disfrutar, ritmo, deporte, música, festejar, marcha
droga: enfermedad, depresión, apático, drogarse, canabis
alcohol: cerveza, botellón, moderación, tomar, borracho, consumo, placer
clima: hacer, calor, invierno, máxima, temperatura
relación: estereotipo, prejuicio, cultura, familia, casarse, amistad, valores, matrimonio

17
a
1. está; 2. esté; 3. está; 4. está

Unidad 7 ¡A la mesa!

1
los lunes: me levantaba; me duchaba; tomaba; empezaba; era; tenía
los martes: tenía; iba; estudiaba; había; ayudaban; explicaban; entendía; corregían; comíamos; cocinaba; vivíamos; gustaba; se parecía; estaba; era
por las tardes, los martes y los viernes: íbamos
los miércoles: era; íbamos; encantaba; gustaba; era; me; encontraba
encuentros con el tándem: tenía; llevaba; mostraba; conocía; enseñaba; contaba; quería; conocía; vivía; estaba; hablaba; ponía; apuntaba; explicaba
todos los días: hacía; me aburría; era
algunos fines de semana: íbamos; caminábamos; visitábamos; había

2

antes del muro: querías; tenías; ibas; cruzabas; ibas; había; gustaba; venía
en la frontera: cambiábamos; daban; existía; podía; compraba; volvía; duraba; controlaban; miraban; tenías; era
una amiga alemana: tenía; vivía; llevaba; compraba; tenía
cómo vivía la gente: vivía; eran; tenía; trabajaba; podía; era; podía; quería
ahora que el muro no existe: Eran; había; vivía; estaba; llegaba

3

Psicoanalista: explicadme; habéis
Psicoanalista: podéis; vuestra; tenéis; vuestra
Psicoanalista: vuestra; os; os
Psicoanalista: vuestra; queráis
Psicoanalista: tú; crees; tienes
Psicoanalista: vuestra; Comentadme; vuestra; vuestro; tenéis; decidme
Psicoanalista: hacíais; ibais; Describidme; vuestra; celebrábais
Psicoanalista: vuestros
Psicoanalista: os conocíais
Psicoanalista: queráis
Psicoanalista: os; tengáis

4

1. ¡Muchas felicidades! ¡Enhorabuena!
2. ¡Que los cumplas feliz! ¡Feliz cumpleaños!
3. ¡Feliz Navidad y próspero Año Nuevo!
4. ¡Enhorabuena! ¡Y que seas muy feliz!
5. ¡Felicidades!
6. ¡Salud! ¡Que aproveche! Siento muchísimo no poder estar con ustedes.
7. ¡Que te lo pases bien!
8. ¡Que tengas un buen viaje! ¡Y que te diviertas!
9. ¡Felices Pascuas!

5

leyendo, mirando, trabajando, buscando; estaba jugando; seguía leyendo; cenando sigo pensando

6

la lista de las compras: lo; la; lo; lo
todos se han olvidado de lo que tenían que comprar: la; lo; lo; los; lo; las
tienen hambre y sed: los; lo; los; la; la; lo; la
pasan dos horas: lo; dejarlo; dártelos

7

Respuesta abierta

8

a

1. Los hombres chilenos no van a tomar sidra a las once de la mañana. Antes decían "tomar once" en lugar de decir "tomar alcohol". En la actualidad, "tomar once" es tomar té o café con pancitos, a partir de las cinco de la tarde. Muchas veces sustituye la cena.
2. En Bolivia no es costumbre tomar mate; en Argentina, Uruguay, Paraguay y el sur de Brasil, sí.
3. Los argentinos comen empanadas, pero no la

de raxo, que se rellena con carne de cerdo. En Argentina se consume carne de vaca, también en las empanadas.
4. Las empanadas de raxo son de Galicia, no de Argentina. Las preparan sobre todo para el 11 de noviembre, Día de San Martín.
5. Preparar la paella es típico de Valencia y no de Asturias. En Valencia cultivan el arroz. La paella valenciana es famosa.
6. El 23 de abril, Día de San Jordi, no se exponen rosas sino libros porque al mismo tiempo tiene lugar la Feria del libro en Cataluña. El Día de San Jordi se acostumbra regalar una rosa a las mujeres.
7. El 11 de noviembre, Día de San Martín (San Martiño), comienzan las matanzas caseras del cerdo, es decir que para esta fecha se matan muchos cerdos para consumirlos. De esta fecha viene el dicho popular de que "A todo cerdo le llega su San Martín".

9 Respuesta abierta

Unidad 8 Cosas que pasan...

1

Verbos regulares 1ª conjugación
tomó (tomar)
hablaste (hablar)
recomendamos (recomendar)
me senté (sentarse)
me divorcié (divorciarse)
entregasteis (entregar)
se casó (casarse)
ganamos (ganar)
nos mudamos (mudarse)
nos encontramos (encontrarse)

Verbos regulares 2ª y 3ª conjugación	Verbos iguales en presente de indicativo
conocisteis (conocer)	recomendamos
comprendimos (comprender)	ganamos
describiste (describir)	nos mudamos
devolví (devolver)	nos reímos
permitieron (permitir)	abrimos
salió (salir)	nos encontramos
abrimos (abrir)	
nació (nacer)	
crecí (crecer)	

2

Totalmente irregulares	Cambios vocálicos
di (dar)	me sentí (sentirse)
vimos (ver)	murieron (morir)
fue (ser)	pidieron (pedir)
fue (ir)	se vistieron (vestirse)
	nos reímos (reírse)
	prefirió (preferir)
	seguimos (seguir)

Raíz irregular: sup-; pud-; pus; cup-; tuv-; estuv-; qui-; vin-; hic-; dij-; traj-	Terminación -uje
tuvo (tener)	tradujo (traducir)
pudisteis (poder)	
puso (poner)	
supimos (saber)	
estuve (estar)	
hicieron (hacer)	
traje (traer)	
viniste (venir)	
quisisteis (querer)	
dijiste (decir)	

1ª (sing.)	2ª (sing.)	3ª (sing.)
di	dijiste	fue
me sentí	viniste	tuvo
estuve		puso
traje		prefirió
		tradujo

1ª (pl)	2ª (pl)	3ª (pl)
vimos	pudisteis	murieron
seguimos	quisisteis	pidieron
supimos		se vistieron
		hicieron

3

Empezamos con una descripción: Era; había; estaba
Seguimos con la acción: llegó; Abrió; subió; vio
Otra vez una descripción: estaba
Avanza la acción: Sandrine y Alessandra toman una decisión: hicieron; Llamaron; Vino; hizo; bajó
Una descripción más: era; Vivía; tenía; hablaba; Era; Hacía; vivían; quería; contaba; escuchaba; sabía; Podía; se llamaba; necesitaba; estaban
Más acción: subió; Llamó; abrió; invitó; ofreció; dijo
Descripción de una situación: Eran; miraba; cenaba; salía; era; era; se sentaba; cerraba; podía; era; tenía; interesaban

4

llamaban; estaba; se moría, se moría, comía; se enfermaba; trataba, había; era, conocía daba, tenía

llamen; se muera; sean; sea; puedan; tenga sean

5

estaba cansad**a** y preocupad**a**; Era una persona optimista y tranquila; estaba bastante nervios**a**; estaba riquísim**o**; era; era un hombre abiert**o** y alegre; estaba; estaba; era; era una persona agradabl**e** y seri**a**... pero al mismo tiempo muy abiert**a**; Estaba desordenad**o**; su marido era ordenad**o**

6

1. a. correcto (seit dem) (desde que + verbo);
   b. correcto (seit) (tiempo preciso);
   c. incorrecto

2. a. incorrecto; b. correcto (seit) (hace +
periodo de tiempo + que); c. correcto (vor)
(hace + periodo tiempo)
3. a. correcto (seitdem); b. correcto (seit):
c. incorrecto
4. a. correcto (seitdem); b. correcto;
c. correcto (seit) (desde hace + periodo de
tiempo)

7

desde; Desde; hasta; hace; que; Hace; Desde
que; Desde hace; Desde que; desde; hasta;
Hace

Regla:

Desde… hasta + una fecha o momento: para
hablar del principio y final de una acción.
Desde que + verbo conjugado: para hablar del
principio de una acción.
Hace + período de tiempo + que: un período
de tiempo que pasó hasta el momento
presente.
Desde hace: un período de tiempo que pasó
hasta el momento presente.

8

1.	2.	3.	4.	5.	6.	7.	8.	9.	10.
h	j	e	i	c	g	f	b	d	a

Con el indicativo nos referimos a personas,
cosas, situaciones identificadas. Con el
subjuntivo esas cosas, personas y situaciones
todavía no están identificadas.

9

Respuesta abierta. Algunas posibilidades:
1. ¿Conoces a **alguien que alquile una?**
¿Conoces a **alguien que tenga una
habitación libre?**
2. ¿Sabes de **algún hotel (o de alguna
pensión) que sea barato (barata)?**
3. ¿Sabes de **algún vuelo que sea barato?**
¿Sabes de **algún vuelo que no sea muy
caro?**
4. ¿Conoces **alguna universidad donde se
pueda estudiar árabe?**
5. ¿Conoces a **alguien que alquile una
habitación?**

10

Respuesta abierta

11

Destino o dirección: 12
Localización temporal precisa: 1, 4, 6
Finalidad: 2, 3, 11
Destinataria/-o: 5, 7, 8, 9, 10, 12, 13

12

esté, se sienta, tenga; está, tiene, tenga;
sean, puedan, quieran; hagáis (hagan);
tengáis (tengan), terminéis (terminen);
podéis (pueden), querais (quieran)

13

se las; le; se las; llevárselos
le; comprarle; regalárselos; le; le; se lo; se lo
traerme; lo; te lo; me lo
me; los; os los; me los

14

La información del texto corresponde a la
acepción 2

15

párrafo 1: "De niña aprendió náhuatl (…)
y habilidad de escribir versos". **Infancia.**
párrafo 2: "Quiso ir a la universidad (…)
necesitaba para estudiar". **¿Matrimonio
o convento?**
párrafo 3: "Su celda se convirtió (…)
administradora del convento. **Sor Juana:
poetisa, científica, administradora.**
párrafo 4: "El jesuíta Antonio (…) a los
cuarenta y tres años". **La Iglesia y el
trabajo intelectual de la mujer.**
a
Nombre y apellido: Juana Inés de Asbaje y
Ramírez
Fecha y lugar de nacimiento: San Miguel de
Nepantla, 12 de noviembre de 1651
Características que destacan: inteligente,
intelectual, cultura enciclopédica
Profesión: escritora, científica, administradora
Tipo de escritos: autora de diferentes
géneros, desde la poesía y el teatro hasta
tratados filosóficos y estudios musicales
Razón para hacerse monja: tener la libertad
y tranquilidad para estudiar y dedicarse a la
lectura y escritura
Problemas con la Iglesia: defiende la libertad
profesional de la mujer, tiene que entregar su
biblioteca y sus instrumentos musicales
Fecha de defunción: 17 de abril de 1695

16

se refiere a una profesión: el camarero, el
cocinero, la banquera, la obrera
se refiere a un lugar donde se ponen cosas:
la billetera, el cenicero, la ensaladera, el
maletero, las papeleras
no se refiere a ninguna de estas cosas: cero,
cuero, enero, rinconero (viene de rincón pero
no contiene rincones)
a
los billetes, las cenizas, las ensaladas,
las maletas, el papel
b
diferente, ensalada, femeninos
c
jardinera/-o, cartera/-o, enfermera/-o,
niñera/-o, relojera/-o, reportera/-o,
zapatera/-o

17

Respuesta abierta

Autoevaluación A2

Comprensión lectora

1

1. **falso:** el horario que cada empleado
español dedica a las comidas de mediodía
es único en Europa.
2. **correcto:** la sobremesa de los españoles
puede alcanzar hasta dos horas y media y
es causa, según la Comisión, de la baja
productividad española y del alargamiento
de la jornada laboral.

3. **correcto:** pero ¿cuáles son los síntomas de
una comida abundante? Sobre todo cansancio
y mala combinación para continuar la jornada.
4. **falso:** los empleados españoles siempre
comen primero, segundo, postre y café.
5. **correcto:** combinación de verduras,
legumbres y frutas y nada de alcohol.
6. **correcto:** hace una década las empresas
ya iniciaron el cierre de sus comedores,
7. **correcto:** las jornadas partidas -antes y
después del almuerzo- hacen más lentos
todos los procesos, incluida la hora de comer",
afirma.

Comprensión auditiva

2

a. respuesta abierta
b. hierbas medicinales, amuletos, fruta,
verdura, ropa…
d. **Es un mercado negro, es decir, ilegal.
Los vendedores vienen** de Perú, Brasil y
Argentina. Cientos de hombres y mujeres
cruzan la frontera todos los días para
traerlos aquí y venderlos después.
**El mercado no es sólo para vender y com-
prar. Es una forma de vida social, por ejemplo,** las indias esperan tranquilamente. La
gente viene, mira, pregunta el precio, se va
y siempre vuelve. Aquí no es como en otros
mercados del mundo donde casi se obliga
a la gente a comprar. Las indias hablan con
las amigas de otros puestos, se visitan
entre ellas. Si las clientas o clientes
muestran interés, entonces se empieza a
negociar.
Y si alguien no parece muy seguro de la
calidad del producto, la india lo come
delante de todo el mundo, tranquilamente.
Se vende de todo, también la hoja de coca.
**Estas se venden en bolsitas de plástico
como se vende** la lechuga.

Expresión escrita

3

Respuesta abierta. La corrección y evaluación
se realizan según los criterios de la tabla
correspondiente.

Expresión oral

4

Respuesta abierta. La corrección y evaluación
se realizan según los criterios de la tabla
correspondiente.

Unidad 9 Haciendo memoria

1

ha hecho; ha parecido; ha aprendido;
ha conocido; había estado

se levantaba; Desayunaba; tomaba; llevaba;
empezaban; traía; leía; había; regalado; decía;
había decidido; era

hablaba; comprendía; decía; habían sido;
creía; aprendía; tenía; interesaban

Clave

2

Le ha parecido muy interesante porque… → a ella (complemento indirecto)

Me lo ha dicho hoy → a mí / eso (que piensa volver a América Latina el verano que viene) (complemento indirecto y directo)

…tomaba el autobús que **la** llevaba a la escuela → a ella (complemento directo)

…traía el periódico y **les** leía las noticias del día y **las** comentaban → a ellos (los estudiantes)/las noticias (complemento indirecto y directo)

…una gramática que **le** había regalado Fernando → a ella (complemento indirecto)

…comprendía todo **lo** que decía → eso (los comentarios que hacía) (complemento directo)

…sobre temas que no **le** interesaban → a ella (complemento indirecto)

3

decidieron; volvió; recibió; había

4

Me llamo Nevena y tengo 24 años. ~~Había nacido~~ (Nací) en Serbia y cuando tenía 17 años mi familia ~~emigraba~~ (emigró) a Alemania. Durante cuatro años ~~iba~~ (fui) a una escuela alemana y terminé el bachillerato en 2006. En la escuela había aprendido español y por eso, al terminar, quise hacer unas prácticas en Caracas. Mis padres no estaban de acuerdo: decían que era muy joven para viajar sola e ir tan lejos. ~~Discutábamos~~ (Discutimos) durante meses y finalmente aceptaron que yo ya era bastante grande como para saber lo que quería hacer. Un día de febrero de 2007 tomé el avión a Venezuela. En el aeropuerto de Caracas me ~~estuvieron esperando~~ (estaban esperando) unos chicos del proyecto "Manos solidarias". ~~Era~~ (Estaba) realmente contenta de haber llegado y vivir una experiencia diferente. Yo nunca ~~estaba~~ (había estado) en América Latina. Claro que cuando ~~estaba~~ (era) pequeña había viajado con mis padres: conocía algunas ciudades de Europa pero Venezuela era otra cosa. Al principio no fue fácil pero con el tiempo empecé a acostumbrarme. Nueve meses después, cuando terminaron las prácticas, no ~~quise~~ (quería) irme pero había que volver. Mis padres me ~~escribían~~ (había esrito) que tenía un lugar de estudios en la universidad. Entonces decidí volver.

5

Respuesta abierta

6

Se trata de practicar los verbos en contextos de acciones habituales en el pasado.
a. era; conocí; cambió; b. hablaba; enseñaste; aprendí; **c.** vi; empecé; pensaba

7

dejaron; se rompió; continuaron; fueron; encontraron; llevó; impresionaron; llegaron; se quedaron; ayudaron; pasaron; comenzaron; despertaron; definió

8

me levanté ; tomé; volví; fuisteis; Pasamos; compramos; Entramos; subisteis; era; hacía; teníamos; subisteis; llegamos; estaba; hicisteis; me di cuenta; faltaban; había; teníais; Queríamos

9

a. He estado; He comido; he pagado; He vivido; ha faltado; He dormido; he salido
b. habían estado; habían comido; habían pagado; habían vivido; les había faltado; habían dormido; habían salido

10

1. Cuando les comenté a los chicos que tenía ganas de ver esa película, me dijeron que la habían visto.
2. Cuando le pregunté a Sebastián si necesitaba ayuda con el cambio, me contestó que ya lo habían hecho.
3. Cuando le dije a Verena que estaban buscando estudiantes para trabajar en la biblioteca, me comentó que les habían dado el trabajo a dos chicas inglesas.
4. Cuando le comenté a Valentina que estaba buscando mi pasaporte, me dijo que lo había puesto en la mochila.
5. Cuando le dije que había que escribir las cartas y mandarlas enseguida, me contestó que las había escrito.
6. Cuando le comenté que teníamos que hablar con los vecinos y decírselo, alguien me dijo que se lo habían dicho.

11.

1. a. iba; b. fui
2. a. subí; b. subía
3. a. volvía; b. volví

12

1. Sí que te lo dije.; 2. Sí que se lo prestamos.; 3. Sí que se la contamos.; 4. Sí que os lo dimos 5. Sí que te lo expliqué.; 6. Sí que se lo pregunté.; 7. Sí que se la dimos.; 8. Sí que te los contestaron.

13

era/n	estaba/n
1, 5, 10	2, 3, 4, 6, 7, 8, 9

14

1. Estaba leyendo; estuvo esperando
2. Estuvimos llamando; estaba tratando
3. estaba tomando; Estuvieron hablando

15

1. Costaba poco: unos 200 euros. No tenía ni ascensor ni Internet. Estaba en buen estado pero era un poco oscuro.
2. se día llegué muy tarde. Después de la clase, ella/él me esperó en la parada y tomamos el mismo autobús y caminamos hasta mi casa. En la puerta me besó y me preguntó si tenía ganas de salir con ella/él. Teníamos quince años.

16

trajeron; traigan; puedo; lleve; tenga; olviden; necesita; gusta; pongan; regalen; sea; dicen

17

vengas; Siento; quiero; tengas; sabes; doy; tienes; sabe; tengas; salgas

18

1. tú, Te, Yo, mí; 2. nosostros, Nos, le, él, se; 3. le, la, La, le. Ella, le, Se, la

19

a

1. "La migración puede ser una situación en la que todos ganan, los países de origen y los de destino, pero para eso hace falta que se protejan unos derechos que ahora mismo no se están respetando", dijo **la autora** del informe, María José Alcalá, durante una teleconferencia en Washington, D.C.
2. **Mujeres, la mitad de los migrantes**.
3. "En ese contexto, indica, una de cada cinco mujeres inmigrantes en Estados Unidos vive en condiciones de pobreza y frecuentemente son víctimas de maltratos físicos y sexuales".
4. "Las trabajadoras domésticas conforman casi un 69% de todos los migrantes internos e internacionales que se originan en América Latina, según el informe del Fondo de Población".
5. "…pero para eso hace falta que se protejan unos derechos que ahora mismo no se están respetando…".
6. "El informe señala también que aunque las sumas totales que envían las mujeres a sus familiares en sus países de origen suelen ser inferiores a las que envían los hombres, aquellas mandan una proporción más alta de sus ingresos".
7. "La información cita encuestas hechas en albergues temporales ubicados en las rutas migratorias en México y Centroamérica que informan que un 40% son adolescentes de entre 14 y 17 años".
8. "Según el examen global de la UNFPA, presentado cada año por el organismo, la cantidad de dinero que las personas migrantes enviaron a sus países de origen tan sólo en 2005 ascendió a 232 millones de dólares, una cantidad que sobrepasa la ayuda oficial para el desarrollo proveniente de las naciones ricas".
9. "El libro anual de las migraciones de la ONU menciona también los crecientes riesgos que representa emigrar de forma no autorizada: tan sólo en la frontera Estados Unidos-México más de tres mil personas, la mayoría de ellas ciudadanos mexicanos, murieron o se encuentran desaparecidas al intentar el cruce al norte".
10. "Entre 1992 y 2002, esa cifra aumentó de 15 por cada 100 mil a 35 por cada 100 mil".
11. "Paralelamente se produce otro fenómeno: el éxodo de profesionales. Según los investigadores, los países más pequeños y más pobres son los que con mayor probabilidad pierden a sus individuos mejor preparados".

b
Vocabulario temático: migración, emigrar, migrantes, frontera, policía fronteriza, rutas migratorias, país de origen, país de destino, cruzar, éxodo de profesionales, migración juvenil

20

a
1 → b; 2 → a; 3 → c; 4 → d; 5 → f; 6 → e

b
antifranquismo: Movimiento contrario a Franco.
contrafranquismo: Movimiento que busca derrotar a Franco para poner un régimen de signo contrario, incluso por la fuerza.
anticonceptivo: Sustancia que impide que una mujer quede embarazada.
contraceptivo: Sustancia que actúa para producir un aborto.

c
es más correcto "anticonceptivo", si la píldora impide el embarazo.

d
Respuesta libre

21
La Segunda República (1931–1939) intentó dar una solución a los problemas de España – la reforma **agraria**, la **autonomía** de algunas regiones y las leyes sociales –, pero era un mal momento para la democracia: la Gran Depresión y las ideas **totalitarias** del comunismo soviético, del fascismo italiano y del nacionalsocialismo alemán hicieron imposible una salida **democrática**. Las reformas económicas y sociales de los gobiernos republicanos dividieron al país en dos bandos **opuestos**. Los tres últimos años de la República se convirtieron en una Guerra Civil (1936–1939). En 1936 nacieron las dos Españas. **El Ejército** trató de terminar con la República a la que habían jurado defender. El golpe se defendió diciendo que se había hecho para salvar al país de los marxistas y **ateos** que querían un gobierno basado en el comunismo, **la anarquía** y el separatismo. Para la otra España había que luchar para defender la democracia y terminar con el fascismo que se extendía por toda Europa.

a
Respuesta abierta

b
Respuesta abierta

Unidad 10 La felicidad

1
Después de; hasta que; hasta que; antes de; que; Depués de; Después de que

2
llegues; tengo; compraron; terminé; comprendáis; tengamos; llegué; comprendimos; terminéis; tenía

Significado de "cuando":
cuando + Subjuntivo = Futur
cuando + Präsens = Gewohnheitsmäßige Handlungen in der Gegenwart
cuando + Imperfekt = Gewohnheitsmäßige Handlungen in der Vergangenheit
cuando + Pretérito simple (Indefinido) = Punktuelle Handlungen in der Vergangenheit

3
1. …**para que** no **coma** las plantas, no **se caiga**, no **tome** el detergente, no **moleste** al gato y no ponga las manos donde no debe ponerlas.
2. **Para ser** feliz…
3. …estos textos **para que** los **leáis**, practiquéis el nuevo vocabulario y si es posible os divirtáis un poco.
4. …se reúnen en el paraíso para crear a la mujer y al hombre y **para que** no **sean** iguales a ellos…
5. …algunos consejos **para que** te **sientas** mejor…
6. **Para aprender** palabras, las escribo en mi glosario e invento una historia **para ponerlas** en un contexto y recordarlas mejor. Tú puedes hacer lo mismo **para que** no se te olviden.
7. Mira, **para no perder** tiempo vamos a hacer lo siguiente: mientras tú vas al supermercado, yo limpio la casa. Y **para que** la cena esté lista a las ocho, vamos a llamar a Sebastián, **para que** nos **ayude** a poner la mesa.
8. …a nuestra universidad **para aprender** alemán y escribir su tesis. ¿Por qué no le muestras la facultad? Y **para que sepa** dónde hay buen ambiente…
9. …de Buenos Aires **para que tenga** una idea de cómo bailan allí y **para que** se lo **muestre** a sus amigas. No es fácil bailar el tango bien y **para bailar** hay que practicar mucho.
10. …Y **para que** no **te olvides**, puedes volver a la gramática y mirar los ejemplos, eso **para repasar.**

4
1. De niña, Michelle Bachelet fue a la escuela en Chile y en Estados Unidos **porque** su padre era agregado cultural en Washington. **Como** vivió algún tiempo allí, habla muy bien inglés.
2. **Como** su padre no había apoyado el golpe de Pinochet, lo torturaron y murió en la cárcel. Michelle Bachelet y madre se exiliaron en Australia y en la República Democrática Alemana.
3. Pudo volver a Chile en 1979. No se dedicó a la vida política **sino que** terminó la carrera de Medicina. Su carrera política comienza en los años noventa.
4. Michelle Bachelet ha estudiado **no sólo** Medicina **sino también** Estrategia Militar.
5. Los años sesenta y setenta trajeron algunos cambios importantes a la España franquista, **porque** muchos emigrantes e intelectuales ya habían vuelto al país. **Como** ya conocían el desarrollo de algunos países democráticos, la sociedad española comienza a cambiar.

5
1. Es que no le gustó mi regalo y además ya tenía el libro.
2. Es que tenía mucho que hacer y además quería ver una película en la tele.
3. Es que ya he visto la película y además no me gustan mucho las comedias musicales.
4. Es que he quedado con Susana y además es su cumpleaños.
5. Es que soy vegetariano y además estoy haciendo dieta.

6

1	2	3	4	5	6	7	8
f	--	e	b	--	d	c	a

7
1. había nacido; habían ofrecido; habían dado; había conocido

8
Respuesta abierta

9
Verbos regulares:
aislarse, asesinar, cantar, casarse, comenzar, complicarse, consumir, crear, creer, cruzar, decidir, declarar, dedicarse, defenderse, demostrar, desaparecer, despertarse, dividir, empezar, enamorarse, entender, entrar, escribir, establecer, estudiar, explicar, extenderse, influir, intentar, interrumpir, lograr, manejarse, meterse, nacer, oír, pasar, pensar, quedarse, recomendar, regalar, resolver, robar, romper, salir, solicitar, terminar, triunfar, utilizar, viajar, vivir, volver, votar

Verbos totalmente irregulares:
dar, ir, irse, ser, ver

Verbos con irregularidades en la raíz:
andar, caber, conducir, decir, detener, estar, exponer, haber, hacer, imponer, poder, poner, producir, querer, reducir, requerir, saber, suponer, tener, traducir, traer, venir

Verbos con irregularidades vocálicas:
conseguir, convertirse, dormir, mentir, morir, pedir, servir, vestirse

Verbos regulares en indefinido pero irregulares en presente de indicativo:
comenzar, defenderse, demostrar (o → ue), despertarse, empezar, entender, extenderse, pensar, recomendar (e → ie), resolver

Verbos con cambios ortográficos:
comenzar, cruzar, empezar, utilizar (z → c) (comencé, crucé, empecé, utilicé)
creer (e → yó → yeron) (creyó, creyeron)
explicar, dedicarse (c → qué) (expliqué, me dediqué)
influir, oír (i → yó → yeron) (influyó/influyeron, oyó/oyeron)

a
se levantó; tuvo; vio; oyó; trajo; dijo; dio; sonó; respondió

Salió; contestó; Bajó; vio; se convirtió

fueron; pidieron; abrieron; pusieron; dieron; despidieron; se fueron

b
Verbos irregulares en pretérito imperfecto:
ser, ir, ver

Clave

c
había dormido; expliqué; comenzó; había cambiado; preguntó; había hecho; seguí pude; habían hecho; habían comprado; habían mandado; dije

10
Algunas posibilidades:
1. Me alegra mucho que tenga un coche nuevo…
2. Siento mucho que esté enferma…
3. A mí me molesta que haya clases el sábado…
4. A mí no me importa que vengan y se queden en casa,…
5. ¡Me da igual que esté en Canarias o en Mallorca!

11
a. Le (objeto indirecto)   a tus amistades, a la familia, a hablar con…
b. te (objeto indirecto)   a ti
c. te (objeto indirecto)   a ti
d. lo (objeto directo)   tener mucho que hacer
e. la (objeto directo)   la vida
f. ti (objeto indirecto), lo (sujeto)
g. la (objeto directo)   la personalidad
h. le (objeto indirecto)   a esa persona
i. ti (objeto indirecto)
j. te (pronombre reflexivo), lo (objeto directo) ser feliz
k: te (objeto indirecto) → a ti

Preposición "a": aparece cuando se trata de una persona.

12

Estado	1, 7, 8, 10
Lugar	6
Horas, meses, fechas	11
Característica	2
Identificación	4
Color	5
Definición	9
Origen, nacionalidad	3

13
se ha levantado; se ha duchado; ha salido; ha cambiado; ha tenido; hemos pagado; han entrado; han llevado; han hecho; ha contado; han dado; han saludado; ha cambiado

14
a
Respuesta abierta
b
Respuesta abierta
c
Párrafo que contesta la primera pregunta:
En España, la mayor diferencia entre las muertes de hombres y mujeres se da entre los 20 y los 25 años. Hay causas claras para ello: accidentes de tráfico y deportes de riesgo, drogas, suicidios y homicidios. "Por cada mujer se mueren entre tres y cuatro hombres a esa edad", dice Subirats. Y explica que es el modelo de masculinidad lo que les lleva a

adoptar "esas actitudes de peligro, de desafío, de falta de temor, de riesgo", que no abundan en las mujeres, más prudentes porque nadie les ha enseñado que hay que demostrar ardor guerrero. Por eso, dice Subirats, "los hombres matan a las mujeres, pero se matan más entre ellos, y esa debe ser una razón poderosa para cambiar".

Párrafo que contesta la segunda pregunta:
En realidad, según Lorente, salvo excepciones de hombres que sí han caminado hacia una revisión crítica de la masculinidad tradicional, "pocos aunque cada vez con más fuerza", la mayoría se ha adaptado a duras penas, y sus cambios han sido muy cosméticos. "Que hay que fregar los platos, yo los friego, que hay que cambiar pañales, yo los cambio, pero no han perdido su poder que es lo que le daba valor a la figura del hombre. Han cambiado para seguir igual", dice Lorente.
d
Respuesta abierta
e
Respuesta abierta

15
a
1. Poner la cama con los pies en dirección a la puerta; **2.** Llevar un amuleto; **3.** Controlar el calendario; **4.** Romper un espejo; **5.** Llevar una herradura; **6.** Cruzar los dedos; **7.** Derramar sal **8.** Pasar debajo de una escalera; **9.** Abrir un paraguas bajo techo
b
cruzar los dedos; llevar un amuleto; llevar una herradura

Unidad 11 ¡No te quedes de brazos cruzados!

1
a. serán; disfrutarán; cuidarán; Pasarán; Viajarán; buscarán; se interesarán
b. comprará; buscará; será; Se pondrá; sabrá; conseguirá
c. En primera persona: Si voy de Erasmus a España, seguro que antes compraré… buscaré… será… Me pondré… sabré… conseguiré…
d. tendremos; haremos; invitaremos; seremos
e. tendrás; conocerás; saldrás; estarás; te sentirás; seguirás; encontrarás
f. Tendréis/tendrán amor pero poca suerte… conoceréis/conocerán… saldréis/saldrán… estaréis/estarán… os sentiréis/se sentirán; encontraréis/encontrarán

2
Ana y Nuria: nos gustaría
Fabio y Antonio: podríamos
Ana y Nuria: estaría; traeríamos
Fabio: ayudaríamos
Antonio: pediríamos
Fabio: iríamos
Ana: vendríamos; os cambiaríais
Antonio: podríamos; dormiríamos

3
1. buscas; te haré; 2. terminas; tendrás; 3. pones; la cerraré; 4. sigues; les diré; 5. quieres; harás; 6. pides; me lo devolverás

1. me haces; te ayudaré; 2. me dejas; te prestaré; 3. me prestas; te bajaré; 4. me dejas; te dejaré

4
1. quieres; bájate; 2. necesitas; búscalo; 3. queréis; almacenadlos; 4. tienen; instala; 5. tienes; cómprate; 6. buscas; vete; 7. sabéis, consultad; 8. reacciona; llama; 9. puede, controle; 10. pasan, piénsenlo, descansen, caminen, salgan

5
1. Irías; pedirías; 2. Le aconsejarías; 3. Llamarías; 4. Te quejarías; hablarías; 5. importaría

6
será; Podré; Sabré; habrá

cambiará; viviremos; seguirás; podrás; llevaré; iré; volveremos; prepararás; jugaré; daré/daremos; acostaré/acostarás; tendrás

7
1. vendrás; tenga; tienes; te olvidas; 2. estarán; termine; 3. puedas, corrige; 4. se despierta, sale, se pone, está, es; 5. prohibirán, prohíban

8
a. Tendrían; estarían; llenaría
b. estará; serán; querrá; Tendrá

9
habíamos estado; Estábamos; habían pasado; era; habéis estado; había; fuimos; había tenido

10
Esto: la declaración de la ley
La: la campaña
Algunos de ellos: de los cetáceos
Allí: las aguas chilenas, una extensión
Esto: la protección de cetáceos y su hábitat
eso: el ecoturismo responsable
lo: la relación entre protección de la naturaleza y el ecoturismo

11
1. Si se desarrolla el ecoturismo,…
2. Si la ciudadanía se organiza,…
3. Si se declara una zona de protección para las especies,…
4. Si se protege a las ballenas de la caza comercial y científica,…
5. Si se controla la salmonicultura,…
6. Si se trabaja por la conservación de la ballena azul,…

12
1. Dos investigadoras chilenas organizaron una campaña **para crear** un santuario de ballenas.
2. **Desde que** comenzó la campaña, la ciudadanía tomó conciencia,…
   Otra posibilidad: **Después de empezar** la campaña, la ciudadanía tomó conciencia,…

3. La salmonicultura intensiva utiliza productos *antifouling* **para evitar** el crecimiento de algas en las jaulas.
Otra posibilidad: …**para que no crezcan** algas en las jaulas.
4. No existía en Chile mucha conciencia sobre el peligro de extinción de la ballena azul y otros cetáceos, **así que/por eso** se organizó una campaña que logró la firma de una ley que prohíbe…
5. **Como** la salmonicultura intensiva utiliza muchos antibióticos, las aguas están contaminadas.
6. **Para** controlar la producción intensiva del salmón hay que tener leyes que…
7. **Hasta que** Bárbara Galetti y Elsa Cabrera comenzaron a investigar y cuidar a la ballena azul, no sabíamos…
8. **Por** no establecer controles sobre la salmonicultura intensiva, muchas especies marinas están en peligro.

13
1. estuve/estuvimos esperando; 2. estaba leyendo; 3. Estuve ayudando; estaba/estábamos subiendo; 4. estuvo viniendo, estaba haciendo; 5. Estaba esperando, Estuvo trabajando; 6. estuve llamando, estaba durmiendo

14
hará; sienten; sabíamos; pueden; sienten; muere; podemos; se enamoran; han detectado; se creía; se publicó; comentó; podría

15
por; de; sin; al; hasta; en; para; en; Al; al; para; para; por; para; por;

16
1. Palabras que faltan en el primer texto: para; y; pero; De esta forma/así; ya que; para
Palabras que faltan en el segundo texto: pero; aunque; porque; pero; pero; Si; sino
Palabras que faltan en el tercer texto: Sin embargo; aunque; pero

2. Primer texto:
a. …para asegurarse de que toda la comida que ingieren es ecológica, cumple con unos requisitos éticos y de sostenibilidad y conserva intactos todos sus sabores naturales.
b. …todo el mundo trabaja y nadie cobra, y entre el productor y el consumidor no hay ni un solo intermediario.
c. …se ahorran desplazamientos innecesarios y se favorecen los vínculos sociales.

3. Segundo texto:
- Los productos integrales tienen las mismas calorías que los refinados.
- Que el azúcar haya sido sustituido por fructosa no quiere decir que (los productos) tengan menos calorías.
- Además muchos de estos productos suelen contener más grasas o aceites, lo que puede incluso aumentar su valor calórico.

4. Tercer texto:
a. Cada vez escuchamos más en los medios de comunicación cómo debemos alimentarnos.

Sin embargo, la información no siempre es del todo veraz.
b. Nueva enfermedad relacionada con la alimentación. Obsesión por comer alimentos sanos (naturales). Así se eliminan, por ejemplo, carne, grasas y alimentos tratados químicamente con conservantes o herbicidas, exagerando en elegir aquellos alimentos que se consideran "puros", y hasta se prefiere pasar hambre a comer alimentos que no aporten ningún tipo de nutrimento esencial para el cuerpo.
c. En ocasiones dejan de ir a casas de amigos y familiares o a restaurantes, por miedo a no poder controlar con precisión lo que comerán ahí.

17
playa en México: estar bajo la sombrilla, barco, bañarse en el mar
montaña andina: ovejas, escalar, esquiar, estancias, laderas, fincas, ver un lobo, cultivar aguacates
ciudad de Centroamérica: piscina, rascacielos, ir en metro, biblioteca, encender la calefacción
son posibles en más de una categoría: árboles, piedras, tomar sol, puentes, dormir al aire libre, buscar alojamiento, aparcar el coche, estudiar Arqueología, practicar atletismo, respirar aire puro, comer empanadas
a
Respuesta abierta

18
Respuesta abierta

Unidad 12 Tiempo libre… si te queda

1
1. deja de dormir; 2. suele encerrarse; 3. está por desplazar; 4. siguen siendo; 5. Hay que 6. vuelves a usar

2
Una posibilidad es:
a. estás haciendo; seguir estudiando; sabes; quedamos; va a venir
b. vais a hacer/van a hacer; pensamos; seguís/siguen pensando; está trabajando
c. sigues buscando; encuentro; gustan; voy a poner; voy a preguntar; estoy buscando; voy

3

1	2	3	4	5	6	7	8	9	10
h	g	a	b	j	c	d	e	f	i

4
estuvo mirando; había; acababa de levantarse
volvió a servirse; iba; tenía
solía; volvió; siguió
estaba; dejó

5
la tuya; la mía; las nuestras; la tuya; el tuyo; los tuyos; el mío; los nuestros; los míos; el tuyo; el mío

6
mía/nuestra; nuestra; suyo; tuya; suya; míos; vuestra/de ustedes; mía; suyas; suyo

7
Posibilidades:
Nuria me contó que si había algo que le admiraba es que allí todo el mundo hablaba inglés, alemán o español. Me explicó que los holandeses tenían gran facilidad para los idiomas. También me dijo que vivía en una residencia de estudiantes que parecía Babel. Agregó que estaba muy contenta aunque echaba de menos a su gente. Además dijo que sabía (estaba segura) que de allí se llevaría una experiencia para contarla toda la vida.

Elena me contó que a ella le había resultado bastante complicado ese último año. Había ido al norte de Francia, donde era bastante difícil hacer amigos, porque nadie tenía tiempo. Agregó que no había conseguido adaptarse al ritmo de trabajo francés y concluyó diciendo que de todas formas no se arrepentía de nada de lo que había hecho hasta ese momento y que creía, sin embargo, que la experiencia le serviría para apreciar mucho más a su país.

Juan Carlos nos dijo que nosotros no éramos los únicos que sentíamos frío. Contó que estaba en Salzburgo con una temperatura de tres grados bajo cero de máxima, así que la mínima no nos la decía. Respecto al precio de las cosas, agregó que Salzburgo era la ciudad más cara de toda Europa. Subrayó que todavía no se había acostumbrado a la comida y que no había nada como el jamón, los churros, el queso y el chorizo español.

8
salga; comparta; haga; cocinar, tenga; fume, que baje; escuchar, se ponga; practique, vengan, que escuchar; que vivir, que tener

9
a. sea; esté; es; está; b. quiera; quiere; c. sepan, sabéis; d. enseñe; recomiendo

10
para; del; de; entre
a; en; hasta; del; a; al; de
a; de; a; para; a
para; en; A; de
a; De; a; para; por; hasta; a; a; de

11
pruébatela; Llévatelos; Llévaselas; Póntelo; pónselos
a
te la pruebes; te los lleves; se las lleves; te lo pongas; se los ponga

12
Según las estadísticas… **Sin embargo**, el 58%…
Como las actividades…
El consumo… **Además**, parece…
Esta es la primera generación… **Por eso** la industria…
Romina, una joven argentina… **pero** si no hay dinero…

Clave

Roberto, de Venezuela… **Además**, usa el correo…
La hermana de Fernando… **porque** todas las mujeres…
Aunque a la chica
cubana le gusta la natación, no piensa…

13

1	2	3	4	5	6	7
g	e	d	f	b	a	c

a
nuevas tecnologías; interactiva/-o; computadora; navegar por Internet; conectarse a Internet; teléfono móvil o teléfono celular; videojuegos; chat; mensajes de texto; comprar online; e-mail o correo electrónico; internauta
b
Respuesta abierta

14

guagua: niña/autobús
salsa: condimento/baile

15

No es lo mismo…
Vivir para trabajar que trabajar para vivir.
Dos bicicletas viejas que dos viejas en bicicleta.
Vivir como piensas que pensar como vives.
Cuando tomo café no duermo que cuando duermo no tomo café.
Unos viejos con pantalones que unos pantalones viejos.
Un partido político que un político partido.

16

El vocabulario temático está en los ejercicios 1 y 2 de la unidad 12 de *Con dinámica: competencias y estrategias*.

Autoevaluación B1

Comprensión lectora
a

Causas	Ejemplos
1. cambio climático	Cerca de 70 importantes ríos están amenazados de secarse.
2. el uso / el despilfarro de agua por persona en los países industrializados	Cada habitante suizo utiliza por día (cocina, higiene etc.) 160 litros de agua. Cifra que llega a 4000 litros por día si se calcula el agua empleada en los alimentos, productos y vestidos importados al país.
3. la producción de bienes y alimentos para el consumo diario	Una camiseta de algodón necesita 20 mil litros.
4. la producción agropecuaria	Una producción agropecuaria que gasta el 70 % del agua a nivel planetario.
5. la producción de biocombustibles	La producción de 1 litro de bio-etanol (combustible vehicular) necesita cerca de 5000 litros de agua.

b 2

Comprensión auditiva

2
Respuesta abierta

3
Objetivo: garantizar la sostenibilidad del medio ambiente
Lugar que ocupa en el documento de las Naciones Unidas: el número 7

4
a, c, f

5
a. Utilizar menos el carro y cambiar las lámparas.
b. El Neoliberalismo y la manera de relacionarse con la naturaleza.

Expresión escrita

6
Respuesta abierta. Autocorrige tu trabajo según los criterios de la tabla de evaluación.

Expresión oral

7
Respuesta abierta. La corrección y evaluación se realizan según los criterios de la tabla de evaluación de la producción oral para este nivel.

Unidad 13 Te quiero…

1
1. Una amiga mía tiene un novio africano al que conoció durante las vacaciones cuando estuvo en Marrakech, una ciudad que le encantó.
2. A la mamá de Silvia no le gusta Javier, el chico con el que está saliendo, porque estudia Literatura, una carrera con la que nunca podrá ganar dinero, lo que a Silvia no le preocupa para nada en este momento.
3. El examen, para el que me había preparado, era demasiado difícil y contenía preguntas a las que no pude contestar.
4. Al lado de mi casa vive un hombre que acaba de separarse de su mujer, cuya hija es una amiga mía que cree que su padre acaba de hacer la tontería más grande del mundo.
5. Anoche, en una fiesta, me encontré con un chico con el que había ido a la escuela y que está casado con una empresaria italiana que vende productos biológicos que se consumen en todo el mundo.
6. Un amigo mío me contó una película que trata de la historia de un cine donde daban películas románticas que se consideraban pornográficas porque la gente se besaba y donde ahora están dando una película hecha con los besos que sacaron de las películas, lo que constituye un enorme éxito.

2
1. Te voy a contar algo **que** me contaron a mí hace mucho tiempo, **cuando** vivía en Suiza, **donde** tenía un amigo **cuya** familia tenía un restaurante, **adonde** iban muchos inmigrantes españoles que habían llegado a este país hacía bastante tiempo.
2. Muchos de estos inmigrantes, **que** no hacían otra cosa que hablar de su pueblo, **adonde** pensaban volver, no tenían ni papeles ni contrato de trabajo, como piensa mucha gente. Esto rompe el mito de que los inmigrantes españoles eran casi todos legales.

3
a
1. Los graves problemas habitacionales cubanos han dado origen a la creación de posadas privadas, **donde** la gente joven con recursos tiene sus relaciones sexuales.
2. Las mexicanas y mexicanos sin pareja, **que** gastaron un promedio anual de 705 a 1 512 en citas para encontrar su media naranja, constituyen aproximadamente una quinta parte de la población del país.
3. El 60% de las españolas, **que** contestaron la encuesta, ve su futuro en pareja, casada y con hijos.
4. La familia, **cuya** organización ha experimentado cambios a lo largo de la historia, ha dejado de ser el lugar donde la pareja afirmaba "hasta que la muerte nos separe".
b
1. Los graves problemas habitacionales cubanos **que** han dado origen a la creación de posadas privadas todavía no tienen una solución satisfactoria.
2. Las mexicanas y mexicanos sin pareja **que** gastaron un promedio anual de 705 a 1 512 dólares en citas para encontrar su media naranja pertenecen a la clase media.
3. El porcentaje de españolas **que** ve su futuro en pareja, casada y con hijos es menor que el de los hombres españoles.
4. La familia ha dejado de ser el lugar **donde** la pareja afirmaba "hasta que la muerte nos separe".

4
1. en quien; 2. quienes; 3. para quienes;
4. con quien; 5. a quienes; 6. A quienes

5
…Malena es muy pequeña **cuando** (sin acento, pronombre relativo) su abuelo le regala el último tesoro que conserva la familia, una esmeralda, **cuyo** (cuyo se refiere a valor) valor está en que algún día le salvará la vida, si ella no le cuenta a nadie **lo que** (sin acento, relativo) el abuelo le ha dado. Hasta ese momento Malena rezaba porque quería convertirse en un niño; porque creía que nunca podría parecerse a Reina, su hermana melliza, de **quien** (sin acento, relativo) toda la gente hablaba bien: una niña modelo **que** parecía estar destinada a ser la mujer perfecta. Malena no sabe **qué** (con acento, es un pronombre interrogativo) será de su vida, pero pronto descubre que (sin acento, conjunción) no es la única de la familia que no sabe **cuál** (con acento, interrogativo) es su lugar en el mundo.

6
1. del que; 2. por los que/por donde;
3. con la que/con quien; 4. a la que/a quien;
5. del que; 6. al que; 7. a las que; 8. del que/de quien; 9. al que; 10. con la que

7
a. en la que; a los que; con lo que; con las que/con las cuales; b. a quien/al que; para las que; en las que

8
viajó; tenía; se llamaba; era; venían; conocían; vivía; se habían visto; había puesto; había mandado; había prometido; fue; vivió

era; iban; volaban; hacían; se iba; hacía; navegaron

entraron; reconoció; gritó; gritaba; pudieron; observaba; empezó; tenían

9
1. Recuerden/recordad; 2. Hablen/hablad;
3. Intenten/intentad; 4. Permitan/permitáis;
5. Piénselo/pensadlo; 6. Olviden/olvidéis;
7. Den/dad; 8. Tomen/toméis; 9. Recuerden/recordad; 10. Sean/sed

10
1. tendréis; 2. recuerdan; 3. disfrutarás; 4. das;
5. permitís; 6. verán
a
1. guste; gusta; 2. se parezcan, se parecen;
3. esté, está; 4. es, sea; 5. caiga, cae;
6. conoces, es

11
1. hasta que; 2. Desde hace; 3. Desde que;
4. Cuando; 5. Hace; 6. después de; Desde hace

12
Una posibilidad:
Ella le contestó que no lo sabía. A lo mejor ella le resultaba curiosa porque en Alemania no había chicas así o quizás porque le recordaba a su novia. Él replicó que su novia era rubia, delgada y bajita. Además, agregó que a él le gustaban las chicas pequeñas y como le faltaba una palabra, quiso saber cómo se decía cuando algo no llamaba demasiado la atención. Malena le sugirió la palabra "sosa", pero él insistió en que había otra palabra. La palabra "discreta" era la que estaba buscando. Malena reaccionó con ironía y le preguntó cómo se llamaba su novia. Él se hizo el tonto pero se lo dijo. Malena trató de ser cortés diciendo que era un nombre bonito, pero en realidad le parecía horrible porque en español sonaba horroroso, porque rimaba con "acelga". En realidad, a Fernando el nombre tampoco le gustaba. Malena siguió diciendo que el suyo, en cambio, sí que le gustaba, que siempre le había gustado y que también era el título de un tango, una canción muy triste. Fernando también lo conocía y volvió a preguntarle a Malena si sabía por qué la miraba tanto.

13
1. reflexivo; 2. recíproco; 3. reflexivo;
4. recíproco; 5. recíproco

14
1. vestirse; 2. se maquillan y se peinan;
3. se conocieron; se quieren; 4. nos vemos;
5. se hablan

15
Desde que; Cuando; Antes de; Después de; Hasta; Desde

Antes de que; hasta que; hasta que

16
Una posibilidad:
Las estudiantes que habían tenido experiencias negativas empezaron a hablar y a denunciar a las personas culpables. El profesorado decidió tomar medidas para mejorar la situación.
a
Una posibilidad:
La dependencia entre profesor/-a y alumna/-o no permite ese tipo de relaciones ya que la persona que depende de otra no es libre en sus decisiones. Esas relaciones pueden crear una atmósfera inadecuada para los estudios.
b
Pero: introduce una explicación que se encuentra en **oposición** a lo anteriormente dicho.
ya que: explica la **causa** de por qué se crea un conflicto de intereses.
Por ello: introduce una **consecuencia** relacionada con la información de la frase anterior.
En caso de que: introduce una **condición**.
para: introduce una **finalidad**.
c
Estudiante; Alumna/-o; Alumna/-o de doctorado
Profesor/-a; Lector/-a; Catedrática/-o; Asesor/-a de tesis

17
a

1	2	3	4	5
e	d	a	c	b

b
1. mano sobre mano; 2. abrió la mano;
3. echarle mano; 4. me lavo las manos;
5. das/echas una mano

18
Se tiene, se forma o se vive en una familia o pareja moderna, homosexual o multicultural, pero no nuclear ni monoparental, que no aplican bien al caso. Otros adjetivos que es posible agregar, tomados del vocabulario de la lección: abierta, estable.

Se dan o se reciben y se saluda con un beso y un abrazo que pueden ser muy fuertes, apasionados o fríos, pero no pueden ser mariposa, que no sirve para describir un abrazo. Otras palabras que es posible agregar: afectuosos, cariñosos.

Unidad 14 El mundo que nos toca vivir

1
primer; gran; primera; primer; buen/gran; primero; tercer; mal; malo; buen

2
1. Primera; 2. Segunda (regla); 3. Tercer;
4. Cuarta; 5. Quinto; 6. Sexta; 7. Séptimo;
8. Octava; 9. Novena; 10. Décima

3
1. Carlos Primero / mil quinientos dieciséis/ mil quinientos cincuenta y seis / Carlos Quinto / mil quinientos diecinueve – mil quinientos cincuenta y ocho / Juana Primera
2. Alfonso Décimo / mil doscientos veintiuno – mil doscientos ochenta y cuatro / mil doscientos cincuenta y dos / mil doscientos ochenta y cuatro / Carlos Tercero
3. Alfonso Trece / mil ochocientos ochenta y seis – mil novecientos cuarenta y uno / Segunda República / 14 de abril de mil novecientos treinta y uno
4. Juan Carlos Primero / veintitrés de febrero de mil novecientos ochenta y uno / veintitrés

4
1. intensamente; 2. exactamente;
3. principalmente; 4. popularmente
5. simplemente, principalmente;
6. seguramente; 7. rápidamente;
8. rápidamente

Regla:
Con la terminación "-mente" se transforman algunos adjetivos en adverbios. La vocal "-o" al final del adjetivo se cambia por "-a" y luego se agrega "-mente"; si el adjetivo termina en "-e", se agrega "-mente" sin cambiar la vocal; y si termina en consonante, se agrega "-mente" también sin hacer más cambios.

5
1. lucha; 2. cooperación; 3. emigración;
4. crecimiento; 5. receptor; 6. consumo;
7. abrazos, besos, caricias; 8. adopción

Clave

6
1. a; 2. a y b; 3. b y c; 4. b; 5. b; 6. b

7
1. Este capítulo se refiere…; 2. Estas teorías deben interpretarse…; 3. El multiculturalismo no se entiende si no se entiende…; 4. Se considera que la emigración…; 5. Se resumirán las ideas…; 6. Se presentarán las teorías… se explicará nuestra interpretación… se comentará la bibliografía…; 7. Se comparan las dos versiones… se verá que la segunda…

8
los sufijos "in-" y "des-" suelen indicar negación
Una posibilidad: Yo estoy muy contenta aquí, **aunque** echo de menos a mi gente. Sé que de aquí voy a llevarme una experiencia para contarla toda la vida.

los sufijos "in-" y "des-" suelen indicar negación
Una posibilidad: **Aunque** los sufijos "in-" y "des-" suelen indicar negación, esta no es una regla que se puede generalizar. Saberlo sirve para comprender palabras, pero no para inventarlas.

había muchos problemas
Una posibilidad: Hay personas que piensan que antes de la caída del muro todo era mejor. **Pero** sabemos que no ha sido así para toda la población. **Aunque** todo el mundo tenía trabajo, había muchos problemas.

muchas veces al hablar sí hacemos esa pausa
Una posibilidad: Hay que tener en cuenta que las pausas que hacemos al hablar no siempre las representamos gráficamente en el proceso de escritura. Por ejemplo, no va una coma entre sujeto y verbo, **aunque** muchas veces al hablar, sí hacemos esa pausa.

no recuerda el título ni sabe exactamente de qué país es
Una posibilidad: Una amiga tuya te contó que vio una película que trata de un crimen pero también de una relación pasional. La protagonista es una aficionada del tango. Te recomienda ver la película, **aunque** no recuerda el título ni sabe exactamente de qué país es. Tú la quieres ver… Búscala en el programa.

9
1. **a pesar** de que el gobierno de Franco organizó la emigración.
2. **aunque** es uno de los mitos que existen en nuestro país (España) sobre el tema de la inmigración.
3. **si bien** ya se había contado en libros, estudios y varias entrevistas de los propios trabajadores.
4. **aunque** abandonar su país supone gastos que sólo puede pagar una persona que tiene un ingreso mínimo antes de emigrar.
5. **a pesar** de haber pagado las cuotas de la Seguridad Social, la mayoría de ellos sólo se quedan un tiempo en España y vuelven a su país después de unos años.

10
Se utiliza el subjuntivo para rechazar una información y valorar; el indicativo se usa para expresar lo que creemos, pensamos y suponemos.

11

a	en	de
acceder	*bajar*	acabar
acostumbrarse	caber	aislarse
adaptarse	consistir	apoderarse
asistir	convertirse	arrepentirse
asociarse	esconderse	*bajar*
atribuir	*ir*	despedirse
comenzar	participar	emigrar
emigrar	pensar	enamorarse
equivaler	sentarse	enterarse
exportar	*subir*	escaparse
ir	triunfar	esconderse
llevar		gozar
pertenecer		heredar
preceder		importar
reemplazar		inferir
referirse		olvidarse
subir		preocuparse
venir		provenir
viajar		provenir
volver		sufrir
		terminar
		traer
		tratar
		venir
		volver

12

Por		
Expresiones fijas	Intercambio, en lugar de	Causa
9	6	2
12	11	5
		10

Para			
Finalidad	Destinataria/-o	Destino	Plazo temporal
3	1	13	4
14	7		8

13
1. hace; 2. haga; 3. siguen; 4. cambien; 5. cuesta; 6. cueste; 7. tengas; 8. duermo; 9. es; 10. se preocupe

14
1. se acordaba; describió; hablaba; se trataba
2. tuvo; había; se pusieron
3. se trataba; presentaba

15
a. A modo de ejemplo: inglés: *violate*, francés: *violer*, inglés: *assassinate*, francés: *assassiner*, inglés: *torture*, alemán: *Tortur*
b. in = no; en = en, adentro; **des** = no/contrario; **trans** = al otro lado, a través de
c. palabras que ya conoces: pueblo, población, isla, claro, buscar, cerrar

a. Qué pasó en Ciudad Juárez y Chihuahua:
En diez años se han registrado alrededor de 370 homicidios de mujeres, de los cuales como mínimo 137 son asesinatos con violencia sexual. Además, no se han identificado 75 cuerpos, algunos de los cuales podrían corresponder a mujeres desaparecidas. La creación en 1998 de la Fiscalía Especial para la Investigación de Homicidios de Mujeres (FEIHM) no cumplió con las expectativas.

En Ciudad Juárez continúan los asesinatos y desapariciones de mujeres.

b. Cuáles son las reacciones de las autoridades:
Los crímenes fueron calificados por las autoridades como "homicidios en serie".

El discurso público de las autoridades reflejaba una abierta discriminación hacia las mujeres asesinadas y sus familias.

Las autoridades han tenido que corregir su retórica ante la opinión pública, pero niegan la existencia de características comunes en las desapariciones y asesinatos de las mujeres y niñas por razones de género.

Las autoridades no han puesto fin a las desapariciones y homicidios.

El gobierno estatal anunció el cierre de la oficina para la búsqueda de mujeres desaparecidas para minimizar el tema.

La oficina ahora se dedica a la búsqueda de personas ausentes y/o extraviadas, y no cuenta con suficiente personal para hacer su trabajo.

c. De qué actividades de organizaciones no gubernamentales informa el texto:
El trabajo de las familias y las organizaciones no gubernamentales ha logrado captar la atención nacional e internacional sobre la situación en Ciudad Juárez y Chihuahua.

Amnistía Internacional exige que se coordinen todas las instancias a nivel municipal, estatal y federal, para prevenir, sancionar y acabar con las desapariciones y asesinatos de mujeres en Ciudad Juárez y Chihuahua y los abusos de poder que dificultan las investigaciones.

El cierre de la oficina de investigación fue denunciado por la organización civil Nuestras Hijas de Regreso a Casa. La organización insiste en que se instale una nueva oficina que investigue las desapariciones exclusivamente de mujeres, que se contrate a dos expertos internacionales para que intervengan en esta búsqueda, que se sigan investigando los casos hasta ahora no resueltos.

16
cargos políticos o de gobierno: rey, reina, embajador, emperador, monarca, presidente, soberana, zar, alcalde, baronesa, gobernador, dictador, ministro
comienzo de acciones: fundar, comenzar, empezar, iniciar, plantear, principiar, originar, abrir, emprender

partes del cuerpo: hombro, mano, mejilla, ojos, labios, boca, brazos, panza, pelo, brazos, pie, piernas

residencias: palacio, pieza, salas, apartamento, piso, posada, adosados, chabolas, chalets, cortijos, estancia, finca

verbos de movimiento: caminar, correr, moverse, pasear, transitar, andar, viajar, volar, trasladarse, desplazarse

17

zar; emperador; dictador
palacio; salas
comenzó/empezó; planteó; fundó
brazos; ojos

Unidad 15 ¡Estamos en el aire!

1

caracteriza; comienza; sube; termina
llueve; son; se desplaza; experimenta

Tendremos; aumentará; habrá; provocarán

murieron; se produjo; inundó; destruyó; se interrumpieron; anunció; quedaron

2

1	2	3	4	5	6	7	8
d	c	a	f	e	h	b	g

3

1. Es; 2. Estoy; 3. está; 4. Está; 5. Es; 6. está; 7. es; 8. estamos

4

1. La inmigración hispanohablante, en Estados Unidos, ya no **está limitada** a las grandes ciudades.; 2. Los textos de este libro **están relacionados** por temas, es decir, que unos se refieren a otros.; 3. Para la fiesta de disfraces, Magaly **estaba vestida** de Caperucita Roja. 4. La mesa **está reservada** para las nueve de la noche.; 5. Hace mucho tiempo que no leo sobre ese tema. **Estoy muy desinformada/-o.** 6. Este **está ocupado.**; 7. Las habitaciones **están desordenadas.**; 8. No **están acostumbrados** a los métodos de aprendizaje comunicativos.; 9. La inscripción para los cursos de verano ya **está abierta.**; 10. Por eso **está tan aburrida.**

5

Una posibilidad:
Resultaría exagerado afirmar que en España existe un problema multicultural. España es un país **relativamente/bastante** homogéneo. **Nadie discute que** su nacionalización temprana, la expulsión de árabes y judíos, la presencia opresora de la Iglesia durante muchísimos siglos, han reducido o hecho desaparecer **relativamente/bastante** la diversidad que caracteriza a otras naciones. La inmigración tiene un carácter moderado y en **principio** sería un error hablar, por el momento, de una cuestión racial.

6

Podemos → Es posible
Bastante → relativamente
A nuestro modo de ver → En mi opinión

Con toda seguridad → absolutamente
Esencialmente → básicamente
Evidente → claro
Especialmente → sobre todo

7

Siempre → generalmente → a menudo → a veces (algunas veces) → en ciertos casos → rara vez → nunca

algunas veces (a veces); Generalmente; A veces (algunas veces); a menudo; en ciertos casos; rara vez

8

Una posibilidad:
Es un hecho conocido que América Latina y España presentan dentro de su territorio variantes importantes, aunque es **absolutamente** cierto que también comparten fenómenos fonéticos similares, como el seseo y la aspiración de la "s". Así como el llamado español atlántico caracteriza el sur del territorio, también en América Latina hay regiones bien diferenciadas, como por ejemplo, la andina, el Río de la Plata, el Caribe o la costa Atlántica de México, Centroamérica, Venezuela y Colombia: **independientemente** de que hablamos distinto, **indudablemente** nos entendemos igual.

Cada país tiene una norma culta y variantes dialectales, y es **precisamente** porque existen tantas normas cultas como países que las practican en los medios de comunicación, en su literatura y en el mundo académico, que podemos afirmar, **sin lugar a duda**, que el castellano o español es una lengua policéntrica. Todas las normas cultas son **básica y esencialmente** equivalentes, no existe un español mejor o peor que otro.

9

1. visualizo; comprenderé/entenderé, memorizaré; 2. cuento, controlaré; 3. pienso, crearé; ayudará; 4. ordeno; será; 5. leo; prediciré; 6. estructuro, ayudará; 7. puedo, podré; 8. dejo, entenderé/comprenderé; 9. analizo; visualizo; aplico; utilizo; podré

10

Respuesta abierta

11

a

Texto del subcomandante Marcos: se trata de reformulaciones cuya función es ejemplificar.

b

Texto de Michelle Bachelet. Una posibilidad es:
Como ya he dicho, el mundo vivido en el último año nos debe llevar a reflexionar profundamente para luego actuar con decisión. El optimismo de comienzo de siglo, **es decir**, aquel que hablaba del milenio de la esperanza, parece esfumarse. Se estima que la sola alza en el precio de los alimentos ha empujado a más de cien millones de personas a la extrema pobreza. A su vez, la inestabilidad financiera azota hoy a numerosas economías, amenazando con generar un

cuadro recesivo mundial donde, como siempre, los más afectados terminan siendo los más pobres del planeta. **Sea lo que sea**, la revisión de nuestros objetivos se hace muy imperiosa, porque no podemos permanecer impávidos ante el deterioro en el bienestar básico de millones y millones de ciudadanos de todo el mundo. **En ese sentido**, quienes compartimos una noción de progreso, quienes hemos hecho de la libertad y la justicia social nuestras banderas, debemos alzar la voz. El mundo ha llegado a tener los recursos económicos, técnicos y científicos que hacen posible por primera vez en su historia asegurar el bienestar de toda la humanidad y no podemos desperdiciar esta capacidad. **Dicho de otro modo:** un mundo mejor es posible, pero para eso se necesita voluntad de progreso y la actual crisis económica internacional demuestra que lo que ha fallado es precisamente esa voluntad. **En pocas palabras:** la codicia y la irresponsabilidad de unos pocos, unida a la desidia política de otros tantos, han arrastrado al mundo a una situación de gran incertidumbre.

12

Texto Nr. 1: muy categórico (radicalmente, en absoluto, no dudan, tienen baja calidad en general); texto Nr. 2: muy prudente (podrían, quizás, relativamente); texto Nr. 3: prudente (en mi opinión); texto Nr. 4: categórico (no hay marcadores, pero el tono se observa en la selección léxica: significativo, urgencia, evidente, a nadie se le pasa por la cabeza, claro orgullo, deseo vivo).

13

Orden de los párrafos:
1. Los diccionarios del español…
2. Pero basta de citas…
3. Por otra parte, existe la inmigración constante a los EE.UU.…
4. Cada grupo de hispanos…
5. Desde un punto de vista antropológico…
6. En cuanto al valor del spanglish…
7. En lo que se refiere a si lo debemos odiar y rechazar…

Explicación:
(Párrafo 2) Pero basta de **citas** sobre cuán "bueno o malo" puede ser el spanglish… "Citas" se refiere a las citas del primer párrafo. Además, habla de la rápida evolución del spanglish: "el spanglish es un fenómeno que existe, que se desarrolla y que se extiende cada vez más", y lo explica, **por una parte** con la aceptación del *cyberspanglish*, como **una de las causas.** ("Esto en lo que se refiere al así llamado *cyberspanglish*".)
(Párrafo 3) Continúa la argumentación con la mención de otra causa: la fuerte inmigración de hispanohablantes a EE.UU.: "**Por otra parte**, existe la inmigración constante a EE.UU.", y termina con el número de inmigrantes hispanohablantes: **los 45 millones** de hispanos que viven actualmente en EE.UU.
(Párrafo 4) Se refiere a los diferentes grupos nacionales que componen esa totalidad de 45 millones: **Cada grupo de hispanos** trae su propia variante del español…

Clave

Los próximos párrafos vuelven al tema que plantea la pregunta (título) y, aunque aparentemente podría alternarse su orden, tienen una lógica que va de la explicación de lo general a lo particular. Por lo tanto, se elige el siguiente orden:

(Párrafo 5) Desde un punto de vista antropológico… En este párrafo se habla del uso del spanglish a nivel mundial.
(Párrafo 6) En cuanto al valor del spanglish… En este párrafo se habla del uso del spanglish dentro de EE.UU.
(Párrafo 7) En lo que se refiere a si lo debemos odiar y rechazar: esta frase, que inicia el último párrafo, contesta a la pregunta hecha en el título y cierra el círculo.

14

Actividades que realizan: corregir con la tarjeta, revisión de los exámenes, lecciones teóricas, clase magistral, seminario, tutoría
Actividades que evalúan: exámenes, prueba oral, prueba escrita, trabajos pautados
Criterios de evaluación: madurez en el conocimiento del tema, asimilación de conceptos, profundidad de las ideas, posición personal, lectura crítica de la bibliografía, capacidad de síntesis, redacción agradable
Calificación: suspenso, subir la nota, aprobar

15
a
Frida (atenuación): Yo diría que no es tan así… Creo que esto es importante… Me parece que hay que tener en cuenta…
Profesora (evaluación): Sin duda… Por supuesto… Como es lógico, en esta frase… Nadie discute que… Me llama la atención…
b
Respuesta abierta

Autoevaluación B1+

Comprensión lectora

1
b y c

2
1. El país de origen sólo les ofrece empleos de menor valor social y económico que los que se ofrecen en el extranjero.
2. El éxodo también tiene que ver "con el hecho de que las crisis económicas o políticas" han afectado a los países de América Latina.
3. Los países miembros de la OCDE perderán entre un quinto y un tercio de sus profesionales y científicos por razones de jubilación, retiro o muerte.

Comprensión auditiva

La construcción de la trama

Diferencia argumento / trama:
Argumento: historia de la novela o película
Trama: cómo se construye la historia (plot). Es un proceso subjetivo por el que se manejan las informaciones que se usan en la ficción /

La dosificación de las informaciones a lo largo de un texto narrativo

Elipsis:
Es omisión de información
Es omisión de información (no dar información sobre algo)

Dos motivos:
a) información no importante
b) información fundamental (efecto sorpresa)

Escritura sumergida:
lo que no se dice, pero se da a entender

Tipos de elipsis: aralepsis y prolepsis
aralepsis: flash back (ej. *Casablanca*)
prolepsis: salto hacia adelante (ej. *Crónica de una muerte anunciada*)

Expresión escrita

4
Respuesta abierta. La corrección y evaluación se realizan según los criterios de la tabla de evaluación correspondiente.

Expresión oral

5
Respuesta abierta. La corrección y evaluación se realizan según los criterios de la tabla de evaluación correspondiente.

Glosario

0 Hora cero

árabe ....
clase f ....
de ....
¿de dónde? ....
dedo ....
¿dónde? ....
el ....
en ....
escribir ....
gracias ....
indio ....
interesante ....
libro ....
llamarse ....
mano f ....
maya f/m ....
muy ....
número ....
paz f ....
pie m ....
poder (ue) ....
por favor ....
premio (Nobel) ....
¿qué? ....
¿qué tal? ....
repetir (i) ....
ser ....
significar ....
te ....
tú ....
y ....
yo ....

1 Estudiar en...

a ....
ahora ....
al ....
alegre ....
alemán m ....
allí ....
amable ....
amigo ....
año ....
antigua/-o ....
aprender ....
aquí ....
argentina/-o ....
bailar ....
barrio ....
bastante ....
bien ....
buena/-o ....
buscar ....
carrera ....
centro ....
chatear ....
chica ....
chino ....
ciencia ....
cine m ....
ciudad f ....
comer ....
con ....
conocer (zc) ....
correo ....
¿cuántos? ....
cumpleaños m ....
curso ....
decir (yo digo, i) ....

de ....
del ....
delegado ....
deporte m ....
desde ....
día m ....
diálogo ....
dirección f ....
edad f ....
electrónica/-o ....
escuchar ....
escuela ....
español m ....
esta ....
estudiar ....
excursión f ....
existir ....
extranjera/-o ....
facultad f ....
familia ....
fecha ....
foto f ....
futuro ....
gimnasia ....
grande ....
grupo ....
guitarra ....
gustar ....
hablar ....
hacer (yo hago) ....
hasta ....
hay ....
hermana ....
hola ....
información f ....
inglés m ....
inmigrante f/m ....
inteligente ....
ir ....
italiana ....
kilómetro ....
la ....
las ....
leer ....
lengua ....
lengua extranjera ....
libre ....
los ....
luego ....
lugar m ....
más ....
me ....
mi ....
mirar ....
mis ....
moderna/-o ....
mucho ....
nacimiento ....
navegar ....
necesitar ....
no ....
nombre m ....
nosotras/-os ....
obrera/-o ....
oeste m ....
optimista ....
otra/-o ....
padres m (pl) ....
página ....
país m ....

para ....
participar ....
peatonal f ....
perdón m ....
pero ....
persona ....
poco ....
practicar ....
preguntar ....
prestigiosa/-o ....
privada/-o ....
profesión f ....
programa m ....
pronto ....
próxima/-o ....
pública/-o ....
que ....
¿qué? ....
¿quiénes? ....
querer (ie) ....
realidad f ....
red f ....
reformular ....
resto ....
saber (yo sé) ....
salir (yo salgo) ....
saludo ....
se ....
semestre m ....
si ....
sí ....
sierra ....
simpática/-o ....
sino ....
sociable ....
sólo ....
su/s ....
suerte f ....
sur m ....
también ....
teatro ....
teléfono ....
televisión f ....
tener (yo tengo, ie) ....
tiempo ....
tocar ....
todas ....
todavía ....
todavía no ....
trabajar ....
tu ....
un/-a ....
universidad f ....
ustedes ....
varias/-os ....
venir (yo vengo, ie) ....
viajar ....
vivir ....
vosotras ....

2 Me gustaría...

abrazo ....
acción f ....
actividad f ....
activa/-o ....
además ....
adonde ....
¿adónde? ....
africana/-o ....
agosto ....

Glosario

ahorrar ....
aire *m* ....
algunas/-os ....
alta/-o ....
ambiente *m* ....
aspecto ....
atracción *f* ....
austríaca/-o ....
autocorregirse *(i)* ....
avenida ....
baja/-o ....
calidad *f* ....
calle *f* ....
capital *f* ....
cariños *m (pl)* ....
casa ....
cerca *(de)* ....
claro ....
clásica/-o ....
colonia ....
comercio ....
como ....
comunicación *f* ....
concierto ....
contacto ....
contener *(ie)* ....
creer ....
¿cuáles? ....
¿cuándo? ....
cultural ....
dar *(yo doy)* ....
dato ....
departamento ....
desplazarse ....
después ....
diferencia ....
donde ....
ecológica/-o ....
ejemplo ....
ellas/-os ....
encantar ....
encontrar *(ue)* ....
entre ....
eso ....
espacio ....
estampilla ....
estas ....
este ....
esto ....
europea/-o ....
exacta/-o ....
¡Felicidades! *f (pl)* ....
fin *m* ....
fonoteca ....
francés *m* ....
gastronomía ....
gente *f* ....
geográfica-/o ....
gramática ....
habitante *f/m* ....
hoy ....
ideal ....
importante ....
incómoda/-o ....
infinitivo ....
infraestructura ....
instalación *f* ....
instituto ....
integrar ....
intercambio ....

interesar ....
interior ....
intolerante ....
jirón *m* ....
joven *f/m* ....
latinoamericana/-o ....
le ....
limpia/-o ....
lingüística ....
lo ....
mar *m* ....
maravillosa/-o ....
marzo ....
máster *m* ....
mediana/-o ....
mejor ....
mercado ....
mes *m* ....
montaña ....
multicultural ....
mundo ....
museo ....
natación *f* ....
norte *m* ....
norteamericano/-a ....
nos ....
oferta ....
ofrecer *(cz)* ....
organización *f* ....
parque *m* ....
parra ....
pasiva/-o ....
pensar *(ie)* ....
pequeña/-o ....
perro ....
piso ....
planta baja ....
playa ....
porque ....
posibilidad *f* ....
precio ....
preferir *(ie)* ....
presentar ....
primero ....
problema *m* ....
profesor/-a ....
provincia ....
proyecto ....
puerta ....
pues ....
querida/-o ....
racista *f/m* ....
receptor *m* ....
restaurante *m* ....
ritmo ....
ruido ....
ruta ....
sala ....
segunda/-o ....
segura/-o ....
sello ....
semana ....
señora ....
septiembre *m* ....
servicios *(pl)* ....
siempre ....
siguiente ....
situación *f* ....
sobre ....
solidaria/-o ....

sucia/-o ....
tamaño ....
tándem *m* ....
tanto ....
técnica/-o ....
texto ....
ti ....
tipo ....
tolerante ....
total ....
tráfico ....
tranquila/-o ....
vacaciones *f (pl)* ....
ver ....
verano ....
verdad *f* ....
verde ....
vida ....
ya ....
zona ....

3 Aprender una lengua es…

abierta/-o ....
aburrida/-o ....
academia ....
aceptar ....
acompañar ....
acostumbrarse a ....
acuerdo ....
adaptarse ....
adiós ....
adjetivo ....
adorar ....
agenda ....
agregado ....
albergue *m* ....
algo ....
alojamiento ....
anécdota ....
antes ....
árbol *m* ....
auténtica/-o ....
autonomía ....
barata/-o ....
biblioteca ....
bilingüe ....
búlgaro ....
buscador *m* ....
cada ....
capacidad *f* ....
cara/-o ....
casi ....
castellano ....
cena ....
checo ....
chocar ....
cita ....
colección *f* ....
colegio ....
colombiano/-a ....
color *m* ....
combinación *f* ....
comida ....
¿cómo? ....
compañera ....
comparar ....
complemento ....
común ....
concordar *(ue)* ....
contestar ....

contradecir *(yo -digo, i)* ....
controlar ....
cosa ....
costar *(ue)* ....
criterio ....
criticar ....
cruzar ....
cuando ....
decisión *f* ....
demás ....
demasiado ....
descubrir ....
descuento ....
diario ....
diccionario ....
didáctico ....
difícil ....
Dios ....
divertido ....
docente *f/m* ....
domingo ....
duración *f* ....
ejercicio ....
él ....
elemento ....
elegir *(i)* ....
enseñanza ....
entender *(ie)* ....
entonces ....
entrevista ....
enviar ....
equipo ....
error *m* ....
escritura ....
especializada/-o ....
estadística ....
estrategia ....
estructurada/-o ....
éxito ....
experiencia ....
explicar ....
exposición *f* ....
fácil ....
falta *f* ....
faltar ....
fantástica/-o ....
febrero ....
finés *m* ....
fonética ....
forma ....
fragmentada/-o ....
frase *f* ....
fuertemente ....
funcionar ....
fútbol *m* ....
general ....
género ....
guardería ....
herramienta ....
hispanohablante ....
hora ....
horrible ....
húngaro ....
idioma *m* ....
igual ....
improvisar ....
impuntualidad *f* ....
incluso ....
indirecto ....

informática ....
instrucción *f* ....
interesarse (por) ....
irregular ....
japonés *m* ....
jueves *m* ....
jugar *(ue)* ....
laboratorio ....
les ....
ligada/-o ....
línea ....
en línea ....
llevar ....
lograr ....
lunes *m* ....
mal ....
marcando ....
martes *m* ....
material *m* ....
mayoría ....
medio ....
menos ....
método ....
miércoles *m* ....
minuto ....
misma/-o ....
moda ....
motivación *f* ....
nativa/-o ....
natural ....
negocio ....
niño/-a ....
nivel *m* ....
noche *f* ....
nocturna/-o ....
noticia ....
nuestras/-os ....
nunca ....
objetivo ....
octubre *m* ....
oficina ....
oportunidad *f* ....
oral ....
orientación *f* ....
ortografía ....
palabra ....
parecer *(zc)* ....
pareja ....
particular ....
pasantía ....
película ....
perfil *m* ....
periódico ....
polaco ....
portugués ....
precisa/-o ....
preocupar ....
preposición *f* ....
presenciales *f/m* ....
promotor *m* ....
propia/-o ....
protestar ....
punto ....
puntualidad *f* ....
radio *f* ....
rápida/-o ....
regular ....
relajarse ....
resultar ....
rumano ....

ruso ....
sábado ....
sector *m* ....
secundaria/-o ....
semántica ....
sin ....
sin eimbargo ....
sistemática/-o ....
sola/-o ....
sólo (solamente) ....
sorprender ....
sustantivo ....
tema *m* ....
tercera/-o ....
terminar ....
tío ....
típica/-o ....
tomar ....
tonta/-o ....
transgresión *f* ....
turismo ....
tutoría ....
usar ....
utilizar ....
valor *m* ....
verbal ....
vez *f* ....
viernes *m* ....
vocabulario ....
voluntaria/-o ....
voto ....

4 Su primer día...

abril *m* ....
absoluta/-o ....
abuelas/-os ....
acabar de ....
acento ....
agenda ....
agradable ....
ahí ....
a la derecha (de) ....
a la izquierda (de) ....
alargar ....
alquilar ....
ancianas/-os ....
animal *m* ....
anuncio ....
apunte *m* ....
artículo ....
asamblea ....
así ....
asignatura ....
asistir ....
aunque ....
autobús *m* ....
ayuntamiento ....
bajarse ....
bebida ....
billetera ....
boliviana/-o ....
cambiar ....
caminar ....
cansada/-o ....
caótica/-o ....
carné ....
cara/-o ....
catalán ....
certificado ....
cerrar *(ie)* ....

Glosario

cigarro ....
clima *m* ....
coger *(j)* ....
colectivo ....
comentar ....
compartir ....
comprar ....
conector *m* ....
cono ....
contaminación *f* ....
contar *(ue)* ....
contenta/-o ....
continente *m* ....
contraria/-o ....
contrato ....
convertirse *(ie)* en ....
cosa ....
crédito ....
cuadra ....
dar *(yo doy)* ....
débil ....
derecha ....
desaparecida/-o ....
diciembre *m* ....
dinero ....
diptongo ....
doblar ....
documento ....
económica/-o ....
edificio ....
empezar *(ie)* ....
empresa ....
encadenamiento ....
enero ....
ensayo ....
entrar ....
esa/-e ....
esperar ....
esquina ....
estación *f* ....
excelente ....
feriado ....
fiesta ....
formulario ....
fotocopia ....
ganar ....
ganas *(pl)* ....
habitación *f* ....
historia ....
holandés ....
humor *m* ....
identidad *f* ....
iglesia ....
impresionante ....
incorrecta/-o ....
increíble ....
inexistencia ....
intensidad *f* ....
intranquila/-o ....
invitar ....
izquierda ....
julio ....
juvenil ....
lejos ....
letra ....
lingüística/-o ....
llave *f* ....
llegar a ....
llenar ....
local ....

lógicamente ....
lotería ....
mañana ....
manera ....
mapa *m* ....
marcha ....
marroquí *f/m* ....
matrícula ....
mayo ....
mayor ....
media/-o ....
médica/-o ....
metro ....
mil ....
mochila ....
móvil *m* ....
nacional ....
Navidad ....
negativa/-o ....
ni ....
ni… ni… ....
ninguna ....
norteafricana/-o ....
notar ....
noviembre *m* ....
nueva/-o ....
opinión *f* ....
origen *m* ....
parada ....
paraguas *m* ....
pared *f* ....
parte *f* ....
pasar ....
pasaporte *m* ....
paseo ....
peor ....
permiso ....
plan *m* ....
plano ....
plato ....
plaza ....
policía ....
política/-o ....
posesiva/-o ....
preparar ....
principal ....
pronombre ....
pronombre posesivo ....
pronunciar ....
psicoanalista *f/m* ....
puente *m* ....
razón *f* ....
recién ....
recordar *(ue)* ....
regional ....
religiosa/-o ....
rellenar ....
renovar *(ue)* ....
residencia ....
respectivamente ....
respetar ....
seguir *(i)* ....
sentir(se) *(ie)* ....
sílaba ....
sonido ....
subrayar ....
subte *m* ....
tablón *m* ....
tarde ....
tarjeta ....

té *m* ....
tener ganas de ....
tienda ....
traer *(yo traigo)* ....
transporte *m* ....
tratar de ....
tren *m* ....
última/-o ....
útil ....
velocidad *f* ....
vender ....
vocal *f* ....
volver *(ue)* ....
vos ....

5 Buscando piso

abandonar ....
abrir ....
acceder ....
acondicionada/-o ....
acostarse *(ue)* ....
¿adónde? ....
adosada/-o ....
afeitarse ....
afueras *(pl)* ....
agua *f* ....
alquería ....
amplia/-o ....
amueblada/-o ....
apagar ....
apartamento ....
aparte ....
a partir de ....
aquellas/-os ....
arquitecto ....
arreglarse ....
ascendente ....
ascensor *m* ....
aseo ....
ático ....
a través de ....
ausencia ....
ayudar ....
bachillerato ....
bajar ....
balcón *m* ....
banco ....
bañera ....
baño ....
barca ....
batata ....
beca ....
berciana/-o ....
bizca/-o ....
bloque *m* ....
boca ....
bosque *m* ....
brusca/-o ....
caja ....
calefacción *f* ....
caliente ....
calor *m* ....
cama ....
campo ....
cara ....
cartel *m* ....
casarse ....
casa ....
causar ....
cepillo ....

cerveza	....	hipoteca	....	sueldo	....
chalet *m*	....	incluir *(y)*	....	superficie *f*	....
chalet adosado	....	inseguridad *f*	....	supermercado	....
chusco	....	interpretar	....	temprano	....
coche *m*	....	jabón *m*	....	terraza	....
cocina	....	jardín *m*	....	tía	....
comestibles m *(pl)*	....	juntas/-os	....	timbre *m*	....
cómoda/-o	....	lámpara	....	todavía no	....
comunidad *f*	....	lapicera	....	tus	....
concepto	....	larga/-o	....	única/-o	....
concretamente	....	lavabo	....	urbanización *f*	....
condición *f*	....	lavadora	....	va	....
conseguir	....	lavarse	....	Vale.	....
consejo	....	levantarse	....	valenciana/-o	....
consigo	....	límite *m*	....	varón *m*	....
construir *(y)*	....	luz *f*	....	vasca/-o	....
contexto	....	masía	....	vecina	....
continuar	....	menor	....	ventana	....
conveniente	....	mensaje *m*	....	vestirse *(i)*	....
corriente	....	mesa	....	vieja/-o	....
cortijo	....	mientras	....	villa miseria	....
cortina	....	migratoria/-o	....	visitar	....
crecimiento	....	millón *m*	....		
cuadro	....	mínima/-o	....	**6 Año nuevo, vida nueva**	
dedicar	....	miseria	....	aborto	....
dejar	....	momento	....	abrazo	....
delante de	....	mueble *m*	....	absurda/-o	....
demográfica/-o	....	nada	....	abundante	....
depósito	....	nadie	....	acerca de	....
desayunar	....	nariz *f*	....	admirar	....
desempleo	....	nerviosa/-o	....	adoptar	....
desorientada/-o	....	novatada	....	afectar	....
despierta/-o	....	olvidarse	....	alimentación *f*	....
diente *m*	....	pagar	....	alrededor de	....
discriminar	....	paño	....	amarilla/-o	....
doctorada/-o	....	papel *m*	....	amazónica/-o	....
domicilio	....	parca	....	añadir	....
dormir *(ue)*	....	pasillo	....	ancha/-o	....
dormitorio	....	pasta	....	ante	....
ducha	....	patata	....	anterior	....
ducharse	....	patio	....	aparecer *(zc)*	....
dueño	....	pedir *(i)*	....	apreciar	....
durante	....	peinarse	....	arrepentirse	....
educativa/-o	....	pelo	....	asilo	....
ejemplo	....	permitirse	....	asunto	....
emancipación *f*	....	persiana	....	atención *f*	....
encender *(ie)*	....	pertenecer *(zc)*	....	atrás	....
encima	....	planta	....	avanzar	....
endeudamiento	....	plena/-o	....	avión *m*	....
en pleno…	....	poner	....	avitaminosis *f*	....
entonación *f*	....	porcentaje *m*	....	ayer	....
equipada/-o	....	preciosa/-o	....	balance *m*	....
escalera	....	presidente *f/m*	....	barrigona/barrigón	....
estado	....	recado	....	bioquímica/-o	....
estancia	....	regalar	....	bolsa	....
estantería	....	relativo	....	borrador *m*	....
estar *(yo estoy)*	....	ropa	....	breve	....
exterior	....	rural	....	busto	....
financiera/-o	....	sala de estar	....	cadera	....
finca	....	salón *m*	....	cala	....
frecuencia	....	según	....	cana	....
fumador/-a	....	señal *f*	....	característica	....
fundamental	....	sentarse *(ie)*	....	caries *f*	....
gasto	....	sentido	....	carpeta	....
gastos de	....	seria/-o	....	carta	....
comunidad	....	silla	....	caserío	....
grabar	....	sillón *m*	....	casilla	....
gritar	....	simplemente	....	caso	....
haber	....	sol *m*	....	cazar	....
hacienda	....	subir	....	charla	....

Glosario

churro ....
cierto ....
cifra ....
clave *f* ....
colega *f/m* ....
columna ....
coma ....
comenzar *(ie)* ....
comodidad *f* ....
completar ....
componer
(yo compongo) ....
comprender ....
comprensión *f* ....
comprobar *(ue)* ....
computadora ....
confianza ....
confundir ....
consecuencia ....
constituir *(y)* ....
consumo ....
contra ....
contraste *m* ....
convivencia ....
coordinador/-a ....
cordobesa/cordobés ....
correcta/-o ....
correspondiente ....
corregir *(i)* ....
cortarse ....
costumbre *f* ....
cruda/-o ....
cualidad *f* ....
cuero ....
cuestión *f* ....
cuidar ....
cursi ....
debate *m* ....
definir ....
deliciosa/-o ....
demostrar *(ue)* ....
deprimente ....
describir ....
deshacerse ....
despertarse *(ie)* ....
detalle *m* ....
dialecto ....
diario de viaje ....
dibujo ....
dificultad *f* ....
discusión *f* ....
disposición *f* ....
distinta/-o ....
dominar ....
droga ....
dura/-o ....
echar de menos ....
ejercer ....
encerrar *(ie)* ....
encuesta ....
enfermedad *f* ....
enfocada/-o ....
engrudo ....
enumeración *f* ....
escopeta ....
especial ....
espiritualmente ....
esqueleto ....
estable ....
estar de acuerdo ....

estereotipo ....
ética/-o ....
evitar ....
excepcional ....
expresar ....
extraña/-o ....
extraordinaria/-o ....
favor *m* ....
femenina/-o ....
fijarse ....
final *m* ....
formar ....
formular ....
fría/-o ....
fruto ....
fuente *f* ....
fuera ....
gala ....
gama ....
genial ....
gigante ....
goma ....
gozar ....
grado ....
gráficamente ....
gris ....
guante *m* ....
guaraní *m* ....
guardar ....
gubernamental ....
güera/-o ....
guerra ....
guiso ....
hipótesis *f* ....
hoja ....
hombre *m* ....
homosexual ....
honrada/-o ....
húngara/-o ....
imagen *f* ....
imprescindible ....
incaica/-o ....
independiente ....
inferir *(ie)* ....
informal ....
inolvidable ....
insertar ....
intentar ....
interrogación *f* ....
interrumpir ....
íntima/-o ....
invierno ....
jamón *m* ....
juicio ....
libertinaje *m* ....
luna ....
madre *f* ....
majestuosa/-o ....
marcha ....
marrón ....
masculina/-o ....
matrimonio ....
máxima/-o ....
mayúscula ....
mezcla ....
microscopio ....
miel *f* ....
monte *m* ....
mostrar *(ue)* ....
moto*(cicleta)* *f* ....

mujer *f* ....
norma ....
nota ....
novia ....
objeto ....
observar ....
obvia/-o ....
ojo ....
¡ojo! ....
oración *f* ....
organigrama *m* ....
paisaje *m* ....
palmera ....
pasada/-o ....
pegar ....
período ....
pie *m* ....
pizarrón *m* ....
plátano ....
población *f* ....
posición *f* ....
prejuicio ....
profundamente ....
progreso ....
prueba ....
pueblo ....
quedar ....
quedarse ....
queso ....
quechua ....
radiofónica/-o ....
realizar ....
reconocer *(zc)* ....
reconstruir *(y)* ....
recorrido ....
reflexionar ....
refrigerador *m* ....
regalo ....
regla ....
releer ....
reportaje *m* ....
representar ....
respecto a ....
responsabilidad *f* ....
respuesta ....
resumen *m* ....
romper ....
ruina ....
sacar ....
salir de marcha ....
sana/-o ....
selva ....
separar ....
sexo ....
signo ....
servir *(i)* ....
suceder ....
sueca/-o ....
suponer
(yo supongo) ....
tabla ....
tal ....
tejer ....
tela ....
tener en cuenta ....
término ....
tierra ....
transparencia ....
tribu *f* ....
tuya ....

ubicar ....
unir ....
unidad *f* ....
valoración *f* ....
variedad *f* ....
ventanilla ....
versión *f* ....
virginidad *f* ....
vista ....
vitamina ....
¡Viva! ....
voz *f* ....
yuca ....

7 ¡A la mesa!

aceite *m* ....
aceituna ....
acercar ....
actualmente ....
acordarse *(ue)* ....
adolescente *f/m* ....
adulta/-o ....
adverbio ....
afirmativa/-o ....
aguacate *m* ....
aguardiente *m* ....
ajo ....
alarmante ....
albaricoque *m* ....
alcohol *m* ....
alejar ....
alfajor *m* ....
alguien ....
alimaña ....
almorzar *(ue)* ....
alubia ....
amasar ....
aniversario ....
anotar ....
aplicar ....
araña ....
arepa ....
aromática/-o ....
arriba ....
arrollar ....
arroz *m* ....
artimaña ....
asociar ....
atún *m* ....
audición *m* ....
aumentar ....
azafrán *m* ....
azúcar *m* ....
bandeja ....
batida/-o ....
batido ....
bife *m* ....
bizcocho ....
bocadillo ....
bocata *m* ....
bolso ....
boniato ....
borgoña *m* ....
botánica/-o ....
botella ....
burrito ....
caer *(yo caigo)* ....
calabaza ....
caloría ....
camarera ....

campaña ....
caña ....
canela ....
cantar ....
carne *f* ....
cáscara ....
cebolla ....
celebrar ....
cerdo ....
cereza ....
ceviche *m* ....
chabacana/-o ....
champú *m* ....
chatarra ....
chaucha ....
chilena/-o ....
chile *m* ....
choclo ....
chocolate *m* ....
cilantro ....
citada/-o ....
clara ....
coco ....
cola ....
compensar ....
condimento ....
confitada/-o ....
considerar ....
conspirar ....
consultorio ....
contener *(ie)* ....
conversar ....
corta/-o ....
cortado ....
cortar ....
costeña/-o ....
crema ....
cuaderno ....
cualquier ....
cubierta/-o ....
cuchillo ....
cuenta ....
culpa ....
curiosa/-o ....
curva ....
damasco ....
deber ....
decidir ....
deducir *(zc)* ....
dependiente ....
desarrollar ....
descafeinado ....
desconocer *(zc)* ....
destino ....
día de finados *m* ....
diagnosticar ....
dieta ....
discurso ....
dividir ....
doña ....
dulce ....
durazno ....
ejote *m* ....
elaborar ....
elote *m* ....
embutido ....
empanada ....
empleada/-o ....
enchilada ....
ensalada ....

enseguida ....
ensuciar ....
entradilla ....
envuelta/-o ....
época ....
específica/-o ....
espiral ....
esquema *m* ....
estilo ....
estima ....
etapa ....
exceso ....
exclusivamente ....
extraída/-o ....
factor *m* ....
favorita/-o ....
festejar ....
fiambre *m* ....
ficha ....
figura ....
finada/-o ....
física/-o ....
flan *m* ....
flor *f* ....
fosforito ....
fresa ....
freír *(í)* ....
frijol *m* ....
fruta ....
frutilla ....
fuego ....
ganchito ....
gas *m* ....
generación *f* ....
geóloga/-o ....
grano ....
grasa ....
grata/-o ....
guacamole *m* ....
guagua ....
guinda ....
habichuela ....
hábito ....
hambre *f* ....
hamburguesa ....
harina ....
helado ....
hiato ....
hierba ....
hongo ....
horno ....
huevo ....
humita ....
idea ....
ilustrar ....
impaciente ....
imperfecto ....
imperial ....
indicar ....
infancia ....
influencia ....
informe *m* ....
infusión *f* ....
ingeniarse ....
ingrediente *m* ....
inmejorable ....
insuficiente ....
invertir *(ie)* ....
irresponsable ....
jornada ....

Glosario

judía ....
laboral ....
lavavajillas *m* ....
leche *f* ....
lenteja ....
léxico ....
ligera/-o ....
lima ....
limonada ....
lomo ....
macedonia ....
madura/-o ....
maíz *m* ....
mamá ....
manía ....
manteca ....
mantel *m* ....
mantequilla ....
marisco ....
masa ....
mascota ....
matambre *m* ....
mate *m* ....
materna/-o ....
mazorca ....
media/-o ....
medida ....
mediodía *m* ....
mediterránea/-o ....
mejora ....
melocotón *m* ....
memorizar ....
menú *m* ....
merienda ....
mermelada ....
mexicana/-o ....
mililitro ....
modelo ....
moderada/-o ....
molestar ....
monja ....
morada/-o ....
moler *(ue)* ....
natillas *(pl)* ....
natural ....
negar *(ie)* ....
negra/-o ....
nombrar ....
nube *f* ....
ñame *m* ....
obesidad *f* ....
obligación *f* ....
obscena/-o ....
ocre ....
ocuparse ....
odiar ....
oliva ....
optar ....
oreja ....
padecer *(zc)* ....
paella ....
palta ....
pan *m* ....
papa ....
papaya ....
párrafo ....
pastel *m* ....
paterna/-o ....
pera ....
perejil *m* ....

personaje *m* ....
pesar ....
pescado ....
peso ....
pierna ....
pimentón *m* ....
pimienta ....
piña ....
planificar ....
poleo ....
pollo ....
popular ....
poroto ....
postre *m* ....
prefijo ....
premisa ....
presente ....
primaria/-o ....
principio ....
procesada/-o ....
producir *(zc)* ....
prohibición *f* ....
propina ....
proponer
(yo propongo) ....
provenir
(yo provengo, ie) ....
publicidad *f* ....
quechua ....
queque *m* ....
quitar ....
quitarse ....
ración *f* ....
raíz *f* ....
receta ....
reciente ....
recoger ....
recomendación ....
redacción *f* ....
redonda/-o ....
referencia ....
reformar ....
refresco ....
relación *f* ....
relato ....
reproducir *(zc)* ....
respaldar ....
revisar ....
revuelta/-o ....
rica/-o ....
rodaja ....
sabor *m* ....
sal *f* ....
salpicón *m* ....
salud *f* ....
salvadoreña/-o ....
sancocho ....
sándwich *m* ....
seca/-o ....
serie *f* ....
servir *(i)* ....
servilleta ....
seta ....
siglo ....
similar ....
sobremesa ....
sobrepeso ....
solomillo ....
solución *f* ....
sombrilla ....

sopa ....
sueño ....
sufijo ....
sufrir ....
sustituir *(y)* ....
taco ....
tamal *m* ....
tampoco ....
tapa ....
taza ....
tentempié *m* ....
tinto ....
título ....
tomate *m* ....
tortilla ....
tostada ....
tradicional ....
transmitir ....
trigo ....
tropical ....
tubérculo ....
tumba ....
una serie de ....
vacía/-o ....
vainita ....
vajilla ....
vaquero ....
vaso ....
vela ....
verdura ....
vidrio ....
vino ....
vomitar ....
yema ....
yerba ....
zapallo ....
zapato ....
zumo ....

8 Cosas que pasan...

abajo ....
accidente *m* ....
acoger ....
actuar ....
adecuada/-o ....
agencia ....
alcanzado ....
alta/-o ....
amar ....
anexión *f* ....
anfitrión *m* ....
ánimo ....
anoche ....
anteojos *m (pl)* ....
apenas ....
apuntadora ....
arte *f* ....
artística/-o ....
asustarse ....
austro-húngara ....
autodidacta *f/m* ....
autor/-a ....
autorretrato ....
averiguar ....
azteca *f/m* ....
barba ....
barco ....
bastar ....
bella/-o ....
bigote *m* ....

biografía	....
blanca/-o	....
bonita/-o	....
cabeza	....
calva/-o	....
cambiarse	....
canasta	....
canción f	....
capaz	....
cháchara	....
chapaneca	....
cheque m	....
chofer m	....
ciervo	....
civil	....
colaborar	....
colocar	....
comedia	....
comisaría	....
competencia	....
concentrarse	....
conclusión f	....
concurso	....
conjugar	....
conjunto	....
conmigo	....
conservar	....
contemporánea/-o	....
correr	....
costado	....
crimen m	....
crónica	....
cronológicamente	....
cuadrada/-o	....
cuento	....
delgada/-o	....
depende	....
derecho	....
desanimada/-o	....
descender (ie)	....
desproporciona-da/-o	....
destruir (y)	....
detective f/m	....
detrás	....
director m	....
disculpar	....
distinguir	....
dólar m	....
dramatización f	....
editorial f	....
emigrar	....
enamorarse	....
enfrente	....
erótica/-o	....
escapar	....
escena	....
esclavo	....
escultor/-a	....
espontaneidad f	....
esposa	....
estado civil	....
estrella	....
estrenar	....
exigencia	....
exilio	....
exponer (yo expongo)	....
extender (ie)	....
extrema/-o	....

famosa/-o	....
fortuna	....
fotonovela	....
franqueza	....
frente	....
gafas (pl)	....
gata	....
gesto	....
glosario	....
gorda/-o	....
griega/-o	....
guapa/-o	....
guiarse	....
hijas/-os	....
honor m	....
huelga	....
huir (yo huyo)	....
identificar	....
impuestos (pl)	....
indígena f/m	....
ingenuamente	....
iniciativa	....
inventar	....
judía/-o	....
ladrón m	....
lectora	....
literaria/-o	....
maleta	....
mandar	....
mediante	....
mente f	....
metáfora	....
ministra/-o	....
misterio	....
muerte f	....
náhuatl m	....
naufragar	....
noreste m	....
novela	....
obra	....
obtener (yo obtengo, ie)	....
ocasión f	....
oír (yo oigo, y)	....
ovalada/-o	....
oveja	....
país de acogida m	....
papá m	....
parientes m	....
peluca	....
perder (ie)	....
perfectamente	....
peruana/-o	....
pesada/-o	....
pesadilla	....
pintar	....
pizarrón m	....
poema m	....
¿por qué?	....
predeterminada/-o	....
prensa	....
presente	....
prestar	....
probable	....
probar (ue)	....
propaganda	....
protagonista f/m	....
pueblo	....
puerto	....
quizás	....

régimen m	....
relevante	....
repartir	....
repasar	....
república	....
reservada/-o	....
retraso	....
reubicar	....
rito	....
robo	....
rubia/-o	....
saltar	....
sanidad f	....
satírica/-o	....
séptima/-o	....
sesión f	....
soltera/-o	....
sombrero	....
sospecha	....
subtítulo	....
soler (ue)	....
suiza/-o	....
suma	....
superior	....
taxista m/f	....
testigo	....
tono	....
traducción f	....
tras	....
tricolor	....
triptongo	....
válida/-o	....
valija	....
vejez f	....
vergüenza	....
vienés	....
visión f	....
vivero	....
voz alta	....

9 Haciendo memoria

acontecimiento	....
aérea/-o	....
afán m	....
agresión f	....
analizar	....
anarquía	....
andaluza/andaluz	....
anticomunismo	....
antónimo	....
aparcar	....
apoyar	....
área m	....
arqueóloga	....
asegurar	....
asesinar	....
aspirar	....
atea/-o	....
auto	....
autopista	....
bando	....
baronesa	....
barranco	....
bebé m	....
bledo	....
burguesía	....
cabo	....
caída	....
cárcel f	....
censura	....

Glosario

circular ....
código postal ....
coincidir ....
complicar ....
compuesta/-o ....
comunismo ....
concentración *f* ....
confirmar ....
consonante *f* ....
Constitución *f* ....
contribuir *(y)* ....
copla ....
coro ....
crear ....
crisis *f* ....
cualificada/-o ....
cuántica/-o ....
cuota ....
cura ....
currículum *m* ....
década ....
defender *(ie)* ....
democracia ....
depresión *f* ....
detener ....
(yo detengo, ie) ....
dictador *m* ....
diferir *(ie)* ....
dominó ....
ecuatoriana/-o ....
efecto ....
ejército ....
elección *f* ....
elisión *f* ....
embajada ....
emisora ....
enfadar ....
escolar ....
esfuerzo ....
estupenda/-o ....
exageración *f* ....
examen *m* ....
fascismo ....
fenómeno ....
flecha ....
formal ....
franquismo ....
frontera ....
gitana/-o ....
global ....
gobierno ....
golpe *m* ....
golpe militar ....
ideología ....
ignorar ....
ilegal ....
imaginar ....
imposible ....
imponer ....
(yo impongo) ....
ingreso ....
inmobiliaria/-o ....
interpersonal ....
inversión *f* ....
jubilación *f* ....
jurar ....
justificar ....
lado ....
lamentablemente ....
ley *f* ....

líder *m* ....
llevar a cabo ....
luchar ....
mencionar ....
mental ....
meta ....
mentir *(ie)* ....
militar ....
mitad *f* ....
mito ....
muro ....
nacionalsocialismo ....
nana ....
narrar ....
necesaria/-o ....
nopal *m* ....
ocurrir ....
ola ....
oposición *f* ....
opuesta/-o ....
orden *m* ....
orilla ....
palacio ....
panorama *m* ....
parlamentarismo ....
pediatra ....
pena de muerte ....
perspectiva ....
piloto ....
pobreza ....
posguerra ....
predecir *(yo predigo)* ....
provocar ....
rechazo ....
recibir ....
recuadro ....
reducción *f* ....
reescribir ....
referéndum *m* ....
registro ....
resolver *(ue)* ....
reunión *f* ....
revolución *f* ....
rey *m* ....
rosario ....
salvar ....
sección *f* ....
sensibilizar ....
separatismo ....
sigla ....
silencio ....
sinalefa ....
sobrina ....
¡socorro! ....
solicitar ....
soviética/-o ....
subjuntivo ....
tablero ....
tasa ....
temporada ....
temporal ....
tendencia ....
teoría ....
terrorismo ....
titular *m* ....
tónica ....
tortura ....
totalitaria/-o ....
transición *f* ....
tribunal *m* ....

triunfo ....
tropa ....
vía ....
víctima ....
vínculo ....
voleibol *m* ....

10 La felicidad

achaque *m* ....
aclaración *f* ....
adicional ....
agradecer ....
agrupar ....
aislarse ....
alma *f* ....
alteración *f* ....
ambas/-os ....
ambición *f* ....
amuleto ....
apetito ....
aprobado ....
aptitud *f* ....
apta/-o ....
argumentar ....
autoestima ....
autosuficiente ....
bien *m* ....
bienestar *m* ....
biorritmo ....
calendario ....
campeona/campeón ....
catedrática/-o ....
categoría ....
cerebral ....
chocante ....
ciclo ....
circunstancia ....
concluir *(y)* ....
conejo ....
conferencia ....
conllevar ....
contemplativa/-o ....
cotidiana/-o ....
cuerpo ....
debajo ....
decadencia ....
dentro ....
derramar ....
deseo ....
determinar ....
diagrama *m* ....
dictado ....
disfrutar ....
duda ....
egoísta ....
embarcar ....
emoción *f* ....
empeorar ....
energía ....
enlazar ....
enojarse ....
entera/-o ....
entregar ....
equilibrio ....
equivalente ....
esconder ....
espejo ....
establecer *(zc)* ....
estrés *m* ....
evaluación *f* ....

examinar ....
expectativa ....
experta/-o ....
externa/-o ....
fabricar ....
fijar ....
filósofa/-o ....
fondo ....
foro ....
garantizar ....
gastrointestinal ....
herradura ....
humana/-o ....
ilusión f ....
incorporar ....
individual ....
infeliz ....
inscribirse ....
integral ....
intelectual ....
interacción f ....
introducción f ....
investigación f ....
isla ....
justa/-o ....
lápiz m ....
leyenda ....
madera ....
materia ....
medio ambiente ....
miedo ....
mileurista f/m ....
modificar ....
mortalidad f ....
muscular ....
natalidad f ....
neurona ....
objetividad f ....
ocio ....
óptima/-o ....
pata ....
pauta ....
peligro ....
percepción f ....
pésima/-o ....
piel f ....
planeta m ....
plazo ....
potencia ....
producirse ....
psicopedagoga/-o ....
psíquica/-o ....
puntuación f ....
radioactividad f ....
rallar ....
rasgo ....
razón f ....
reacción f ....
recurso ....
remontarse ....
remota/-o ....
rendimiento ....
renta ....
requerir (ie) ....
residencia ....
resistencia ....
responder ....
retórica/-o ....
reutilizar ....
revista ....

romana/-o ....
rueda ....
secuencia ....
seleccionar ....
semejanza ....
sencilla/-o ....
ser m ....
sintetizar ....
subjetiva/-o ....
suficiente ....
sujeto ....
superar ....
superstición f ....
suprimir ....
tarea ....
techo ....
temor m ....
tópico ....
universal ....
valla ....
vanguardia ....
variante ....
vencer ....
vocación f ....

11 ¡No te quedes de brazos cruzados!

acordada/-o ....
acuario ....
adjuntar ....
álbum m ....
alfabética/-o ....
alga ....
alternativa/-o ....
amanecer ....
antialgas m ....
antibiótico ....
aparentemente ....
aplaudir ....
arreglar ....
asociograma m ....
atender (ie) ....
atentamente ....
atrapar ....
aventura ....
aviso ....
azul ....
ballena ....
basura ....
berlinés ....
bióloga/-o ....
brasileña/-o ....
calcular ....
camiseta ....
carismática/-o ....
comisión f ....
complejo turístico ....
compromiso ....
concepción f ....
conciencia ....
consistir ....
consistencia ....
construcción f ....
coral m ....
cortesía ....
criar ....
crítica/-o ....
cumplir ....
daño ....
declinación ....
denunciar ....

derrochar ....
descansar ....
descontenta/-o ....
descortés ....
despedirse (i) ....
despreocupada/-o ....
desventaja ....
devolver (ue) ....
diapositiva ....
dinosaurio ....
directa/-o ....
dirigirse a ....
distracción f ....
diversa/-o ....
ecosistema m ....
elefante m ....
enfrentar ....
equivocada/-o ....
eslogan m ....
especie f ....
eterna/-o ....
eventualmente ....
evidentemente ....
excluir (y) ....
exótica/-o ....
extinción f ....
fallar ....
firma ....
fundar ....
gestión f ....
habilidad f ....
hueco ....
iguana f ....
impacto ....
incomprensible ....
industria ....
injusta/-o ....
intención f ....
interlocutor/-a ....
jaula ....
lluvia ....
loca/-o ....
luminosa/-o ....
mamífero ....
mantener ....
(yo mantengo, ie) ....
mecanismo ....
mediática/-o ....
medioambiental ....
mercantilista ....
merecer (zc) ....
medir (i) ....
modo ....
mojada/-o ....
monetaria/-o ....
movida ....
olor m ....
operar ....
organismo ....
oxígeno ....
paréntesis m ....
parar ....
paro ....
parque m ....
pasión f ....
petróleo ....
piedra ....
plataforma ....
polemizar ....
potable ....

Glosario

preceder ....
proteger ....
recuerdo ....
recuperar ....
río ....
roja/-o ....
salmón *m* ....
satisfacción *f* ....
sede *f* ....
sensación *f* ....
SIDA *m* ....
simbolizar ....
sitio ....
sobrevivir ....
solicitud *f* ....
sostenible ....
suelo ....
sugerencia ....
sustancia ....
tachar ....
taller *m* ....
tornillo ....
tóxica/-o ....
transformar ....
tras ....
uruguaya/-o ....
vacilar ....
vegetal *m* ....
victoria ....
volcán *m* ....

12 Tiempo libre . . . si te queda

abreviar ....
abrigo ....
actitud *f* ....
aficionada/-o ....
allá ....
altura ....
apasionarse ....
atletismo ....
atribuida/-o ....
aun ....
baloncesto ....
beber ....
beso ....
brazo ....
brillar ....
brote *m* ....
bullir ....
caber (*yo quepo*) ....
cabello ....
callar ....
camisa ....
campar ....
caribeña/-o ....
carretera ....
cava *m* ....
celeste ....
ciclismo ....
ciclónica/-o ....
cielo ....
cintura ....
colgar (*ue*) ....
condena ....
conducir ....
consola ....
contigo ....
copa ....
corazón *m* ....
cosmético ....

cuerda/-o ....
cultural ....
declararse ....
definitiva/-o ....
desgracia ....
desprecio ....
disfrazarse ....
emperador *m* ....
enterarse ....
escalada ....
escalón *m* ....
escanear ....
espectáculo ....
estación *f* ....
estrofa ....
excusa ....
extensión *f* ....
fotografía ....
generosidad *f* ....
hombro ....
hondureña/-o ....
humo ....
huracán *m* ....
ilógica/-o ....
imitar ....
inculta/-o ....
inmediatamente ....
irrealidad *f* ....
lágrima ....
latir ....
latina/-o ....
linda/-o ....
líquido ....
lista/-o ....
llana/-o ....
llanto ....
locutor/-a ....
magia ....
manifestación *f* ....
margen *m* ....
mojito ....
monarca *f/m* ....
nicaragüense ....
nieta/-o ....
paloma ....
pantalón *m* ....
parámetro ....
paso ....
perífrasis *f* ....
piscina ....
pisco ....
placer *m* ....
plantel *m* ....
porro ....
precolombina/-o ....
prólogo ....
provisional ....
racionalismo ....
raza ....
reflejo ....
reloj *m* ....
resaca ....
respirar ....
risa ....
rollo ....
ron *m* ....
salsa ....
sangre *f* ....
senderismo ....
sensual ....

sentencia ....
sílaba ....
socióloga/-o ....
subdesarrollo ....
sublevar(*se*) ....
tabaco ....
táctica ....
talla ....
tirana/-o ....
trago ....
traje *m* ....
tristeza ....
tubo ....
unánime ....
vaqueros (*pl*) ....
vena ....
videojuego *m* ....
yanqui ....

13 Te quiero . . .

acariciarse ....
acelga ....
aconsejar ....
adjetivo ....
afectuosa/-o ....
angosta/-o ....
apetecer ....
aportar ....
apretón de
manos *m* ....
apropiada/-o ....
argot *m* ....
autoridad *f* ....
bitácora ....
carácter *m* ....
caricia ....
casualmente ....
catálogo ....
celo (*pl*) ....
celular *m* ....
chiste *m* ....
chocante ....
clasificación *f* ....
cobrar ....
coherencia ....
cohesión *f* ....
cojonuda/-o ....
compatible ....
compatriota *f/m* ....
conquistar ....
cónyuge *f/m* ....
cuñada/-o ....
cursiva ....
cuya/-o ....
deíctica/-o ....
denotar ....
de repente ....
desacuerdo ....
descripción *f* ....
desventaja ....
devota/-o ....
discreta/-o ....
divorcio ....
dolor *m* ....
economizar ....
eficiente ....
elixir *m* ....
embarazada ....
emparejar ....
enriquecer(se) (*zc*) ....

epidemia ....
escándalo ....
espalda ....
esporádica/-o ....
estatal ....
estrecha/-o ....
etiqueta ....
exquisita/-o ....
fallecimiento ....
fatal ....
fea/-o ....
firmemente ....
girar ....
gripe f ....
habilitar ....
habitual ....
herencia f ....
heterosexual ....
higiene f ....
hija/-o política/-o ....
horrorosa/-o ....
implícita/-o ....
inclinación f ....
incompatible ....
infidelidad f ....
insistente ....
jerarquía ....
¡joder! ....
jugosa/-o ....
jurar ....
labio ....
liarse ....
lisa/-o ....
mariposa ....
media naranja ....
medieval ....
mejilla ....
mierda ....
monoparental ....
mover ....
naranja ....
núcleo ....
nuera ....
occidental ....
ofender ....
oficial ....
oriental ....
palmada ....
parentesco ....
patria ....
peculiar ....
polola/-o ....
porción f ....
posada ....
prima/-o ....
privacidad f ....
progenitor/-a ....
proveedor/-a ....
rara/-o ....
recomponer ....
refregar (ie) ....
resuelto ....
revelar ....
reverencia ....
rígida/-o ....
rimar ....
rodeada/-o ....
secreto ....
siete ....
sonreír (i) ....

sosa/-o ....
superponer
(yo superpongo) ....
surgir ....
terapeuta f/m ....
trama ....
triple ....
ventaja ....
viuda/-o ....

14 El mundo que nos toca vivir

acá ....
accidente m ....
acelerada/-o ....
adelante ....
adivinar ....
administrativa/-o ....
aduana ....
alunizaje m ....
alusión f ....
analfabeta/-o ....
anillo ....
antena ....
aparte de ....
aplicarse ....
apoyarse ....
aproximadamente ....
armar ....
asesoramiento ....
aterrizar ....
atraer ....
atravesar (ie) ....
atreverse a ....
audiencia ....
aún ....
automovilística/-o ....
azul ....
beneficiarse ....
bidireccional ....
bisección f ....
bolsillo ....
carecer ....
cargo ....
castigo ....
catástrofe f ....
causalidad f ....
comilla ....
comunal ....
conector m ....
conjetura ....
consciente ....
consiguiente ....
constantemente ....
contraseña ....
cooperación f ....
copia ....
cósmica/-o ....
cráter m ....
crear ....
crueldad f ....
cultural ....
decenio ....
defectuosa/-o ....
demanda ....
deportación f ....
desierto ....
destacar ....
dimensión f ....
disciplina ....
diseccionada/-o ....

disminuir (y) ....
doméstica/-o ....
drástica/-o ....
efectiva/-o ....
eliminar ....
élite, elite f ....
engañar ....
escoger ....
espanglis m ....
estándar ....
estatus m ....
estimular ....
expensas f pl ....
favorecer ....
fila ....
fomentar ....
fuga ....
fundación f ....
globalización f ....
grave ....
habitante f/m ....
hemisferio ....
horizonte m ....
impedir (i) ....
impersonal ....
impreso ....
inaceptable ....
indefensa/-o ....
inicial f ....
innecesaria/-o ....
interna/-o ....
inútil ....
invadida/-o ....
jungla ....
jurídica/-o ....
latín m ....
lenta/-o ....
licenciatura ....
llorar ....
longitud f ....
malentendido ....
malpensar ....
máquina ....
marginalización f ....
más adelante ....
masiva/-o ....
medicamento ....
mera/-o ....
miembro ....
miope ....
módulo ....
mutuamente ....
nocturna/-o ....
nostalgia ....
noticia ....
obstáculo ....
ocupar ....
pantalla ....
paraíso ....
pedazo ....
pertinente ....
pescuezo ....
plagiar ....
plantear ....
podredumbre f ....
pretender ....
prioridad f ....
promedio ....
pura/-o ....
quejarse ....

Glosario/Textquellen

referente a ....
reír *(i)* ....
remedio ....
retener *(ie)* ....
ridícula/-o ....
rincón *m* ....
sindicato ....
sucesivamente ....
talento ....
tatuada/-o ....
terrestre ....
territorio ....
torpe ....
transferir *(ie)* ....
transnacional ....
turno de preguntas ....
usuaria/-o ....
violencia ....
volador/-a ....
xenofobia ....

15 ¡Estamos en el aire!

acudir ....
alcalde *m* ....
alcancía ....
alumna/-o ....
amenaza ....
americanismo ....
ananá(s) *m* ....
anglosajón/-a ....
asombro ....
ayudar ....
barrera ....
bicultural ....
buey *m* ....
buscar ....
caleidoscopio ....
carnaval *m* ....
caza ....
circo ....
conceder ....
cóndor *m* ....
consejo ....
corresponsal *f/m* ....
criollo ....
cristalización *f* ....

cura ....
desembocadura ....
despacho ....
despejada/-o ....
diéresis *f* ....
diría ....
diseño ....
distancia ....
eficaz ....
enciclopedia ....
entorno ....
entrenador/-a ....
espagueti(s) *m* ....
evento ....
expedición *f* ....
fachada ....
gaceta ....
galicismo ....
gracia ....
guión *m* ....
hectárea ....
helenismo ....
hermosa/-o ....
homogénea/-o ....
implicar ....
infectar ....
instrumento ....
intervención *f* ....
inundación *f* ....
jota ....
juguetona/juguetón ....
lasaña ....
lección *f* ....
limosna ....
llover *(ue)* ....
lucro ....
magistral ....
malsonante ....
matizar ....
meteorológica/-o ....
meter ....
modalidad *f* ....
municipal ....
nacional ....
en negrita ....
nevar *(ie)* ....

niebla ....
nieve *f* ....
noroccidental ....
novedad *f* ....
oceánica/-o ....
ojalá ....
ópera ....
orgullo ....
otoño ....
panhispánica/-o ....
pasajera/-o ....
payaso ....
perseguir *(i)* ....
pioresnada *f/m* ....
preescolar ....
previa/-o ....
primavera ....
proceder ....
pronóstico ....
propiedad *f* ....
puma *m* ....
rama ....
reclamar ....
recorrido ....
reforzada/-o ....
reseña ....
resonante ....
románica/-o ....
seminario ....
separarse ....
sin fines de lucro ....
sociolingüista *f/m* ....
subcomandante *m* ....
suspenso ....
tesis *f* ....
tinta ....
tormenta ....
tortuga ....
transcurrir ....
trasladarse ....
urgencia ....
vacuna ....
verificar ....
viruela ....

Textquellen

Más sobre la movilidad de estudiantes, adaptado de http://ec.europa.eu: 23; Cada dos semanas muere una lengua, de La Vanguardia: 32; Dos revistas en línea de y para estudiantes, adaptado de www.yaq.es, www.entreestudiantes.es: 48; Nace la Wikilengua, adaptado de El País: 48; Primera radio mapuche, adaptado de Revista idiomas y comunicación: 48; Hispanohablantes en Estados Unidos, adaptado de Revista idiomas y comunicación: 49; Desarrolla tu inteligencia, adaptado de http://www.yaq.es: 49; ¿Qué es el CELU?, adaptado de http://www.celu.edu.ar: 49; Programa de rehabilitación de viviendas tradicionales en Coro y La Vela, Venezuela, adaptado de http://habitat.aq.upm.es: 59; Aprenden español en Argentina, adaptado de http://elenet.org: 69; Sor Juana Inés de la Cruz, adaptado de www.biografiasyvidas.com: 88-89; Mujeres, la mitad de los migrantes, adaptado de Roger Lindo, www.impre.com: 104; El hombre nuevo tarda en llegar, adaptado de Carmen Morán, EL País: 116; Las cooperativas de comida ecológica viven un "boom", adaptado de La Vanguardia: 128; En todos los grandes supermercados hay una sección dietética, adaptado de http://mujer.terra.es: 128; Obsesión por la comida sana, adaptado de www.todamujer.com: 129; Internet ya le gana a la TV entre chicas y chicos latinoamericanos, adaptado de Cynthia Palacios, La Nación: 146; Universidad Hebrea prohíbe relaciones sexuales entre profesorado y alumnos, adaptado de www.latercera.cl: 158; México: muertes intolerables, adaptado de Amnistía Internacional: 170-171; México - Ciudad Juárez: cierran oficina para buscar mujeres desaparecidas, adaptado de http://desaparecidos.org: 171; El spanglish: ¿odiarlo, amarlo o ignorarlo?, adaptado de Eduardo González Muñiz, www.cafeliterario.com: 182